JN295335

民事訴訟法演習教材

松村和德
小田敬美
伊東俊明

成文堂

は　し　が　き

　平成16年の法科大学院制度発足に際し、法曹養成を目的とした教材をどのように作成するかは、我々研究者教員にとって急務の課題であった。試行錯誤の中で、教材を作成し、授業前の打ち合わせや授業における学生の反応、外部の授業評価などに基づき、検討を加え、加筆・修正を経て、教材は徐々に出来上がっていった。本書は、こうしたプロセスを経て作成した民事訴訟法の演習科目における教材である。
　この教材作成にあたり、相互に関連してくるのであるが、主に次の点に留意した。第一に、民事訴訟法の基礎理論をきちんと理解し、知識として定着できる教材であること、第二に、論点をめぐって議論が展開できる教材であること、第三に、法科大学院のみでなく、法学部の演習科目でも使用できる教材であること、第四に、自学自習ができ、とくに復習がうまくできる教材であること、第五に、基礎から応用への展開が身に付く教材であること、である。そして、以上の留意点を考慮して、教材の題材は判例（とくに最高裁判例）に基づいた。現実の訴訟事件を題材としようと試みもしたが、争点が拡散するなど問題が多く、また判例、実務の批判的考察を課題の一つとして掲げる法科大学院教育においては判例を題材にした方が有益を考えたからである。また、演習問題の前提知識かつ自学自習の手引きとして、定評のある体系書を挙げ、各章で取り上げる事項の該当箇所を示した。その上で、各章毎に基本事項の解説を加えた。演習の授業の中で学生の予習が不十分な場合が多く、その水先案内の必要を感じたからである。その際、できるだけ通説・判例の立場から解説し、かつその問題点（議論状況など）を指摘し、演習問題の論点が把握できるように解説を試みた。教材とする演習問題のテーマも、民事訴訟法学における主要論点に絞ってピックアップした。参考判例には、「民事訴訟法判例百選（第4版）」と対応できるように項目番号を付した。また、参考文献も「民事訴訟法の争点」など、できる限り、学生が入手しやすい文献を挙げるようにしている。なお、本書の章立ては、民事訴訟法の条文構成にも手続の進行にも対応していない。訴訟物に関連してくる論点から章を立てている。民事訴訟法の学習は、訴訟物を中心に考察する基礎思

考を身に付けた方がその理解のためには効率的で、かつ有効であると考えたからである。

　本書は、岡山大学大学院法務研究科（法科大学院）において作成・使用した民事訴訟法演習教材をベースしたものである。その教材は、同研究科に在籍した小田敬美教授（現愛媛大学）、伊東俊明教授（岡山大学）と私が、授業の打ち合わせをしながら、共同で作成したものである。なお、各章の解説は分担して行った。もとより、本書ではまだまだ誤解や不十分な点があると思うが、読者のご叱正を乞い、より良い内容にすべく、今後とも改善していく予定である。

　本書が法科大学院及び法学部において民事訴訟法の演習教材として使用されることを期待している。本書は、演習授業が2単位（15回）ないし4単位（30回）であることを想定し、15章構成にしている。なお、演習教材として使用する場合、各章の演習問題をすべて取り上げることもできようが、岡山大学では（2単位構成）、演習問題の中で何問かを取り上げて、残りは次年度に取り上げるなどの方式をとってきた。

　本書の刊行にあたっては、岡山大学大学院法務研究科修了生の田中祥之くん、山本真理恵さんに原稿の整理、校正などを手伝って頂き、石川光晴准教授（嘉悦大学経営経済学部経営法学科）にも校正を手伝って頂いた。厚く感謝申し上げたい。

　最後に、本書の出版を引き受けて頂き、多大なご厚意とご配慮を賜った成文堂の阿部耕一社長及び編集部の土子三男氏と石川真貴さんに心より感謝の意を表したい。とくに、土子氏には、本書の構成等を含めてご助言をいただき、当方からの無理な要求にも応えて頂いている。改めて感謝申し上げたい。

平成24年3月

松　村　和　德

目　次

はしがき

第1章　審理過程論・その1
　　　　―弁論主義と釈明―………………………………(松村) 1
　1　訴訟資料の収集に関する原則……………………………………1
　2　弁論主義の三つの内容……………………………………………2
　3　弁論主義の根拠と機能……………………………………………3
　　(1)　弁論主義の根拠論　3
　　(2)　弁論主義の機能論　4
　4　弁論主義の適用範囲………………………………………………4
　　(1)　主要事実と間接事実の区別　5
　　(2)　訴訟物と弁論主義　6
　　(3)　第一テーゼの内容　7
　　　①　訴訟資料と証拠資料の峻別　7
　　　②　主張責任と主張共通の原則　7
　5　釈　明………………………………………………………………9
　　(1)　釈明の意義と機能　9
　　(2)　釈明権行使の態様　10
　　(3)　釈明義務の範囲　10
　　(4)　法的観点指摘義務・法的討論義務　11
　第1章　演習問題……………………………………………………13

第2章　審理過程論・その2
　　　　―自白をめぐる問題―………………………………(伊東) 25
　1　自白の意義…………………………………………………………25
　2　自白の成立要件……………………………………………………26
　3　自白の効果…………………………………………………………27

目次

- ④ 自白の撤回 …………………………………………………… 27
- ⑤ 間接事実の自白 ……………………………………………… 28
- ⑥ 権利自白 ……………………………………………………… 28
- ⑦ 自白の撤回と時機に後れた攻撃防御方法の却下 ………… 29
- 第2章 演習問題 ………………………………………………… 31

第3章 審理過程論・その3
―証明問題― ……………………………………（小田）37

- ① 総 論 ………………………………………………………… 38
- ② 証明責任の分配 ……………………………………………… 38
- ③ 文書の真正と二段の推定 …………………………………… 40
- ④ 違法収集証拠と唯一の証拠方法 …………………………… 42
- ⑤ 証言拒絶権 …………………………………………………… 42
- ⑥ 文書提出義務 ………………………………………………… 44
- 第3章 演習問題 ………………………………………………… 48

第4章 判決効論・その1
―既判力の遮断効― ……………………………………（松村）67

- ① 既判力概念 …………………………………………………… 67
  - (1) 既判力の意義 67
  - (2) 既判力の根拠 68
- ② 既判力の作用 ………………………………………………… 69
  - (1) 消極的作用と積極的作用 69
  - (2) 既判力の双面性 69
- ③ 既判力の範囲 ………………………………………………… 70
  - (1) 既判力の物的範囲（客観的範囲）（民訴114条1項）70
  - (2) 判決理由中の判断 72
  - (3) 既判力の時的範囲 76
- 第4章 演習問題 ………………………………………………… 81

第5章 判決効論・その2
―判決効の第三者への拡張― ……………………………（伊東）89

1 判決効（既判力）の主観的範囲 …………………………………… 89
- (1) 原　則　89
- (2) 民訴法 115 条 1 項 2〜4 号　90
  - ① 口頭弁論終結後の承継人（3 号）　90
  - ② 訴訟担当の場合の利益帰属主体（2 号）　92
  - ③ 請求の目的物の所持者（4 号）　92
- (3) 対世効　92

2 判決の「反射効（反射的効果）」をめぐる議論 ………………… 93

3 法人格否認の法理 ……………………………………………………… 94

第 5 章　演習問題 …………………………………………………………… 96

第 6 章　訴訟対象論・その 1
―二重起訴禁止原則と一部請求― ……………………………（松村）105

1 訴訟物理論 ……………………………………………………………… 105
- (1) 訴訟対象（訴訟物）特定の必要性　105
- (2) 訴訟物競争　106

2 二重起訴禁止の原則 …………………………………………………… 108
- (1) 意義＝制度趣旨　108
- (2) 適用要件　110
- (3) 相殺の抗弁と二重起訴禁止　111

3 一部請求論 ……………………………………………………………… 117
- (1) 問題の所在　117
- (2) 残部請求の可否をめぐる議論　117
- (3) 不法行為訴訟と一部請求論　123

第 6 章　演習問題 …………………………………………………………… 125

第 7 章　訴訟対象論・その 2
―申立事項と判決事項― ……………………………………（松村）137

1 審判範囲の特定と処分権主義 ………………………………………… 137
- (1) 処分権主義の意義と機能　137
- (2) 申立事項と判決事項の一致（民訴 246 条）　139

②　申立事項と一部認容判決 ……………………………………………… 140
　　③　債務不存在確認請求訴訟 ……………………………………………… 141
　　　(1)　全部債務不存在確認請求の場合　142
　　　(2)　債務の上限を示しての一部債務不存在請求の場合　142
　　　(3)　債務の上限を示さない一部債務不存在請求の場合　143
　　④　一時金賠償請求訴訟と定期金損害賠償 ……………………………… 143
　　⑤　境界確定の訴えの当事者適格 ………………………………………… 145
　　第 7 章　演習問題 …………………………………………………………… 147

第 8 章　訴訟対象論・その 3
　　　　　　──訴えの利益── ………………………………………………（伊東）155
　　①　総　論 …………………………………………………………………… 155
　　②　給付の訴えの利益 ……………………………………………………… 156
　　　(1)　現在の給付の訴え　156
　　　(2)　将来の給付の訴え　156
　　③　確認の利益 ……………………………………………………………… 157
　　　(1)　①訴え選択の適否について　158
　　　(2)　②確認対象の適格性について　158
　　　(3)　③紛争の成熟性について　159
　　④　形成の利益 ……………………………………………………………… 160
　　第 8 章　演習問題 …………………………………………………………… 161

第 9 章　当事者論・その 1
　　　　　　──当事者をめぐる諸問題── ……………………………………（小田）169
　　①　当事者の確定 …………………………………………………………… 170
　　②　法人格のない団体の当事者能力──当事者能力と当事者適格の
　　　　交錯── ………………………………………………………………… 171
　　③　和解における訴訟代理権の範囲 ……………………………………… 173
　　④　実体法上の表見法理の適用可能性 …………………………………… 174
　　第 9 章　演習問題 …………………………………………………………… 177

第10章　当事者論・その2
　　　　　　―当事者適格― ……………………………………（松村）183
1　当事者適格の意義 ……………………………………………… 183
2　当事者適格の判断基準 ………………………………………… 184
　(1)　一般の場合　184
　(2)　特別の場合＝第三者の訴訟担当の場合　184
　(3)　当事者適格の一般的判断基準定立の試み　184
3　第三者の訴訟担当 ……………………………………………… 186
　(1)　法定訴訟担当　186
　(2)　任意的訴訟担当　187
　(3)　選定当事者（民訴30条）　189
第10章　演習問題 ………………………………………………… 191

第11章　訴訟参加論・その1
　　　　　　―補助参加と訴訟告知― ……………………………（伊東）197
1　補助参加の意義・手続 ………………………………………… 197
2　補助参加人の地位・権限 ……………………………………… 198
　(1)　独立性　198
　(2)　従属性　198
　(3)　共同訴訟的補助参加　198
3　補助参加の利益 ………………………………………………… 199
4　補助参加人に対する判決の効力 ……………………………… 200
5　訴訟告知 ………………………………………………………… 201
第11章　演習問題 ………………………………………………… 203

第12章　訴訟参加論・その2
　　　　　　―独立当事者参加― ……………………………………（小田）209
1　独立当事者参加の意義 ………………………………………… 209
2　独立当事者参加の要件と手続 ………………………………… 210
3　独立当事者参加と上訴 ………………………………………… 211
第12章　演習問題 ………………………………………………… 213

第13章　共同訴訟論
　　　―共同訴訟― ……………………………………（松村）217
1　多数当事者訴訟の特質 ………………………………………… 217
2　戦後民訴法学における多数当事者訴訟理論の進展 …………… 218
3　共同訴訟 …………………………………………………………… 220
　(1)　通常共同訴訟　220
　(2)　必要的共同訴訟　224
　(3)　同時審判申出共同訴訟　228
　(4)　訴えの主観的追加的併合　229

第13章　演習問題 ……………………………………………………… 230

第14章　上訴論 ……………………………………………（伊東）233
1　控訴の意義・効果 ………………………………………………… 233
2　控訴の利益 ………………………………………………………… 234
3　附帯控訴 …………………………………………………………… 235
4　控訴審の構造 ……………………………………………………… 235
5　不利益変更禁止の原則 …………………………………………… 236
　(1)　総　論　236
　(2)　予備的相殺の抗弁　236
　(3)　請求の予備的併合　237
　(4)　請求の選択的併合　238

6　控訴審の終局判決 ………………………………………………… 239
第14章　演習問題 ……………………………………………………… 240

第15章　訴訟アクセス論 ………………………………（小田）243
1　裁判権の内在的制約――宗教団体の内部紛争と民事審判権の
　　限界 ………………………………………………………………… 244
2　訴権の濫用 ………………………………………………………… 246
3　送達の瑕疵と再審 ………………………………………………… 250
第15章　演習問題 ……………………………………………………… 257

凡　例

1　参考文献一覧と略語（主要なもののみ）
(教科書)
① 伊藤眞『民事訴訟法（第 4 版）』（有斐閣・2011）⇒「伊藤・○○頁」で引用
② 中野貞一郎＝松浦馨＝鈴木正裕編『新民事訴訟法講義（第 2 版補訂 2 版）』（有斐閣・2008）
　⇒「中野ほか・○○頁」で引用
③ 高橋宏志『重点講義民事訴訟法上（第 2 版）』（有斐閣・2011）
　同『重点講義民事訴訟法下（補訂第 2 版）』（有斐閣・2010）
　⇒「高橋上（下）・○○頁」で引用
④ 新堂幸司『新民事訴訟法（第五版）』（弘文堂・2011）⇒「新堂・○○頁」で引用
⑤ 松本博之＝上野泰男『民事訴訟法（第 6 版）』（弘文堂・2010）
　⇒「松本＝上野・○○頁」で引用
⑥ 上田徹一郎『民事訴訟法（第 7 版）』（法学書院・2011）
⑦ 梅本吉彦『民事訴訟法（第 4 版）』（信山社・2009）
⑧ 河野正憲『民事訴訟法』（有斐閣・2009）
⑨ 兼子一『新修民事訴訟法体系（補訂版）』（酒井書店・1965）⇒「兼子・体系○○頁」で引用
⑩ 木川統一郎『民事訴訟法重要問題講義（上・中・下）』（成文堂・1992、1993）
　⇒「木川・重要問題（上・中・下）○○頁」で引用
⑪ 中村英郎『民事訴訟法』（成文堂・1987）
⑫ 三ヶ月章『民事訴訟法』（有斐閣・1959）
⑬ 同『民事訴訟法（第三版）』（弘文堂・1992）
⑭ 小林秀之『プロブレムメソッド新民事訴訟法（補訂版）』（判例タイムズ社・1999）
⑮ 林屋礼二『新民事訴訟法概要（第 2 版）』（有斐閣・2004）
(注釈書・講座・論文集など)
① 菊井維大＝村松俊夫原著、秋山幹夫＝伊藤眞＝加藤新太郎＝高田裕成＝福田剛久＝山本和彦『コンメンタール民事訴訟法Ⅰ～Ⅳ』（日本評論社・2006、2006、2008、2010）；Ⅰ、Ⅱ（第 2 版）
② 兼子一原著、松浦馨＝新堂幸司＝竹下守夫＝高橋宏志＝加藤新太郎＝上原敏夫＝高田裕成『条解民事訴訟法（第 2 版）』（弘文堂・2011）
　⇒「条解・民訴法（第 2 版）○○頁」で引用
③ 新堂幸司編集代表『講座民事訴訟①～⑦』（弘文堂・1984～1985）
　⇒「講座民訴①～⑦○○頁」で引用
④ 竹下守夫編集代表『講座新民事訴訟法Ⅰ～Ⅲ』（弘文堂・1998～1999）
⑤ 鈴木忠一＝三ヶ月章監修『新・実務民事訴訟講座第 1 巻～第 14 巻』

（日本評論社・1981～1984）⇒「新実務（1）～（14）○○頁」で引用
⑥　法務省民事局参事官室編『一問一答新民事訴訟法』（商事法務研究会・1996）
　　　⇒「一問一答○○頁」で引用
⑦　三宅省三＝塩崎勉＝小林秀之編集代表『新民事訴訟法大系第1巻～第4巻』
　　　（青林書院・1997）⇒「新民事訴訟法大系1～4○○頁」で引用
⑧　新堂幸司＝鈴木正裕＝竹下守夫編集代表『注釈民事訴訟法（1）～（9）』
　　　（有斐閣・1991～1998）⇒「注釈民訴（1）～（9）○○頁」で引用
⑨　斉藤秀夫＝小室直人＝西村宏一＝林屋礼二編著『注解民事訴訟法（第2版）（1）～
　　　（12）』
　　　（第一法規出版・1991～1996）
　　　⇒「注解民訴（1）～（12）○○頁」で引用
⑩　中野貞一郎『民事訴訟法の論点Ⅰ、Ⅱ』（判例タイムズ社・1994、2001）
　　　⇒「中野・論点Ⅰ、Ⅱ○○頁」で引用
⑪　山本和彦『民事訴訟法の基本問題』（判例タイムズ社・2002）
　　　⇒「山本・基本問題○○頁」で引用
⑫　福永有利『民事訴訟当事者論』（有斐閣・2004）
（争点）
①　伊藤眞＝山本和彦編・民事訴訟法の争点（有斐閣・2009）⇒「争点○○頁」で引用
②　青山善充＝伊藤眞編・民事訴訟法の争点（第三版）（有斐閣・1998）
　　　⇒「争点（第三版）○○頁」で引用
③　三ヶ月章＝青山善充編・民事訴訟法の争点（新版）（有斐閣・1988）
　　　⇒「争点（新版）○○頁」で引用
（百選）
①　高橋宏志＝高田裕成編＝畑瑞穂編・民事訴訟法判例百選（第四版）（有斐閣・2010）
　　　⇒「百選○○事件」で引用
②　伊藤眞＝高橋宏志＝高田裕成編・民事訴訟法判例百選（第三版）（有斐閣・2003）
　　　⇒「百選（第三版）○○事件」で引用
③　新堂幸司＝青山善充＝高橋宏志編・民事訴訟法判例百選Ⅰ、Ⅱ（新法対応補正版）
　　　（有斐閣・1998）
　　　⇒「百選Ⅰ、Ⅱ○○事件」で引用
④　小林秀之編・判例講義民事訴訟法（第2版）（悠々社・2010）
　　　⇒「小林編・判例講義○○事件」で引用

2　略称

(1)　**法令**

民訴＝民事訴訟法　　　　　　　　　裁＝裁判所法
民訴規＝民事訴訟規則　　　　　　　人訴＝人事訴訟法
民＝民法　　　　　　　　　　　　　非訟＝非訟事件手続法
会社＝会社法　　　　　　　　　　　行訴＝行政事件訴訟法

民執＝民事執行法
民保＝民事保全法
借地借家＝借地借家法
憲＝憲法
家審＝家事審判法

破＝破産法
民再＝民事再生法
民調＝民事調停法
建物区分＝建物の区分所有等に関する法律

(2) **判例集等**

民集＝大審院民事判例集、最高裁民事判例集
民録＝大審院民事判決録
裁判集民＝最高裁判所裁判集　民事
高民＝高等裁判所民事判例集
下民＝下級裁判所民事裁判例集
家月＝家庭裁判月報
判タ＝判例タイムズ
民訴雑誌＝民事訴訟雑誌

金判＝金融・商事判例
金法＝金融法務事情
法教＝月刊法学教室
ジュリ＝ジュリスト
曹時＝法曹時報
判時＝判例時報
民商＝民商法雑誌

第1章 審理過程論・その1
―弁論主義と釈明―

第1章の趣旨

　第1章では、弁論主義と釈明に関する問題を中心に議論する。民事訴訟は、法を適用して紛争を処理する手続である。法を適用するためには、その基礎となる事実（主要事実）が認定されねばならない。そして、現在の民事訴訟では、裁判官がある事実（主要事実）を認定し、それを判決の基礎とするためには、その事実が口頭弁論において当事者により提出されねばならないとの建前が採用されている。「弁論主義」である。弁論主義は、訴訟資料収集の局面での裁判所と当事者との役割分担に関する原則である。しかし、訴訟資料の収集を当事者の責任と権限であるとしても、現実には、その提出に際して誤解や不理解などのためすべての必要な資料が裁判の場に出てくるわけではない。その是正や補正の役割は裁判所（裁判官）に委ねられている。そのための手段が裁判所による「求釈明」である。本章では、こうした裁判における事実の収集局面で具体的に裁判所と当事者がどのような役割分担を負うべきかを具体的な問題を取り上げて考察する。そして、こうした考察をなすことは、審理過程のあり方についての理解を深めることになると考える。

参考教科書での関連部分

　①伊藤眞『民事訴訟法（第4版）』292～306頁
　②中野貞一郎ほか『新民事訴訟法講義（第2版補訂2版）』187～210頁
　③高橋宏志『重点講義民事訴訟法上（第2版）』398～467頁（第12講）
　④新堂幸司『新民事訴訟法（第5版）』329～344、470～499、556～559頁
　⑤松本博之＝上野泰男『民事訴訟法（第6版）』39～57頁

基本事項の解説

1 訴訟資料の収集に関する原則

　裁判の主体となるのは、当事者と裁判所である。裁判手続は、この当事者と裁判所の訴訟行為を通して構築されていく。そして、現代の裁判手続においては、両者の役割分担は訴訟の各局面において原則的に決められている。例えば、訴訟進行については、原則としては裁判所が主導する「職権進行主

義」が採用されていると言える (民訴93条、139条など)。また、審理対象の特定については、当事者が決定権を有する「処分権主義」が採用されている (民訴246条など)。そして、本章で対象なるのは、判決の基礎となる事実の確定に必要な訴訟資料の収集をめぐる役割分担である。この訴訟資料の収集に関する役割分担をめぐっては、二つの異なる原則が存する。弁論主義と職権探知主義である[1]。

 「**弁論主義**」とは、判決の基礎となる事実及び証拠の提出についてもっぱら当事者のみがその責任と権限を有するとする建前をいう。これに対して、「**職権探知主義**」とは、事実及び証拠の提出を裁判所の責任、権限とする建前をいう。しかし、両原則とも、適正、公正かつ迅速な裁判の実現という手続目的を考慮したとき、訴訟資料収集手段として純粋な形で採用する場合には問題ありとされる[2]。わが国の民事訴訟では、一般に弁論主義が採用されていると言われる[3]。そして、弁論主義の形式的適用から生じる不都合を是正するために、裁判所による釈明権行使 (求釈明) が予定されている。

2 弁論主義の三つの内容

 弁論主義の具体的内容として、以下の三つの命題 (テーゼ) が一般に挙げられている。

---

1 職権調査という概念も存する。職権調査とは、当事者の申立てや当事者間の争いの有無に関係なく、裁判所がすすんでこれを取り上げねばならないことをいう。訴訟要件の審理方法の1つである。職権証拠調べを採らない点で、職権探知と区別される。概念的には、明確でなく、弁論主義と職権探知主義の中間的なものとする見解もあれば、判決の基礎たる資料の収集に関するものでないとの見解もある。この職権調査の対象を職権調査事項という。また、近時は、当事者と裁判官との協働した事実資料収集の必要性が唱えられ、**協働主義**という概念が提唱されている。

2 真実発見を追求するならば、純粋な職権探知主義が優れているとされる。しかし、職権による真実探求は、裁判官が探求のための十分な拠り所を有しない場合には限界が存するのである。また、どの程度、裁判官が職権により調査しなければならないかは、裁判官のイニシアチブ、自己責任、使用時間に依存している。さらに、当事者は一般に紛争の事実基礎を誰よりもよく知っており、訴訟への当事者の固有の利益は大抵適正な裁判への公益よりも、より直接かつ重大なものである。これらを考慮すると純粋な職権探知主義を採ることはできないことになる。他方、純粋な弁論主義を採用すると、適正な司法及び法秩序の維持について裁判官を制限し、権利を無に帰せしめる可能性を増大させる。訴訟の帰結を広範に当事者のイニシアチブや巧みさに依存させてしまい、実際に権利を有する者が常に勝訴することにはならないのである。

3 弁論主義の採用を直接かつ明確に規定した条文は存在しない。教科書によっては、民訴法159条、179条、人訴法19条、20条、行訴法24条などを挙げ、これらは弁論主義を前提としたとの説明をなすものもある。

(1) 裁判所は、当事者の主張しない事実を判決の基礎とすることはできない（第1テーゼ）。
(2) 当事者間に争いのない事実は判決の基礎としなければならない（第2テーゼ）。
(3) 当事者間に争いのある事実を認定するには、必ず当事者の申し出た証拠によらなければならない（職権証拠調べの禁止）（第3テーゼ）。

3 弁論主義の根拠と機能

(1) 弁論主義の根拠論

上記のような内容を有する弁論主義は何故に認められるのか。その根拠をめぐり見解が対立している。それは、職権探知主義との相違を念頭とした議論であるが、従前からイデオロギー論争的側面もあり、学説の対立が激しい。根拠論としては、私的自治説（本質説）、手段説、多元説などの諸説が存在する[4]。現在、わが国における通説は、私的自治説（本質説）である。この見解は、民事訴訟の審理対象（訴訟物）は私人間の権利・法律関係であり、それは私的自治の原則に服している。それゆえ、それを判断するための訴訟資料の収集についても私的自治の原則が適用されるとする立場である[5]。

---

4 「**手段説**」は、弁論主義を真実発見のための便宜的技術的見地から認められた合理的手段とする見解である。つまり、訴訟の対象となっている権利・法律関係に最も利害関係を感じるのは当事者であるから、各当事者に自己に有利な訴訟資料の提出責任を負わせることで、客観的にも十分な資料収集が期待でき、真実発見もたやすくなると考えるのである（三ヶ月章『民事訴訟法』（有斐閣・1959）157頁、中村英郎『民事訴訟法』（成文堂・1987）291頁など）。

「**多元説**」は、弁論主義をいずれか一つの根拠で説明することはできないとして、私的自治の尊重、訴訟資料収集の合理性という上記見解の根拠のほか、不意打ち防止、公平な裁判への信頼確保などを根拠に加えて、こうした多元的要請に基づき形成された歴史的所産が弁論主義であるとする（竹下守夫「弁論主義」小山ほか編『演習民事訴訟法』（青林書院・1987）369頁など）。

その他の見解としては、「**法探索主体説**」（紛争の法的解決を目的とする民事訴訟において、法探索の主体性が当事者の地位において制度的に保障されねばならないとの立場から、訴訟資料に対する当事者支配の確立が弁論主義の根拠とする見解。伊東乾『弁論主義』（学陽書房・1975）62頁以下）、「**手続保障説**」（当事者に攻撃防御方法の機会を保障する原理と考える見解。小林秀之『民事裁判の審理』（有斐閣・1987）23頁以下参照）、当事者に対する不意打ちを防止するためとする「**不意打ち防止説**」（田辺公二「反対論として」近藤＝浅沼編『民事法の諸問題第1巻』（判例タイムズ社・1965）82頁）などが唱えられている。

5 新堂・470頁、伊藤・293頁、中野ほか（鈴木正裕）・192頁、松本＝上野・43頁など。

(2) 弁論主義の機能論

　弁論主義の機能としては、大別して以下の三つの機能を挙げることができよう。第一に、判決の基礎となる事実資料に関する当事者の処分自由（自己決定）保障機能である。第二が、効率的真実発見機能であり、第三が、不意打ち防止機能（弁論主義の下では、当事者双方は互いが主張した事実について攻撃防御を尽くせば足り、裁判所が当事者の主張しない事実を認定して、それに対する防御（反論）の機会が与えられないことがないように保障されるという機能、つまり、手続保障機能もこれに含まれよう）である。その他、防御権の保障機能（当事者が弁論に上程した事実だけを争えばよいので、攻防の目標が明示される機能をいう。これも広義には不意打ち防止機能に含まれてこよう）、争訟内容の自主的形成機能（弁論主義は、争訟の内容を当事者が事実面から自主的に形成し、それによって裁判所の中立を確保するとともに当事者の自己責任を基礎づける機能をいう。処分自由保障機能に含まれてこよう）などが挙げられている。とくに、不意打ち防止機能と弁論主義を結び付けた議論は、わが国独自の弁論主義論の展開[6]を見せることとなった。

④　弁論主義の適用範囲

　では、弁論主義により採用される命題は、どのような範囲で適用されるのか。この点につき、現在の判例・通説は、適用されるのは事実のみであり、かつその問題となる事実が主要事実であるか否かにより決するとする立場を

6　この議論は、とくに、上述の弁論主義の三つの内容のうち第一テーゼ（「裁判所は、当事者の主張しない事実を判決の基礎とすることはできない」）をめぐり、大きな展開をみせた。例えば、注目すべき議論として、本来的弁論主義と機能的弁論主義の分離論（小林・前掲書23頁以下参照）などを挙げることができよう。この見解は、いわゆる弁論主義の定義づけ部分である判決基礎資料の収集を当事者の責任かつ権限とする局面（本来的弁論主義）とテーゼの当事者の主張しない事実を裁判所が認定することができないとする局面（機能的弁論主義）とを分ける。そして、前者は、裁判所の釈明義務の限界や職権証拠調べの可否といった問題とかかわり、民事裁判システムが理想的な状況下では歴史的・経験的にもっとも真実発見に適し、当事者の手続上の地位を保障し、かつ当事者に心理的満足を与えることが普遍的に認識されているのであり、そのことを宣明し民事訴訟の理念型を示しているところに意義があるとする。それに対し、後者では当事者に攻撃防御の機会を保障し、不意打ちを防止する点に意義を置く。そして、弁論主義違反として問題となってきた事件は、機能的弁論主義の問題であって、釈明義務と密接な関係を有するとする。なお、最近は、弁論主義と弁論権（不意打ち防止）とは概念的に無関係であり、両者の関係を強調することに消極的な考えも有力に主張されている（つまり、弁論権（訴訟資料提出権限）を弁論主義の中に位置づけないとするのである。これらの議論については上野泰男「弁論主義」争点132頁及びそこで引用されている文献など参照のこと）。不意打ち防止の観念はむしろ破棄事由（上告制度）との関係で問題になってくるとするのである（議論の詳細は、高橋上・40頁以下など参照）。

とる。つまり、主要事実については弁論主義が適用され、当事者主導の下、事実についての整理が行われ、その補完原理として釈明権（民訴149条）が用意されていると解する。他方で、法律問題については、「裁判所は法を知る」との原則にもあるとおり、法律問題は裁判所の専権であると考えられてきた。当事者のなした法律構成につき裁判所の考えている法律構成を開示する法的な義務はないとされてきたのである。なお、法の理念そのものを法律要件とする、いわゆる**「狭義の一般条項」**である公序良俗違反、権利濫用及び信義則違反の事由については、理由づけは異なるものの、当事者の主張なくとも裁判所は判決の基礎にできるとする見解が有力である[7]。

(1) 主要事実と間接事実の区別

　主要事実とそうでない事実（一般には間接事実）はどのように区別されるのか。訴訟は、実体法の定めている要件にあたる事実の存否を証拠調べ等によって確定し、その事実を法規にあてはめて、権利の発生、変更、消滅を判断し、現在の権利関係の存否を確定する手続である。権利の発生・消滅等の法律効果と発生要件は、一般に実体法に定められており、訴訟において確定すべきこの発生要件に該当する具体的事実を**「主要事実」**という（民訴規53条1項「請求を理由づける事実」に該当する）。そして、この主要事実の存否を事実上推認させる事実を**「間接事実」**という[8]（徴表とも言われる。民訴規53条1項「請求を理由づける事実に関連する事実」に該当する）。現在の通説・判例[9]、そして実務は、上記のように「主要事実」にのみ弁論主義が適用されるとする（つまり、上記第三テーゼが適用される。逆に、間接事実、補助事実は当事者の主張がなくとも裁判所は判決の基礎にできるし、自白にも拘束されない）。では、なぜ「間接事実」（補助事実）には弁論主義は適用されないのか。通説[10]は、次のように説明する。

---

[7]　青山善充「主要事実・間接事実の区分と主張責任」新堂ほか編『講座民訴④』（弘文堂・1985）403頁など参照。判例は、公序良俗違反について、最判昭和36年4月27日民集15巻4号901頁＝百選48事件、権利濫用については、名古屋高判昭和52年3月28日下民集28巻1～4号318頁、そして最近、信義則違反につき、最判平成22年10月14日判タ1337号105頁がある。

[8]　その他、訴訟における事実には、さらに**「補助事実」**がある。「補助事実」は、証人の性格とか証人と挙証者との利害関係といった、証拠の証拠力を明らかにする事実で、広義の間接事実に属する。実務ではさらに「事情」という概念も存する。「事情」は、事実に関連するときは間接事実となるが、一般にはその事案の由来、経過などを理解するための背後の事実関係をいう。

[9]　最判昭和27年12月25日民集6巻12号1240頁など。

[10]　中野ほか（鈴木正裕）・197頁、高橋上・418頁など。

訴訟において、権利義務存否の判断のための事実認定の終局的対象は主要事実である。間接事実は、主要事実の存否を推認させるという点では、普通の証拠と同じ働きをする。したがって、間接事実に弁論主義の適用を認めることは、主要事実を認定する裁判官の自由心証（民訴 247 条：**自由心証主義**。これは、裁判官が判決の基礎となる事実を認定するに当たり、口頭弁論に現われた資料に基づいて、裁判官が自由な判断により心証形成を行うことを認める原則をいう）を制約する結果となり、妥当ではない。

　また、訴状等の記載内容、釈明権の行使、証明責任など訴訟運営の観点からもこの区分は重要であるとの指摘もある[11]。

　しかし、この区別による適用範囲の規律に対しては、主要事実と間接事実の区分が曖昧であるとの批判がある。とくに不特定概念（規範的要件または一般条項という。例えば正当事由（借地借家 28 条）、過失（民 709 条）など）を用いて法律要件を規律している場合には、何が主要事実か明確ではないとされる。また、間接事実であっても訴訟の勝敗に影響を与える重要な事実があり、そのような場合に裁判所が自由に認定できるとすると当事者にとって不意打ちとなりうるなどの批判が挙がっている。そこで、今日では、これらの批判を受け、通説的な理解に修正がなされている[12]。

(2)　訴訟物と弁論主義

　このように、通説・判例実務における弁論主義の適用範囲は、当該事実が主要事実か否かを基準として判断される。このことは、その出発点において訴訟物を実体法上の権利ないし請求権と捉えることを前提とすることを意味する。つまり、訴訟物論における実体法説（旧訴訟物理論）が前提となる。この点が、学説上多数説を形成する訴訟法説（新訴訟物理論）が実務上採用されていない要因のひとつである。弁論主義をめぐる考察は、まず実体法説に基づき訴訟物は何かを特定することから出発する。訴訟物が決まれば、請求原因事実は何かが決定し、それに伴い抗弁事実、再抗弁事実が決定してくる（後述）。基本的には、これに基づき弁論主義の適用範囲は決まるのである。

11　この点につき、村田渉「主要事実と間接事実の区別」争点 158 頁、加藤新太郎「主要事実と間接事実の区別」争点（第 3 版）182 頁など参照。
12　例えば、過失は規範的要件であり、それを基礎づける具体的事実（評価根拠事実。例えば、交通事故訴訟であれば、スピード違反、わき見運転、酩酊運転など）が主要事実となるとするのである。詳細は、青山・前掲論文 367 頁、村田・前掲争点 159 頁など参照。

なお、訴訟物概念についての詳細は、第6章参照のこと。

(3) 第一テーゼの内容

上記のように、弁論主義が適用されれば、口頭弁論において主要事実について当事者からの主張がない限り、裁判官はそれを判決の基礎にすることは許されない（第一テーゼ）。このことは、当事者の意思に反して裁判所が主要事実を職権で斟酌することを禁止することを意味する（上記「私的自治説（本質説）」と整合的であり、当事者の自己決定に価値を見出すものである）。そして、このことから以下に示す「主張と証拠の分離原則」（または、「訴訟資料と証拠資料の峻別」）という概念と「主張責任」という概念が導き出される。

① **訴訟資料と証拠資料の峻別＝主張と証拠の分離原則＝**

通説及び判例・実務は、法律効果の判断に必要な要件事実は当事者が口頭弁論で主張したものに限られ、主張がなければ、たとえその事実が証拠によって認められるときでも、裁判所がその事実を認定してその法律効果の判断の基礎とすることは許されないとの規範[13]を導き出している。これを「**主張と証拠の分離原則**」または「**訴訟資料と証拠資料の峻別**」という。

② **主張責任と主張共通の原則**

弁論主義の第一テーゼを当事者からみれば、当事者が自己に有利な事実（主要事実）を主張しておかないと、不利な判決を受ける可能性が出てくる。この不利益ないし危険を「**主張責任**」という。その分配は、証明責任の分配と原則一致している（実務は常に一致すると考えている）。つまり、通説・実務は、実体法の規範構造を基準とする法律要件分類説（または規範説）に従い、請求を基礎づける事実（請求原因事実となる。権利根拠事実といい、例えば、売買契約に基づく代金支払請求では、売買契約締結の事実（民555条）がこれに当たる）については原告が、権利の発生を妨げる権利障害事実（例えば、錯誤（民95条）の事実がこれに当たる）及び権利を消滅させる権利消滅事実（例えば、弁済、消滅時効（民166条以下）、免除（民519条）などの事実がこれに当たる）については、**抗弁事実として被告に主張責任がある**とするのである（この分配についても議論のあるところである。→第3章参照。なお、権利の発生・変更・消滅原因事実は、弁論に現出されていれば（事実の主張があれば）足りる（これを「**事実抗弁**」という）。これに対し

---

[13] 最判昭和52年5月27日裁判集民事120号697頁。

て、留置権の抗弁、同時履行の抗弁などの抗弁は、権利発生の要件事実が弁論に現れているだけでは足りず、権利者がその権利を訴訟上行使する必要（権利主張の必要）がある。このような抗弁を「**権利抗弁**」という）。

　そして、この原則に関わってくるのが、主張責任を負う当事者が提出した事実でなければ、判決の基礎としてはいけないのか、それとも当事者のいずれかによって事実が口頭弁論に現われた（陳述された）以上は、その事実を判決の基礎としてよいかという問題である。かつては、前者の見解が主張されたが、今日では後者、すなわち、裁判所はある事実（主要事実）が当事者のいずれかにより口頭弁論で主張されたのであれば、それを判決の基礎にすることができるとするのが、通説・判例である。これを「**主張共通の原則**」という。

　この関係で今日議論が錯綜している問題として、「当事者の一方が自己に不利な事実を陳述し、相手方がこれを援用しない場合」（「自己に不利益な事実陳述」）の処理がある。主張共通の原則によれば、当事者の一方が自己に不利な事実を陳述し、相手方がこれを否認している場合でも、この事実を判決の基礎としたうえで、これを否認している当事者に有利な判決をすることも許されることになる。そして、従前の通説[14]は、次のように考える。すなわち、当事者が自己に不利益な事実を陳述した場合、まずその事実陳述を相手方が援用すれば、自白となる（この点は一致している⇒自白については第2章参照）。しかし、相手方がこれを援用しない場合には、裁判所は主張共通の原則を根拠にこれを裁判所は斟酌しうるとした（積極説）。その上で、こうした自己に不利益な事実の陳述を争う場合には、当事者間の公平と真実なる事実確定による正当な裁判保障などを根拠に、斟酌する際にはその事実は証拠調べにより確定すべきとする。

　現在では、裁判所が斟酌できるとの積極説でほぼ一致を見ている。しかし、他方で、近年、積極説を採りつつも、ドイツにおける「**等価値主張の理論**（**主張等価値原則**）」に基づく証拠調べ不要説が有力に主張されてきた[15]。こ

---

[14] 兼子一『民事法研究第一巻』（弘文堂・1950）233頁以下など。

[15] 鈴木正裕「弁論主義に関する諸問題」司研論集77号（1986）1頁以下、木川統一郎『訴訟促進政策の新展開』（日本評論社・1987）71頁以下など参照。この理論は、原告の主張と被告の主張が異なるにもかかわらず、両者の主張の実体法的結論が等価である場合には、証拠調べを経ることなく、請求認容すべきとの考えである（上記の通説の立場は、証拠調べによる確定を行うことで、当事者間の公平を確保しようとするものであり、「等価値主張原則」では、訴訟

の立場は、原告と被告との立場の違いを考慮し、主張の等価値性、実体的正義および訴訟経済を根拠としたものである。そして、さらに最近では、『自己に不利益な陳述』の態様は一様ではなく、陳述の態様に即した考察の必要性が唱えられ、『自己に不利益な陳述』を①原告が自らの請求原因を否定する陳述を行う場合など、つまり、当事者が請求原因や抗弁からみて首尾一貫しない陳述をする場合（自己矛盾陳述ないし不利益陳述）と②被告の主張事実の中に原告の請求を支持する事実が含まれる場合、例えば、原告の請求原因を否定するために被告によって陳述された事実（積極否認）が同時に原告の請求を根拠づける（予備的請求原因）ものである場合（等価値陳述）とを明示的に区分することが論じられている[16]。判例は、最判昭和41年9月8日民集20巻7号1314頁＝百選Ⅰ108事件により、被告が当該事実を自己の利益に援用しなかったときでも、裁判所は、請求の当否を判断するについてその事実を斟酌すべきであるとした。以後、積極説に転換している[17]。

5 釈　明

(1) 釈明の意義と機能

釈明（求釈明）は、民事訴訟における「マグナカルタ」と呼ばれる。釈明は、適正で迅速な裁判をなすためには不可欠なものといえ、そしてそれは結局当事者の権利を守ることになるからである。裁判官の釈明権は、事実問題

　　経済的観点を取り入れ、裁判官の釈明義務を前提に自ら責任を果たしている当事者のみを救済すれば足りるとする考えがその基盤にあると言えよう）。この場合、判決理由は、原告の請求は原告の主張によっても被告の主張によっても認容することができるとなる。
[16] この点を主張するのは、松本博之『民事自白法』（弘文堂・1994）310頁以下などである。①の場合には、例えば、原告は、貸金返還請求訴訟で貸金債権の成立を主張しつつ、弁済も主張することは、その主張から原告の請求を基礎づけることができないので、主張の一貫性（有理性）がないとしてその請求は直ちに棄却されるとする。この①の場合には、主張共通の原則というより、むしろ主張の一貫性（有理性）の問題で（なお、不利益陳述と一貫性審査については、八田卓也「ドイツにおける不利益陳述の取り扱いについて」法政研究70巻4号（2004）70頁以下参照）、わが国における主張自体失当の問題と関連してくると思われる。他方、②の場合には、被告側で自己に不利な事実を陳述し、原告側がそれを援用せずその事実を争っている場合には、訴訟物が同一である限り（訴訟物が異なれば処分権主義に反する）、裁判所は、証拠調べをすることなく、原告の請求を認容できるとする。これは、原告と被告との立場の違いを考慮し、主張の等価値性、実体的正義および訴訟経済を根拠としたものである。集中審理方式（争点中心審理方式）を採用した現行民事訴訟法の審理構造では、近時の見解が適切であると思われる。
[17] その後、最判平成9年7月17日裁判集民事183号1031頁（判時1614号72頁）＝百選50事件、最判平成12年4月7日判時1713号50頁などが同様の立場に立っている。

を明瞭にするために弁論主義を補完するものと位置づけるのが伝統的考え方である。他方、釈明権は当事者権の保障手段としても機能する。民事訴訟において当事者権を保障することは、公正な裁判を保障するために不可欠なことである。この当事者権保障のなかで、裁判において当事者に主張・立証の機会を与える弁論権の保障は、最も重要なものである（それは、裁判を受ける権利の基本的内容の一つである法的審問請求権の発現でもある）。かかる当事者権保障は、裁判所による求釈明により実効化される（したがって、この観点からの求釈明は、処分権主義に関わる補充にも入りこむことになる。求釈明は弁論主義の範囲を超えることになるのである。訴えの変更を促す釈明を認めた判例に、最判昭和45年6月11日民集24巻6号516頁＝百選52事件がある）。

(2) 釈明権行使の態様

釈明権の行使の態様には、いろいろ諸説があるが、近時は、釈明をめぐる裁判官と当事者との関係に着目した消極的釈明と積極的釈明に分類する見解（注（19）中野論文参照）が支持を集めている。当事者が必要な申立てや主張をしているが、それらに不明瞭、矛盾、欠陥などがある場合の補充的な釈明を**「消極的釈明」**という。これに対して、**「積極的釈明」**とは、当事者が事案の内容上適切と考えられる申立てや主張をしない場合に是正的に行われる釈明をいう。この分類に従って、以下の釈明義務の範囲については解説することにする。

(3) 釈明義務の範囲

民訴法149条は、釈明を裁判所の権能としてのみ規定するにすぎないが[18]、今日の通説・判例は、釈明を裁判所の義務として認める点では一致している。その義務違反は、上告理由となる。議論されているのは、いかなる場合に釈明義務違反が生じるかである。判例は、最高裁発足当初においては釈明義務を非常に狭く解してきた。しかし、昭和30年代に入ると、消極的釈明を問題とする判例が増え、さらに昭和40年代を境に積極的釈明が問題とされ始める。以後、判例は釈明義務を広く認める傾向にあるといえよう[19]。例

---

[18] 釈明権行使の行き過ぎについては、違法性は生ぜず、当・不当の問題が生じるに過ぎないとするのが多数説の立場である。しかし、裁判官の忌避事由に該当するとする学説も存する（吉野正三郎『民事訴訟における裁判官の役割』（成文堂・1990）33頁など）。

えば、立証に関する釈明権の不行使の事案について、判例は、大審院時代は、当事者の不注意または誤解によって明らかに立証しない場合を除き、釈明義務は生じないとしていた[20]。最高裁は、昭和39年6月26日判決（民集18巻5号954頁＝百選53事件）でもって積極的姿勢に変わる。その後、最判昭和58年6月7日判時1084号73頁、最判昭和61年4月3日判時1198号110頁と積極的姿勢が続く。最近でも、最判平成8年2月22日判タ903号108頁＝百選（第3版）61事件において立証に関する釈明権の不行使が釈明義務違背とされた。学説上は、上記消極的釈明の場合には、弁論主義を補完する形であるので、釈明義務が生じるとする点では一致している。しかし、積極的釈明の場合には、当事者間の公平、裁判所の中立性などが損なわれる危惧が存することから慎重な対応が要請されている。そして、釈明義務違反を判断する基準は何かということについては、今日では、一般的な基準を引き出すことは放棄され、釈明義務の存否は常に個々の事件についての訴訟状態の発展とにらみ合わせて複合的利益考量が必要であり、具体的に決定すべきもので、その際の考慮ファクターの抽出が重要であるとの認識が定着してきている。そして、従前の議論において考慮ファクターとして挙げられていたのは、①判決における勝敗転換の蓋然性、②当事者の申立て・主張における法的構成の当否、③期待可能性（釈明がなければ、当事者に主張・立証を期待できないか）、④当事者間の公平、⑤紛争解決の必要性—再訴を防止できる事情、⑥事実、証拠の存在、⑦当事者の事情（⑥を提出しようとすれば提出可能であり、不提出に無理からぬ事情の存在）、⑧①、⑥、⑦につき裁判所が知っていたこと、⑨差戻し前後の手続での資料の関連性などである。これらの各ファクターのどれを重視するかは、論者により異なるが、①判決における勝敗転換の蓋然性が重視される点では一致している（この点において「不意打ち防止」の観点が釈明義務違反の判断にも関連してくると言える）。

(4) 法的観点指摘義務・法的討論義務

裁判は事実に法を適用して紛争を処理するが、その際、法の解釈適用は裁判所の専権とし、当事者の法的見解に裁判所は拘束されないというのが伝統

---

[19] 中野貞一郎『過失の推認（増補版）』（弘文堂・1978）215頁以下、奈良次郎「訴訟資料収集に関する裁判所の権限と責任」講座民訴④141頁以下など参照。
[20] 大判昭和5年3月15日民集9巻281頁。

的考え方である。しかし、例えば、裁判所と当事者との間で、当該訴訟についての判断基礎となる法的観点・法的構成が異なる場合、あるいは当事者の気がついていない法的観点・法的構成を判決の基礎にしようとする場合に、手続権保障との関係で裁判所はどう対応すべきかが議論されている。換言すれば、上記の伝統的考え方により、当事者にその点についての主張する機会を与えず、裁判所は専権的に自己の法的観点に基づき判決をすることができるとすべきか、それとも裁判所は法的観点を指摘し、当事者にその点についての主張・立証する機会を与える義務が生じるかが問われることになる。後者の義務は、講学上「**法的観点指摘義務**」（ないし「法律問題指摘義務」）と呼ばれ、今日有力に主張されている[21]。法的観点指摘義務を認めるとした場合、いかなる場合にこの義務は発生するか、その要件が問題となる。現在のところ、学説上は次の三つの要件が掲げられている。①判決の基礎に用いる法的観点であること、②その法的観点につき当事者が看過していることまたは重要でないと評価し、裁判所の評価と食い違うこと（不意打ちとなる危険）、③法的観点が派生的な請求のみに関わるものでないこと、が掲げられている[22]。

さらに、ドイツでは、法的観点指摘義務に加え、裁判所と当事者との間で「法的討論義務（Rechtsgespräch）」が議論されている[23]。

---

[21] 山本和彦『民事訴訟審理構造論』（信山社・1995）17頁以下、徳田和幸『フランス民事訴訟法の基礎理論』（信山社・1994）16頁以下、阿多麻子『法的観点指摘義務』判タ1004号26頁、納谷廣美「法的観点指摘義務」石川古稀下575頁など。

[22] この点につき、判例は、確かに明確に法的観点指摘義務を肯定していない。しかし、釈明義務を不意打ち防止のために認めるなど（例えば、最判昭和51年6月17日民集30巻6号592頁など参照）、実質的に法的観点についての釈明を義務づけている。また、そもそも事実主張と法律構成は不可分の関係にあるともいえ、明確に区別することは難しい。事実主張につき釈明義務が生じる場合は、逆に法的観点指摘義務が生じる場合と重なり合うことが多く（詳細は、阿多・前掲論文29頁以下など参照）、その点で法的観点指摘義務を認めても実務上問題は少ない。なお、最高裁は、信義則違反に関する釈明義務違反を認めた前掲最判平成22年10月24日判タ1337号105頁において、法的観点指摘義務を認めたと評価しうる判断を示した。

[23] 法的討論義務に関しては、吉野・前掲書57頁以下など参照。

第1章　演習問題

【演習問題1】　以下の【問題設例】①〜⑤をよく読んで、下記の設問に答えなさい。

【問題設例①】

　Xは、Yとの間でYの買受ける黒砂糖をXが斡旋し、その斡旋料として10kgにつき金1万円をYがXに支払うことを約束し、Xは右約旨に基づき黒糖5トンをYに斡旋して買受けしたので、Yに対し金500万円の斡旋料を請求すると主張し、訴訟を提起した。

　この訴訟において、Yは、以下のような主張を展開した。「Yは、Xとの間で直接本件契約を締結したことはない。本件黒砂糖は、訴外A株式会社が、Xの斡旋によらないで、直接鹿児島県種子ケ島方面から買受けたものである。」

　裁判所は、証人尋問、本人尋問などの結果に基づき、本件契約はXとYの代理人Zとの間において、Yのために、Xの主張するように黒砂糖買付の斡旋に関する契約が締結され、当該右契約に基づき、Xは、その主張の頃、その主張の如き数量の黒砂糖の買付をYに斡旋したことを認めることができるとして、Xの請求を認容する判決を下した。

【問題設例②】

　Ⅰ　原告Xの請求と主張：

　Xは、被告Y1に対して、次の請求を申し立てた。

「別紙目録記載の土地につき（以下、本件土地）、P法務局受附平成9年8月28日第18291号を以てなした同年同月同日代物弁済予約を原因とする所有権移転請求権保全の仮登記、及び同局受附同年12月10日第27075号を以てなした同年11月28日代物弁済を原因とする所有権移転登記の各抹消登記手続をせよ」。また被告Y2に対しては「別紙目録記載の土地につき、同局受附同10年12月14日第24904号を以てなした同年同月14日売買を原因とする所有権移転登記の抹消登記手続をせよ」との請求である。

　そして、その請求の原因として、次の主張をなした。

　本件土地はXの所有であるが、XはY1から平成9年8月28日金1560万円を弁済期の定めなく借受け、本件土地について、Y1のため、同年同月同日代物弁済予約を原因とする所有権移転請求権保全の仮登記をなした。しかし、その後Y1はXの承諾なく、同年11月28日代物弁済を原因とする所有権移転登記を経由した

のである。したがって、当該所有権移転登記は無効であり抹消さるべきである。のみならず、Xは、平成10年2月23日、訴外Aより金1850万円を借受けて、Y1に対し、Y1より借受けた金1560万円とその利息金を含めて金1850万円を支払い、債務を完済したので、本件土地についての仮登記及び所有権移転登記は抹消さるべきものである。しかるに、本件土地については、Y2に対し同年同月14日売買を原因とする所有権移転登記がなされている。しかし、XはY2に本件土地を売渡したこともなく、又Y1よりこれを買得できる訳もないのであるから、当該登記もまた抹消さるべきである。よって、XはY1とY2に対し本件土地についての各登記の抹消を求めるため本訴請求に及んだ。

　さらに、Xは、Y1とY2の主張事実を否認し、「XはY1のみに代物弁済予約完結権を与えたこともないし、平成9年11月28日までに予約完結の意思表示もなかった。かりに、Y1の主張するように代物弁済がなされたとしても、当該代物弁済当時における本件土地の価額は金3000万円で、Xの借入金額に比して著しく権衡を失して大きく、しかも債務者である原告の窮迫、軽卒、無経験に乗じた結果であることは明らかであるから、当該代物弁済は所謂暴利行為に該当し、したがって、無効である。」と述べた。

　Ⅱ　Y1らの主張：

「X主張事実のうち、XがY1から平成9年8月28日金1560万円を借受け、X所有の本件土地について、Y1のため、同年同月同日代物弁済予約を原因とする所有権移転請求権保全の仮登記をなしたこと、Y1が同年11月28日代物弁済を原因とする所有権移転登記を経由したこと、及び、本件土地について、Y2に対し、同年同月14日売買を原因とする所有権移転登記がなされていることを認めるが、その余の事実は争う。」と述べ、さらに、

「Y1がXに前記のように金1560万円を貸与した際、その弁済期を同9年11月27日と定め、かつ本件土地について第一順位の抵当権設定登記をなすと同時に前記仮登記をなした。そして、その際、XはY1に対し、弁済期に貸金の弁済ができないときは代物弁済として土地の所有権をY1に移転することを約したのである（停止条件付代物弁済契約）。しかし、Xは期日に貸金の弁済をしなかったので、弁済期の経過によりY1は本件土地の所有権を取得したのである。かりに、当該事実が認められないとしても、Y1が前記金員をXに貸与した際、Xは、弁済期に弁済ができないときは代物弁済として本件土地の所有権をY1に移転することを予約したのである。しかし、Xが期日に支払いをしないので、Y1は、Xに対し、同年11月下旬電話で予約完結の意思表示をなし、念の為同月30日附内容証明郵便を以て更に予約完結の意思表示をなし、当該書面はその頃Xに到達した。したがって、Y1は予約完結による代物弁済により本件土地の所有権を取得したのである。その後、同10年2月23日訴外Aが本件土地の売却方を申出たので同日代金1850万円でAに本件土地を売渡したところ、AとXとの間に、Xが同年3月23日までに

金2000万円を持参すれば本件土地をXに売渡す約束があつたので、訴外B名義で所有権移転請求権保全の仮登記をしたのであるが、XはAに対し当該金員を持参しないばかりでなく、本件土地は不必要であると言明したので、遂にY2名義に所有権移転登記をしたのである。又本件代物弁済当時における前記土地の価格は金2000万円乃至金2100万円程度であって、本件代物弁済が暴利行為であるということはできない。」と述べた。

Ⅲ 裁判所の事実認定と判決

裁判所は以下のような事実認定をした。「Xが、Y1から、平成9年8月28日、金1560万円を借受け、X所有の本件土地について、Y1のため、同年同月同日代物弁済予約を原因とする所有権移転請求権保全の仮登記をなしたこと、Y1が同年11月28日代物弁済を原因とする所有権移転登記を経由したこと、及び本件土地について、Y2に対し、同年同月14日売買を原因とする所有権移転登記がなされていることは何れも当事者間に争がない。

成立に争のない甲第二号証、乙第三号証、X本人の供述（当審）によりその成立を認めうる甲第九号の一、二ならびに証人Z1、Z2、Z3（第一、二回）の各証言及び当審でのX本人の供述と当審でのY2法定代理人の供述の一部を綜合考察すれば、Xは、一旦Y1の所有に帰した本件不動産を1850万円で買戻す資金の調達方をZ1に一任したところ、平成10年2月、Z1は、買戻すべき不動産を、二ケ月の期限付で2000万円をもって買戻す約定で売渡担保に供し、1850万円の融通を図る話合をAとの間に取結び、当該融通金をその頃Y1に支払つて本件土地を取戻したが、当該約定に従いそのままAに買戻約款付売渡担保に供されたので、関係者諒解の下に直接Y1よりAに売渡された形式をとつたこと、Xは右買戻期間を徒過したため、AはY1から受取っていた書類によってその子Y2名義で所有権取得登記をした事実を認めうる。この認定に反するXの供述は信用できず、他に右認定を覆すに足る確証はない。そうだとすればXは一旦取戻した本件土地の所有権を右の如くして失つたことが明かである」。

そして、Xの請求を棄却する判決を下した。

【問題設例③】

1) 甲と乙との間の不当利得返還請求事件につき、平成14年5月13日、和解が成立した。その内容は、甲が乙に金150万円およびこれに対する平成12年6月27日から完済まで年五分の割合による金員支払の義務があることを認め、乙代理人Aに対し平成14年5月13日金10万円、同月から毎月末日金5万円づゝ、総額金140万円に達するまで支払い、それを履行したときはその余の債務を免除し、甲が割賦金の支払いを二回分以上怠つたときは期限の利息を失い残額を即時に支払うことと定められている。

(2) 甲は平成14年5月13日金10万円を支払ったほか、その後間もなく病気になったためA代理人から割賦金の支払について暫時の猶予を受けた。
(3) ところが、甲の病気も意外に重くやっと平成16年に快方に向ったので同代理人に連絡をとったが事務所を移転していたため所在不明のまま平成20年7月になった。その間なんらの請求も受けなかった。乙は、同年7月20日右和解調書に基き、金140万円および平成12年6月27日以降年5分の割合による金員の請求権があるとして強制執行をなし、金9万円の売得金を得た。

しかし、甲は、A代理人に支払の猶予を受けていたのであるから、年5分の割合による損害金については債務が生じていないので、金140万円から金9万円を控除した残金131万円の受領方を要求し、乙が拒否したので同年12月26日残額として金131万円を弁済供託をした。
(4) 乙は、右供託金の還付を受けながらなお債権があるとして平成21年2月4日、強制執行をしてきた。
(5) 甲は、請求異議の訴えを提起し、以下のように主張している。「乙は、残額として供託金の還付を受けたのであるから残債務は消滅している。したがって、本件和解調書に基づく強制執行は許されない。」と。

乙は、「和解の成立したこと、その内容、甲が金10万円を支払ったこと、乙が強制執行をして金9万円の売得金を得たこと、本件調書で強制執行をしていること、甲が金131万円を供託したことは認め、その余は否認する。支払の猶予をしたことはなく、再三支払の催告をしていた。」と述べた。

この訴訟において、裁判所は、「遅延損害金の増大については、乙からの支払催告がなく、乙の代理人Aが住所を変更しながら甲に通知しなかったという乙側の過失にも原因があり、民法418条による過失相殺が認められる。」として、過失相殺を認めた判決を下した。

【問題設例④】

(1) Aは、平成6年4月8日、金融業を営むBとの間で本件消費貸借契約を締結し、3300万円を、弁済期同年6月7日、利息月2.5%、遅延損害金年40.004%の約定で借り受けた。
(2) BとAは、前記貸付けに際し、本件消費貸借契約に基づく債務の履行を担保するため、Xの所有する本件土地につき、Bを根抵当権者とし、極度額を7000万円とする根抵当権を設定することを合意し、Bは、平成6年4月8日、同根抵当権設定登記を経由した。
(3) Aは、Bに対し、本件消費貸借契約に関して、平成6年6月7日、8月8日、同月24日及び12月29日に各108万9000円ずつ、平成7年1月31日に50万円をそれぞれ弁済したが、その余の支払をしなかった。

(4) Aは、平成7年5月2日、Bに対し、同月25日までに弁済をするとして競売申立てを控えるよう依頼するとともに、「平成7年5月25日迄に当方が貴社依り不動産担保貸付契約に依り借用している金銭を支払えなかった場合は本物件(本件土地)を貴社名義に変更する事と貴社の判断で第三者に対して売り渡す事を承諾致します。」と記載した書面を作成し、印鑑証明書や委任状と一緒にBに交付し、Bも、Aの上記内容の申込みを承諾した(以下、これによって成立した契約を「本件契約」という。)。しかし、上記期限を経過しても、Aは何らの弁済もしなかった。

(5) Bは、平成7年5月26日、Aから預かっていた本件土地の権利証、前記印鑑証明書等により、本件土地について同日付け代物弁済を原因とするAからBへの所有権移転登記(以下「本件①登記」という。)を経由した。

(6) その後も、Bは、本件消費貸借契約に基づく債権をAから回収できれば、本件1登記の抹消に応じる意図の下に、平成7年6月8日、Aに対し、同月16日までに本件土地を買い戻すことを要請した。Aは、これを受けて、買戻しができない場合には清算金の要求をしない旨を記載した売渡承諾書の作成にも応じたが、この期限を経過しても、資金を調達して本件土地を買い戻すことができなかった。

Bは、なおAに対し、本件消費貸借契約に基づく残債務の支払がされれば、本件土地の買戻しに応じる意向を示し、同年9月15日には、本件土地の「利息分」として1000万円をAから受領し、同年12月24日にAに到達した書面により、平成8年1月26日までに本件消費貸借契約の元本3300万円及び平成7年3月27日から平成8年1月26日までの遅延損害金827万2600円の合計4127万2600円を支払えば、Aに対し本件土地の買戻しを認めるが、さもなければ第三者に対し本件土地を処分する旨通知したが、Aからは何ら応答がなかった。

(7) 本件土地について、平成8年7月19日に、同月17日売買を原因とするBからCへの所有権移転登記(以下「本件②登記」という。)が経由された。

(8) 本件において、Aは、本件土地の所有権に基づき、Bに対して本件①登記の、Cに対して本件②登記の各抹消登記手続を求め、訴えを提起した。また、Aは、Bに対し、仮にXが本件土地の所有権を喪失したとすれば、清算金1億9000万円の内金1億円の支払を求める旨の予備的請求をしている。

(9) Aは、次のように主張した。

1) 平成7年5月2日にAとBとの間で本件土地につき締結された本件契約の目的は本件消費貸借契約上の債務を担保することにあり、当事者間において、その履行とともに債権債務が消滅することは想定されていなかったことなどの事実によれば、本件契約の実質は停止条件付代物弁済契約であって、仮登記担保契約に関する法律(以下「仮登記担保法」という。)の適用を受ける仮登

記担保契約というべきである。
2) 本件における清算金の支払を不要とする特約は、仮登記担保法3条3項により無効というべきであり、清算金の見積額の通知がされていないのであるから、本件土地の所有権は、いまだＡからＢに移転していない。

これに対して、Ｂは、代物弁済を原因とするＸからＢへの所有権取得を主張している。Ｃは、Ｂとの売買に基づく本件土地の所有権取得を主張している。

(10) 裁判所は、

「本件契約は、これに基づく所有権移転登記手続がされた後も、ＢにおいてＡに債務の弁済を求めていた事実等に照らすと、目的不動産の所有権の移転によって債務を確定的に消滅させる代物弁済契約ではなく、仮登記担保の実行によって確定的に所有権の移転をさせようとしたものでもない。Ｂは、本件契約により、本件土地を同Ａ名義に変更した上で、なおも債務の弁済を求め、利息を受領してきたのであるから、本件契約は、債権担保の目的で本件土地の所有権を移転し、その登記を経由することを内容としていたもので、譲渡担保契約にほかならないと解すべきである」との認定を行い、そして、

「本件においては、ＢからＣへの本件土地の売却によって、Ｃは本件土地の所有権を確定的に取得し、Ａは、清算金がある場合にＢに対してその支払を求めることができるにとどまり、本件土地を受け戻すことはできなくなったというべきである。

以上のとおり、Ａは本件土地の所有権を喪失したのであるから、その所有権に基づいて本件①登記の抹消登記手続を求めるＡのＢに対する主位的請求及び本件②登記の抹消登記手続を求めるＣに対する請求はいずれも理由がないというべきである。よって、ＡのＢに対する主位的請求及びＣに対する請求をいずれも棄却する。予備的請求については、清算金9000万円をＢはＡに支払うべきものとする」旨の判決を下した。
＊なお、清算金についてはこの額が適正なものであることを前提にする。

【問題設例⑤】

(1) Ｘら4名とＹは、兄弟であったが、Ｘら4名は、Ｙに対して、Ｙ名義の本件土地につき、共有持分権に基づく各持分5分の1の所有権移転登記手続を求め、訴訟を提起した。

(2) この訴訟において、Ｘらは、次のような主張を行った。「本件土地は、もとＡの所有であったところ、本件土地を、ＡからＸらの先代Ｂが平成3年ごろ代金1億6600万円で買い受け、その所有権を取得した。その後、平成14年にＢが死亡し、Ｂの子であるＸらおよびＣ（Ｙの亡夫）5名がその権利義務を相続した。しかるに、本件土地には、Ｙ単独名義の所有権取得登記がなされている

ので、相続によって取得した共有持分権に基づいて各持分5分の1の取有権移転登記を求める」と主張した。
(3) これに対して、Yは、本件土地がもとAの所有であったことは認めたが、BがAからこれを買い受けたとの事実を否認したうえで、「本件土地はAから夫のCが平成8年ごろ買い取ったものであり、もともとBの死亡によりXらがその共有持分権を取得するはずはない。本件土地はCから相続したものである」と主張した。
(4) 裁判所は、証拠調べの結果、本件土地は「AからBが買い取ったが、Bの次男であるCが平成8年ころから父Bを手伝って家業の材木商に従事するようになり、やがて一人でこれを取り仕切ってBの跡取りとしての地歩を占めていた。Bの死亡直前の意思としては、本件土地をYの所有とすることを認めていた」などの事実を認定し、「本件土地はBがYに死因贈与したものである」との心証を形成した。そして、Xの請求を棄却した。

【設問1】

上記問題設例①～⑤における裁判所の上記事実認定に基づく処理は、弁論主義の観点からみて問題はないか。以下の小問を検討のうえ、これまでの判例・学説の議論状況を踏まえて、論じなさい。

(小問)
1) 上記問題設例①～⑤では、何が訴訟物となるか。また、その請求原因・抗弁は何か。
2) 所有権訴訟において当事者が主張・立証すべき事実は何か。
3) 過失相殺は権利抗弁か事実抗弁か。また、過失相殺についての主張・立証責任はどのように分担されるか。

【設問2】

設問1で問題とした上記の裁判所の認定部分については、裁判所の釈明義務が生じるか検討せよ。
生じるとする場合、それはいかなる根拠に基づくか。生じないとする場合には、どのような理由からか。

【演習問題2】 以下の【問題事例】をよく読んで、下記の設問に答えなさい。

【問題事例】
　本件は、Xが自己の所有する建物を母親Dに貸し、その使用貸借が終了したのに異母妹の一人Y1が建物の所有権移転登記をし、占有を継続し、その余の異母妹Y2らとともにXの建物所有及びその敷地の賃借権の帰属を争っており、敷地の賃貸人もXに帰属することを明確に認めようとしないとの理由で、Y1らに対し建物所有権及び土地賃借権がXに帰属することの確認を、登記名義を有し占有しているY1に対し建物の所有権移転登記及び明渡しを（貸主Y5、Y6に対し賃借権の確認を、各々に⇒この賃借権確認請求については、以下の事実関係、設問において考慮しない）求めた事案である。

（事実関係）
1　XとY1、Y2、Y3、Y4は、訴外Aを父とする異母兄弟である。
2　Xは、Aとその先妻との間に生まれ、昭和18年10月ころ、A、D及びその子供らであるY1～Y4と同居していた江東区の自宅から出征した。その後、DとY1らは山梨県T村に疎開し、Aだけが東京に残った。しかし、昭和20年3月の大空襲により自宅は焼失し、AはSの敷地内にバラックを建てて居住するようになった。AはK電力会社の集金係をしていた。Xは終戦後復員し、昭和20年9月ころ上京し、Aのバラックに同居して、同年10月ころから米軍施設に勤務するようになった。その後、Sの紹介でB（後に死亡）から本件土地を借りることになり、AがBと会って賃貸借契約を締結した。その際、賃貸借契約書が作成されたか否かは不明であり、その後、本件土地上に本件建物が建てられ、昭和21年の暮れころ、AとXは右バラックから本件建物に転居し、間もなくDとその子供らも疎開先から戻り、本件建物に同居するようになった。
3　Xは、昭和20年10月から同24年3月まで米軍施設で通訳や販売の仕事をしていたが、昭和24年1月から同26年3月までM大学に在籍した後、R自動車株式会社に入社し、昭和31年11月、結婚するころまで本件建物に居住していた。昭和23年3月ころ、本件土地において煙草屋を開業するため、その許可を受けて土地を借増しし、そのための店舗を増築したが、Dは、右店舗において煙草だけでなく、その他の食品を販売する仕事に従事し、Xも家に居る時は母を助けて煙草販売を手伝ったり、伝票の整理などをしていた。Aは昭和29年4月5日、死亡した。本件店舗の電話の名義は右Aの死亡当時はAであったが、その後X名義となった。現在の電話帳にも右電話番号で「X（たばこ）」として掲記されている。
4　Xは、昭和31年11月、結婚するため、本件建物から出たが、その後、煙草

屋はDが経営するようになった。Y1は昭和30年3月に、Y2は昭和40年11月に、Y3は昭和46年2月に、Y4は昭和49年11月に、それぞれ結婚して、Y2、Y3、Y4は本件建物から出たが、皆それまではDの店の手伝いをしていた。Y1は結婚後も、引き続き本件建物に居住し、Dの手伝いをしていた。

　Dは、煙草屋の売上げから本件借地の地代を支払い、煙草屋の営業経費に計上して税務申告をしていた。またDは昭和58年ころ、本件建物について期間10年の火災保険に加入していた。

5　Xは、結婚後、妻と別居し、昭和33年暮れころ、本件建物に戻り、同36年4月ころまで本件建物に住んでいたが、その後転居した。そのころXは杉並区に自己資金で土地を購入し、その後昭和56年4月、当該土地上に二階建て建物を建築した。

6　平成元年11月28日、Dは死亡した。本件土地には本件建物が建築されているが、昭和33年10月9日付けでY1らの母親であるD名義の所有権保存登記がされ、昭和51年4月16日受付をもって、同月14日贈与を原因としてY1に所有権移転登記が経由されている。

　その後、親族で集まってDの遺産について話合いを持ったが、平成元年12月9日、本件建物に親族及びDの税務を長期に亘り扱ってきたP税理士が集まり、Y1が本件建物で煙草屋を継続するか等について話がされた。その際、Y1は煙草屋を継続したい旨発言し、その夫はこれに反対するなどしたが、Dの相続税の申告についてはP税理士に委任することに意見の一致を見た。

7　翌平成2年1月14日、本件建物において話合いが持たれたが、その際、Y1の夫からY1名義の賃貸借契約書が示されたものの、Y1自体は自己に賃借権があるとの強い主張はしないで、結局、妹たちの面倒を見てくれたXを含めて、Dの相続人である被告ら五人の併せて六人で本件賃借権も含めて六等分しようとの意見が出され、Xが相続財産は平等に分配する旨を記載して、これに六人が署名指印することになった。しかし、Y1だけは、署名をしたものの、夫の制止もあって指印をしなかった。そのため右平等分配案は実現しなかった。

8　平成2年2月25日、Y2～Y4の三人は、賃借人が誰であるかを確認するため、B方を訪問したが、その際、昭和62年まで借地権の名義人はXであるとして税務申告をしている旨を聞き、その申告書の交付を求め、送付されることになった。しかし、税理士の許可が出ないとのことで送付を受けることができなかった。また、Xはそのころ、数度にわたり、B方を訪れたが、Bからは姓は「T」で名は一字の人である旨を聞いた。訴外Nは、当初、Bの妻やAからはAが借地人であると聞いていたが、XがB方を訪問した当時、Bが本件土地の賃借人は名前が一字の人だと述べるのを聞いている。なお、Y1らがB方を訪れた際、名前が一字である旨を聞き、またY4はそれがXの名であることも聞いている。

9　Xは、Y1らに対し建物所有権及び土地賃借権がXに帰属することの確認を、

登記名義を有し占有している Y1 に対し建物の所有権移転登記及び明渡し訴訟を提起した。

X は、昭和 21 年ころに、B から本件土地を賃借し、その地上に本件建物を建築したとの事実を主張した。そして、X は、自己の所有する本件建物を D に貸し、その使用貸借が終了したのに異母妹の一人 Y1 が建物の所有権移転登記をし、占有を継続し、その余の異母妹 Y2 らとともに X の建物所有及びその敷地の賃借権の帰属を争っていると主張している。

10　Y1 らは、X の主張を否認し、本件土地を賃借して本件建物を建築したのは、X ではなく、X の亡父 A である旨を主張している。そして、本件建物は、A から D に贈与されたと主張している。X は、Y のこれらの主張を争っている。

11　裁判所は、(1) X 主張の事実を認めるに足りる証拠はないとし、Y1 らの主張するとおり、本件土地を賃借し、本件建物を建築したのは A であることが認められるとして、(2) その余の点について判断することなく直ちに、X の請求をすべて棄却した。

【設　問】

　　下記の小問を検討したうえで、問題事例における裁判所の判断・処理について問題はないかについて論ぜよ。

(小問)
1)　X の主張と Y1 らの主張はどのような関係に立つか。
2)　当事者の一方が自己に不利益な事実を陳述したときに、相手方がそれを援用しないで、争う場合、その事実は証拠調べにより確定すべきか否か。根拠を示して、論じなさい。
3)　2) の事実について、裁判所は求釈明をすべきか。

【演習問題 3】

以下の (1) ～ (3) の場合において、裁判所の釈明義務は生じるか。
(1)　抵当権の順位変更が無効であると主張して、X が Y に対してその抹消登記請求訴訟を提起した。この訴訟で、Y は、X＝Y 間で順位変更の合意があったとして、抵当権順位変更契約書証書を提出した。X は、X 作成名義部分の成立を否認したので、Y は X 署名の筆跡鑑定を申し出た。第 1 審裁判所は、これを採用するまでもなく、当該部分が真正に成立したとして、X の請求を棄却した。ところが、控訴審においては、宣誓書と契約書の筆跡が明らかに異なるとは断定できないにもかかわらず、人証等により当該部分が真正に成立したとは認めら

れないとして、Xの請求を認容した。裁判所は、Yに対して筆跡鑑定の申出をするか否かについて求釈明をすべきであったか。

(2) XのYに対する所有権確認訴訟において、Xは、予備的に所有権取得原因事実として取得時効を主張していた。ところが、Xの誤解ないし不注意により、その後Xはこの時効の主張を撤回してしまった。裁判所は、Xおよびその先代が本件土地部分につき長年にわたりこれを畑として平穏に耕作占有してきた事実を認定したが、Xの時効の援用がないので、請求を棄却した。裁判所は、Xに対して時効の求釈明をすべきであったか。

(3) X1、X2とYは、本件土地の相続をめぐって争っていた。X1らは、遺産分割の協議を進めようとしたが、Yがこれに応じなかった。そこで、X1は、Yに対して所有権確認訴訟を提起した。X1は、「本件土地は、Aから買い受けたものである」と主張した。これに対して、Yは、「Aから本件土地を買い受けたのはB（X1、X2、Yの父）であり、BからYは本件土地の贈与を受けた」と主張した。訴訟に先立ち、X1、X2とYは、本件土地の所有権をめぐって、裁判所は、「本件土地は、AからBが買い受けたものであった」として、X1の請求を棄却した。裁判所は、X1に対して、相続の主張を指摘すべきであったか。

第 2 章　審理過程論・その 2
―自白をめぐる問題―

第 2 章の趣旨

　第 2 章では、裁判上の自白に関する問題を中心に問う。裁判上の自白をめぐっては、自白の対象となる事実は何か、「不利益な事実」とはいかなる事実か、訴訟物の前提となる法律関係等は自白の対象となるか、自白の撤回は許容されるか、撤回が許容されるとすると、どのような要件を充たす必要があるか等が問題となる。本章では、こうした問題を取り上げて検討する。また、自白の撤回は、攻撃防御方法の一つである。民事訴訟手続における迅速な裁判の実現は、各国および各時代を通じての共通の目的である。迅速な裁判の実現のためには、裁判所は訴訟に積極的に関与しなければならず、当事者もこの目的のために様々な義務と責任を負うことになる。本章では、平成 8 年の民事訴訟法改正によって導入された適時提出主義のもとでの攻撃防御方法の提出時期に関する規制をめぐる問題についての検討も行う。

　本章は、自白をめぐる問題と攻撃防御方法の提出時期に関する問題について、複合的な考察をすることを通して、審理過程における当事者および裁判所の行為規律のあり方についての知見を深めることを目的とするものである。

参考文献

①伊藤眞『民事訴訟法（第 4 版）』283～286 頁、334～346 頁
②中野貞一郎ほか『新民事訴訟法講義（第 2 版補訂 2 版）』228～231 頁、285～295 頁
③高橋宏志『重点講義民事訴訟法上（第 2 版）』468～508 頁（第 13 講）
④新堂幸司『新民事訴訟法（第五版）』522～532 頁、581～592 頁
⑤松本博之＝上野泰男『民事訴訟法（第 6 版）』288～297 頁、349～350 頁

基本事項の解説

1　自白の意義

自白とは、「当事者が、その訴訟の口頭弁論または準備手続（※現行法では弁論準備手続）においてする、相手方の主張と一致する自己に不利益な事実の陳述」[1]、あるいは、「相手方の主張する自分に不利益な事実を争わない旨の意思を表明する、弁論としての陳述（事実の主張の一態様）」[2]と定義される。前

者は、当事者間で事実に関する陳述が一致している客観的状況を重視するものであるのに対して、後者は、自白をする当事者（以下、自白者）の「争わない」という意思を重視するものである。裁判所を介して当事者間の相互のやりとりを通して争点を確定する手続を採用する現行法においては、自白については、当事者の意思的要素を重視すべきであるとする見解が有力である[3]。

2　自白の成立要件

　裁判上の**自白の成立要件**は、以下のとおりである。すなわち、①事実についての陳述であること、②口頭弁論または弁論準備手続における弁論としての陳述であること、③相手方の主張と一致していること、④自己に不利益な事実についての陳述であること、である。①に関しては、間接事実ないし補助事実についての自白に拘束力が認められるか、および、法律問題について当事者間で一致が認められる場合にも、自白としての拘束力が認められるか（権利自白の成否）が問題となる。②に関しては、裁判外の自白や当事者尋問における供述との区別が問題となる。③については、いわゆる「**先行自白**（当事者の一方がすすんで自らに不利な事実を陳述し、その後に相手方がそれを援用する場合）」に自白としての効力を認めるべきかが問題となる[4]。自白に当事者の意思的要素を重視するのであれば、自白が成立するためには、当事者間で客観的に陳述が一致するだけでは足りず、裁判所が当事者に「争わない」意思の再確認をすることが必要となるであろう[5]。④については、不利益性の判断基準が問題となる[6]。

1　兼子一『新修民事訴訟法体系（補訂版）』（酒井書店・1965）245 頁
2　新堂・582 頁。
3　高橋上・468 頁以下、山本和彦『民事訴訟法の基本問題』（判例タイムズ社・2002）151 頁以下。当事者の意思的要素を重視する理解を前提とすると、自白の成立段階における裁判所の求釈明が重要となる。また、「争わない」という当事者の意思に着目するのであれば、当事者が自白をする理由（例えば、「相手方の主張が真実に合致するから」、「瑣末な争点であるから」、「他の争点に集中したいから」等といった理由が考えられる）を、自白の成否・撤回要件等をめぐる議論において考慮することができそうではあるが、今後検討されるべき問題である。なお、自白をめぐる議論一般については、佐藤鉄男「裁判上の自白」争点 162 頁およびそこで引用されている文献を参照。
4　相手方が援用しない（ないし争う）場合には、いわゆる「不利益陳述」の取扱いが問題となる。最判平成 9 年 7 月 17 日判時 1614 号 72 頁＝百選 50 事件参照。
5　先行自白否定論については、高橋上・475 頁参照。
6　考え方としては、敗訴可能性説、証明責任説、不利益要件不要説がある。学説の議論状況については、高橋上・475 頁以下参照。不利益性の判断は、自白の拘束力が及ぶ自白者を決定する

3 自白の効果

自白が成立すると、自白が成立した事実（以下、自白事実）については、証明が不要になる（民訴179条。**不要証効**）。さらに、自白事実が主要事実である場合には、裁判所は、自白事実とは異なる心証を得たとしても、自白事実を判決の基礎としなければならないという拘束力（**審判排除効**。弁論主義の第二テーゼ）を受けるとともに、自白者は、一定の要件を充たさない限り、自白を撤回すること（自白事実と異なる主張・立証をすること）ができないという拘束力（**撤回制限効**）を受けることになる。撤回制限効の正当化根拠は、不要証効を基礎とした審判排除効に対する相手方の信頼保護にあると説明されることが多いが、そのような信頼が保護に値するといえるかは問題となりえ、今後は、争点及び証拠の整理手続における自白の成否との関連で、つめて検討されなければならない。その際、擬制自白（民訴159条1項）の規律との異同についても留意する必要がある。

4 自白の撤回

撤回制限効が生じる場合には、次の場合に限り、自白を撤回することができるとされる。すなわち、①相手方が自白の撤回に同意した場合[7]、②自白が第三者（相手方を含む）の刑事上罰すべき行為によって惹起された場合[8]、③自白が真実に反し、かつ、錯誤に基づくことが証明された場合[9]である。③をめぐっては、学説において議論がなされている[10]。判例は、反真実の証明があれば、特段の事情がない限り、錯誤が認められるとし[11]、また、錯誤について無過失であることは要求されないとする[12]。

ためには必要となるといえるが、裁判所との関係では、当事者間で争いがないことが重要であり、いずれの当事者にとって不利益であるかは、それほど重要ではないともいえる。
[7] 最判昭和34年9月17日民集13巻11号1372頁。
[8] 最判昭和36年10月5日民集15巻9号2271頁は、民訴338条2項の有罪確定判決の要件は不要とする。
[9] 大判大正4年9月29日民録21輯1520頁＝百選56事件。
[10] 議論状況については、高橋上・492頁以下参照。
[11] 最判昭和25年7月11日民集4巻7号316頁。
[12] 最判昭和41年12月6日判時468号40頁。

5　間接事実の自白

　当事者間において間接事実についての陳述が一致する場合ないし相手方の主張する間接事実を争わない場合に、当該間接事実について、不要証効の限りで、自白が成立することに関しては、ほぼ争いがないといえる。問題となるのは、間接事実についての自白にも、裁判所と当事者（自白者）に対する拘束力（審判排除効および撤回制限効）まで認めるべきであるかである。最判昭和41年9月22日民集20巻7号1392頁（＝百選54事件）は、自白の拘束力を否定する[13]。自由心証主義に基づく裁判所の事実認定権限を重視するからである。間接事実についての自白にも拘束力を認めるべきであるという議論も有力であり[14]、自由心証主義の正当化根拠にまで遡った検討がなされるべきである。なお、最判昭和52年4月15日民集31巻3号371頁は、文書の成立の真正（補助事実）についての自白は、裁判所を拘束するものではないとする。

6　権利自白

　事実に限らず、法律問題についても、当事者間で主張の一致が成立する場合や相手方が争わない場合がありうる。このような法律問題についても、事実についての自白（以下、事実自白）と同様に、自白（いわゆる**権利自白**）の成立を認めるべきかが問題となる。権利自白の成否は、とりわけ、法的三段論法の小前提となりうる法律効果や権利関係（不特定概念も含む）の存否を当事者が争わない場合に問題となる。裁判所の専権に委ねられている法適用権能と訴訟物（訴訟物の前提となる法律関係や訴訟物を基礎づける主要事実も含む）に関する当事者の処分権能のいずれを優先すべきであるかという問題といえる。

　判例は、当事者間で法的効果のみが陳述される場合には自白の成立を認めるが、事実とそれへの法適用過程も同時に陳述される場合には自白の成立を認めない傾向にあると理解されている[15]。前者の場合には、裁判官の法適用権能が介入する領域がないのに対し、後者の場合には、その領域があり、そ

---

[13]　もっとも、最高裁昭和41年判決は、自白の対象が間接事実といえるのか、また、自白が撤回されたのか（自白事実と異なる事実の陳述がなされたといえるか）が問題となりうる事案であった。

[14]　高橋上・484頁以下、山本・基本問題166頁以下。

[15]　竹下守夫「裁判上の自白」民商44巻3号476頁参照。

のような場合には、当事者の処分権能よりも、裁判所の法適用権能を優先するという考え方に立っているといえる[16]。

学説には、権利自白があれば、相手方は一応それについての証明をする必要はなくなるが、裁判所は権利自白とは異なる法的判断をすることができるという見解[17]や当事者が法律問題の内容を理解したうえで争わない場合であれば、権利自白が成立し拘束力が生じると解すべきであるという見解[18]等がある[19]。事実とともに法的効果も主張され、当事者間で法的効果について争いがないが、裁判所が当該事実から当事者のいうような法的効果を導き出せないと判断する場合にも、権利自白に拘束力を認めるべきかが問題となる。さらに、権利自白に拘束力を認めるとして、撤回要件を、事実自白と同様に考えてよいかも問題となる。権利自白の場合には反真実証明が非常に困難なものとなりうるからである。

7 自白の撤回と時機に後れた攻撃防御方法の却下

自白の撤回要件を充たしている場合であっても、それが時機に後れたものであると判断される場合には、不適法として却下されることになる。弁論主義のもとでは、事実および証拠の提出は当事者に委ねられているが、その提出は、「訴訟の進行状況に応じ適切な時期」にすることが要求されている（民訴156条）。いわゆる**「適時提出主義」**である。具体的には、民訴157条1項に規定する要件を充たす場合には、当該攻撃防御方法は時機に後れたものとして却下されうる[20]。**「重大な過失」**の判断に際しては、本人訴訟であるか否か、予備的ないし仮定的な主張であるか否かが考慮される。**「訴訟の完結の遅延」**の判断に際しては、相対的遅延概念[21]に基づく立場と絶対的遅延

---

[16] 利息制限法の強行法規性が背景にあった事案であるが、最判昭和30年7月5日民集9巻9号985頁＝百選55事件は、消費貸借契約の額についての自白の拘束力を否定した。
[17] 兼子・前掲246頁。
[18] 新堂・589頁以下、高橋上・502頁。
[19] なお、「売買」や「賃貸借」等といった日常生活において使用される法的概念について当事者間で一致がある場合には、売買や賃貸借を構成する事実関係を示す用語として法律概念を使用しているにすぎないといえるため、権利自白ではなく、事実自白の問題として議論すべきであるともいえる。
[20] 民訴157条1項の規律については、伊藤・284頁以下、石渡哲「適時提出主義」争点144頁参照。なお、真実発見が重視される職権探知主義のもとでは、同条は適用されない。人訴19条1項。
[21] 当該攻撃防御方法が本来提出されるべき時期に提出された場合に想定される訴訟の完結時期と

概念[22]に基づく立場とがあるが、相対的遅延概念を前提として、適時に提出された場合の訴訟の完結時期を想定することは困難であるといえる。

　なお、争点及び証拠の整理手続を経た場合（民訴167条）、審理の計画が定められている場合（民訴157条の2）、控訴審で攻撃防御方法の提出期間が定められた場合（民訴301条）における時機に後れた攻撃防御方法の却下が、どのような規律によってなされているかについても留意する必要がある。

　　時機に後れて提出されたそれを斟酌した場合に想定される訴訟の完結時期とを比べて、前者が後者よりも先である場合に、遅延を認める考え方である。
[22] 時機に後れて提出された攻撃防御方法を斟酌しない場合とこれを斟酌する場合のそれぞれの訴訟の完結時期を比べて、前者が後者よりも先である場合に、遅延を認める考え方である。

第 2 章　演習問題

【演習問題 1】　以下の【事例】をよく読んで、下記の設問に答えなさい。

【事　例】

　Y は、X に対して公正証書により、金 130 万円を貸付け（公正証書には 130 万円と貸金額が記載されている）、この公正証書を債務名義として、X に対して強制執行を開始した。

　X は、全額弁済済みであるとして、Y に対して請求異議の訴えを提起した。X は、公正証書には、貸付額が 130 万円となっているが、実際には、20 万円が天引きされ、130 万円から 20 万円を差し引いた 110 万円を授受したに過ぎない旨を訴状や準備書面において主張したので、当該請求異議訴訟において、本件消費貸借はいくらの額で成立したかが争いとなった。X は、第一審において、XY 間の消費貸借は、公正証書記載のとおり、130 万円である旨を認めていたが、第二審において、貸借に際して 20 万円天引きされたのであるから、消費貸借は残り 110 万円について成立したに過ぎないと主張した。

【設　問】

> 【事例】において、裁判所は、「X が金 130 万円の消費貸借の成立を認めた後に、その成立を一部否認することは自白の取消しにあたると解されるが、Y がその取消しに同意しない以上、X は自白が錯誤に基づき、かつ事実に反するものであることを立証しなければならない。しかしながら、X の自白は錯誤に基づくものでないことは明らかであるので、自白の取消しは許されない」とした。この裁判所の判断について検討しなさい。

【演習問題 2】　以下の【事実の概要】をよく読んで、下記の設問に答えなさい。

【事実の概要】

　X は、「原判決を取消す。Y らは X に対し、各自金 10 万円、及びこれに対する昭和 30 年 1 月 23 日以降完済に至るまで年五分の割合による金員、並びに金 20 万円及びこれに対する昭和 30 年 2 月 11 日以降完済に至るまで年五分の割合による金員を支払え。訴訟費用は第一、二審とも Y らの連帯負担とする。」との判決及び仮

執行の宣言を求めて控訴を提起した。
　Xは、請求の原因として、
「①Xの父訴外Aは、昭和29年12月24日、Yらを連帯借受人として、同人らに金10万円を、弁済期を昭和30年1月22日と定めて貸付けた。
　②訴外Aは、昭和30年1月12日、Yらを連帯借受人とし、同人らに金20万円を、弁済期を同年2月10日と定めて貸付けた。
　③訴外Aは昭和37年4月17日死亡し、Xが相続した。
　④よって、XはYらに対し、右各貸付金及び弁済期の翌日より完済に至るまで民法所定の年五分の割合による遅延損害金を連帯して支払うことを求める。」
と主張した。
　Yは、X主張の請求原因事実中、①②の事実は認めるが、③の事実は不知と述べ、抗弁として、
「①　訴外Bは昭和30年3月5日、その所有にかかる岩手県△△郡□町大字二七〇番の三木造亜鉛メッキ鋼板葺二階建店舗兼居宅建坪16坪5合二階坪7坪5合（以下本件家屋と称する）を訴外Aに対し、代金70万円で売渡し、同年12月30日を買戻期限とする買戻特約をなし、所有権移転登記手続を了した。
　②　訴外Aは右代金70万円のうち、内金20万円を訴外Bに即時支払い、内金30万円については、訴外AがYらに対する本件債権（金30万円）を訴外Bに譲渡し、その譲渡代金をもって対当額で相殺し、残金20万円は一週間後に支払うことを約し、Yらは右の債権譲渡を承諾した。
　③　よって、訴外Aはこれと共に本件貸金債権者たる地位を失ったものであるから、同人が債権者であることを前提とし、これが権利を相続によって承継したと主張するXの請求は理由がない。」
と主張した。
　Xは、Y主張の抗弁に対し、
「原審においては、Yらの抗弁事実中、訴外Aが訴外BからYら主張の本件家屋を代金70万円で買受けた事実を認めたが、右は真実に反し且つ錯誤に基くものであるから取消す。
　Y主張の抗弁事実を否認する訴外Aは、訴外BからYら主張の本件家屋を金70万円で買受けたのではなく、訴外Bから金40万円の金借を頼まれ、内金20万円を貸付けた際、右家屋を売渡担保となし、買戻特約付の売買名義で所有権の移転登記手続をしたものである。
　また訴外Aは訴外Bに本件貸金債権の譲渡をした事実もない。ただ訴外Bの申出により、同人に対して本件貸金の取立方を委任し、本件借用証書を交付したけれども、結局取立は行われず、その後訴外Aと訴外Bとの間で、右取立委任の契約も合意解除された。」
と主張した。

【設問1】

当該事案では、何が訴訟物となるか。請求原因と抗弁を整理しなさい。

【設問2】

(1) Yらの弁護士は、Xの自白の撤回に異議を述べた。Yらの弁護士の立場から、その異議の理由を説明しなさい。

(2) Xの弁護士の立場から、(1)でみたYらの弁護士の主張に対する反論を説明しなさい。

(3) (1)、(2)における議論を踏まえて、Xの自白の撤回が認められるか検討しなさい。

【演習問題3】

Aから賃貸人の地位を承継したXは、賃借人Yに対して賃料等の確認の訴えを提起した。訴訟では、適正賃料の額が問題となり、本件賃貸借契約の契約面積に関してYは、117m^{2}であることを自認していた。Yは、賃料額の鑑定を求め、6回の弁論準備手続期日と4回の和解期日を経て、鑑定も終了し、第二回口頭弁論期日に至った。Yは、この第二回口頭弁論期日において、契約面積につき自白があったが、それは真実に反し、錯誤があったとして自白を撤回し、契約面積は113m^{2}である旨の主張をした。なお、契約面積については、AとXとの間での賃料改訂の調停により、契約面積は113m^{2}であるとされていた。Yは、自白を撤回することができるか。

【演習問題4】 以下の【判例資料】の判旨を読んで、下記の設問に答えなさい。

【判例資料】 ＊最判昭和46年4月23日判時631号55頁

主　文

本件上告を棄却する。
上告費用は上告人の負担とする。

理　由

上告代理人 A の上告理由について。

　本件記録によれば、原審は、上告人が原審第 11 回口頭弁論期日（昭和 44 年 9 月 9 日）に提出した所論建物買取請求権に関する主張を、同第 12 回口頭弁論期日（同年 10 月 23 日）に民訴法 139 条 1 項〔現 157 条 1 項〕により却下して弁論を終結し、原判決を言い渡したことが認められ、右却下の決定が右民訴法の規定の定める要件の存在を認めたうえでなされたことも明らかである。

　そして、上告人が第一審において口頭弁論期日に出頭せず、本件建物収去、土地明渡等を含む一部敗訴の判決を受けて控訴し、原審第 2 回口頭弁論期日（昭和 42 年 9 月 21 日）に、抗弁として、同上告人が前借地人から地上の建物を買い受けるとともに、賃貸人の承諾を得て本件土地の賃借権の譲渡を受けた旨主張したが、被上告人ら先代においてこれを争っていたこと、その後証拠調等のため期日を重ねたが、前述のとおり、第 11 回口頭弁論期日にいたってようやく建物買取請求権行使の主張がなされるにいたつた等本件訴訟の経過によってみれば、右主張は、少なくとも同上告人の重大な過失により時機におくれて提出されたものというべきである。原審においては二度和解の勧告がなされたが、口頭弁論期日もこれと平行して進められたのみならず、和解の試みが打ち切られたのちも、第 8 回以降の口頭弁論期日が重ねられ、上告人において十分抗弁を提出する機会を有していたことから考えると、和解が進められていたから前記主張が提出できなかったという所論は、にわかに首肯することができない。

　つぎに、本件記録によれば、所論建物買取請求権の行使に関する主張は、被上告人らが借地法 10 条所定の時価として裁判所の相当と認める額の代金を支払うまで、上告人において本件建物の引渡を拒むために、同時履行等の抗弁権を行使する前提としてなされたものであることを窺うことができるが、所論指摘の各証拠によっては到底時価を認定するに足りるものとは認められず、かくては右時価に関する証拠調になお相当の期間を必要とすることは見やすいところであり、一方、原審は、本件において、前述のように右主張を却下した期日に弁論を終結しており、さらに審理を続行する必要はないとしたのであるから、ひっきよう、上告人の前記主張は、訴訟の完結を遅延せしめるものであるといわなければならない。

　それゆえ、原審が右主張を民訴法 139 条 1 項〔現 157 条 1 項〕により却下したのは相当である。最高裁判所昭和 28 年（オ）第 759 号同 30 年 4 月 5 日第三小法廷判決（民集 9 巻 4 号 439 頁）は、事案を異にするので、本件に適切ではない。原判決に所論の違法はなく、論旨は、採用することができない。

　よって、民訴法 401 条〔現 319 条〕、95 条〔現 67 条〕、89 条〔現 61 条〕、93 条〔現 65 条〕に従い、裁判官全員一致で、主文のとおり判決する。

上告代理人 A の上告理由

　原判決は、民事訴訟法第 139 条 1 項〔現 157 条 1 項〕の解釈並びにその適用を誤つたものであり、この誤りは明らかに判決に影響を及ぼすべきものである。

《中略》
　更に、仮りに前記（一）（二）の要件に該当したとしても（三）の要件を欠くものである。
　即ち、本件の場合、上告人が第11回口頭弁論期日において前記主張をなしたのであるが、当該期日において弁論を終結せず第12回証拠調期日が指定されたものである。
　従って、上告人の主張を維持させたとしても訴訟の完結が特に遅延せしめる結果とならなかったのみならず、既に訴訟上に顕出されている甲第三、四、五、乙第一号証の各不動産鑑定書及び上告人、証人丙らの尋問結果によって本件建物の買取り価額を判断しうる状態にあつたものである。
　因に、甲第三、四、五、乙第一号証によって本件土地の価額は明らかであると共に、上告人、証人丙の尋問結果によって上告人が本件建物を買取つた価額（金400万円）などが明らかとなっていたものであるから原審においては直ちに当該建物の買取り価額を判断することができたものである。
　次に、原審は上告人の買取り請求権の主張に対し、単に民訴法139条1項〔現157条1項〕により却下したとするのみで理由も付していないものである。
　この点、我が民訴法は前記の通り、攻撃又は防禦方法について随時提出主義を原則とし、例外として本案を規定している趣旨からみてこれを却下するときは独立の決定又は判決理由中において積極的にこれを認定すべきものである。
　何らの理由も付せず却下した原審の決定は民訴法第204・207条〔現119・122条〕にも違背する不当なものである。
　以上何れの理由からも原判決は民訴法の解釈及びその適用を誤り、その誤りが原判決に影響を及ぼすものである。

【設問1】

> 【判例資料】において、どのような理由で、建物買取請求権の主張が時機に遅れたものと判断されたのか。また、【判例資料】が引用する最判昭和30年4月5日民集9巻4号439頁の判断とは、どのような点で違いがあるのか。

【設問2】

> 適時提出主義（民訴法156条）は、時機に遅れた攻撃防御方法の却下（民訴法157条）の適用に、どのような影響をあたえるか。

【設問3】

> 現行民事訴訟法が規定している訴訟遅延防止のための方策を説明しなさい。また、それらの方策と民訴法156条との関係について検討しなさい。

【設問4】

> 第1審と第2審とで、民訴法157条の理解について違いがあるか。

【設問5】

> 【教材資料】において建物買取請求権の主張が却下されたXは、請求異議の訴えにおいて再度それを行使することが認められるか。また、建物買取代金の支払いを求める別訴を提起することができるか。

第3章　審理過程論・その3
―証明問題―

第3章の趣旨

　当事者間に争いのある典型的な民事訴訟の多くは、要証事実の証明が奏功するか否かによってその勝敗が決まる。民事訴訟において証明を要する事実は事件によって、異なる。すなわち、訴訟において、いずれの当事者が実際にどの事実を証明しなければならないかは、あらかじめ決まっているわけではない。訴訟物たる権利義務ないし法律関係の発生・変更・消滅をもたらす事実（要件事実）のうち当事者間で争いのあるものだけが、民事訴訟における証明の対象となるのである。そして、裁判所はこの事実の存否を、原則として当事者が提出した証拠によって認定しなければならない（**弁論主義第3テーゼ**）。ところで、職業裁判官が、事実認定も法的判断も行うわが国の民事訴訟制度においては、何を証拠として用いることができ、そして証拠として採用したものをどのように評価するかということがあらかじめ定められていない。証拠の取扱いについて法定されている部分もあるが、当事者が違法な手段で入手し提出した証拠をどのように扱うかというような問題を含め、その判断は、**自由心証主義**（民訴247条）のもと原則として裁判官に委ねられている。しかし、訴訟物の存否を判断するために必要な事実の有無が不明なままであると、裁判所は裁判を行うことができない。そこで、要証事実の真偽不明の際にも裁判を可能にするしくみを整えておく必要がある。そのために設けられたのが、証明責任の制度である。

　本章では、証拠の収集と評価をめぐって訴訟手続の中でどのような問題が生じており、これらの問題にどう対処していくべきなのか検討することを通じて民事訴訟の審理過程における証拠ないし証明の意義について理解を深めていく。

参考教科書での関連部分

①伊藤眞『民事訴訟法（第4版）』327〜438頁
②中野貞一郎ほか『新民事訴訟法講義（第2版補訂2版）』278〜383頁〔春日、青山〕
③高橋宏志『重点講義民事訴訟法　上・下』509〜577頁（上〔第2版〕・第14講）、25〜220頁（下〔補訂第2版〕・第2講）、551〜553頁（下・第11講）、591〜611頁（下）
④新堂幸司『新民事訴訟法（第五版）』564頁
⑤松本博之＝上野泰男『民事訴訟法（第6版）』375〜491頁、197〜204頁

基本事項の解説

1 総論

　証拠に関する分野では、とくにいわゆる**現代型訴訟**（公害訴訟、医事関係訴訟、建築関係訴訟など）のように、証拠が原告被告間で構造的に偏在している事件類型において、証明困難に陥りがちな当事者の立証上の負担をどのようにして緩和するかということが予てより重要問題となってきた。すなわち、訴訟物たる権利義務ないし法律関係に係る請求原因事実の主張立証を行わなければならないのは原告である。しかし、このような事件類型では多くの場合、原告が立証すべき事実に関する証拠が被告の支配領域にしかないため、原告による立証が困難となっている。その解決方法としては、①当事者による証拠収集手段を拡充することと②心証度の引下げ、証明責任の転換、立証主題の変更などによって、証明責任を負う当事者の立証活動にかかる負担を軽減することが考えられる。何れの方法についても、内容は多岐にわたり、派生論点も多くあるが、以下では、基本論点ないし主要論点として、証明責任の分配、二段の推定、違法収集証拠、証言拒絶権、文書提出命令制度について解説する。

2 証明責任の分配

　民事訴訟において、裁判所は、原告が裁判所による審理及び判決を求める対象として掲げた原告被告間における権利義務ないし法律関係の存否を判断する。訴訟の対象たる権利義務ないし法律関係（いわゆる訴訟物）が認められるか否かは、通常、当該権利義務関係の発生・変更・消滅について定めた法規の構成要件に該当する事実（**要件事実**）が存在しているか否かを裁判所が認定し、当該法規を適用することによって判断される。したがって、要件事実に該当する具体的な事実（**主要事実**）の存否が明らかにされなければ、裁判所としては訴訟物の有無を判断できない。しかし、裁判所は、主要事実の存否が判明しない状態（**真偽不明**。ノンリケット［non liquet］ともいう）であることを理由に裁判を拒絶することはできない（憲法32参照）。そこで、真偽不明の場合にも裁判所が裁判を行うことを可能とする仕組みが必要となる。法は、要件事実の存在又は不存在を擬制して法律効果の発生又は不発生を判断する仕組みを導入した。この仕組みを適用した結果、訴訟当事者の一方が被

る危険ないし不利益を**証明責任**という（**立証責任**、**挙証責任**とも呼ばれる）[1]。

実際の訴訟では、個々の主要事実について何れの当事者が証明責任を負うことになるのかが、重要となる。これを決める作業を証明責任の分配という。証明責任分配の基準につき、通説は、実体法規定の構成要件の定め方と法条適用の論理的順序によって定まるとする。すなわち、法律効果の発生・変更・消滅を主張する当事者が、当該法律効果を定める法規の要件事実について証明責任を負うことになる（**法律要件分類説**）。他方、有力説は、証拠との距離、立証の難易、経験上の蓋然性といった諸要素を考慮して証明責任を負う当事者を決めるべきであると主張する（**利益衡量説**）。利益衡量説による証明責任分配は、証拠の構造的偏在が見られる類型の訴訟において、実際に具体的妥当性を確保できるという意味で優れている。しかし、証明責任分配の一般的基準を提示しきれていないという点で予測可能性に乏しく法的安定性の確保に欠けるため、証明責任分配の一般的基準として多数説を形成するまでには至っていない。

証明責任の分配は、結局、実体法規定の定め方ないし解釈の問題であるから、実体法の個別領域では利益衡量説が挙げる諸要素を考慮して、一般法における証明責任の分配と異なる結果をもたらす措置が講じられていることもある。具体的には、実体法規定による**証明責任の転換**やより証明が容易な立証主題への変更である。証明責任の転換は、実体法上、一般規定が当事者の一方に証明責任を負担させているのに対し、特別規定が反対事実について相手方当事者に証明責任を負担させることをいう。たとえば、交通事故に基づく損害賠償請求訴訟において、一般規定としての民法709条は、原告に被告に過失があったことの証明責任を負わせる。これに対し、人身事故に係る損

---

[1] 証明責任のルールを適用した結果、原告に請求棄却判決がもたらされる場合の説明の仕方として、①原告の主張する請求原因事実の真偽不明により、当該事実を構成要件とする法規が適用できない結果、当該法規において認められた法的効果が発生せず請求棄却判決となるのか、あるいは、②当該法規の構成要件が無いものとして扱われた結果、当該法規に定められた法的効果が発生せず請求棄却判決となるのか、論者によって説明が異なる。いずれにせよ、証明責任は、どの当事者が何を主張立証しなければならないのかを（少なくとも直接的に）定めたルールではない。証明責任は、要件事実の存否について真偽不明となった場合における裁判所の処理方法を示す概念であるから、訴訟資料の提出について弁論主義を採用しても職権探知主義を採用しても問題となる。なお、証明責任を負う当事者の立証活動がある程度奏功した結果、証明責任を負っていない相手方当事者が反証を提出しなければならなくなる事態が生じることがあるが、これによって証明責任が移動したわけではないことに注意したい。
cf. 客観的証明責任と主観的証明責任、証拠提出責任

害賠償請求について特別規定である**自動車損害賠償保障法**3条本文は、自動車運行によって生じた人身事故の損害賠償責任を自動車運行供用者に負わせており、同条ただし書は、「自己［自動車運行供用者］及び運転者が自動車の運行に関し注意を怠らなかつたこと、被害者又は運転者以外の第三者に故意又は過失があつたこと並びに自動車に構造上の欠陥又は機能の障害がなかつたことを証明したとき」にのみその賠償責任を免じている。つまり、加害者側に過失がなかったことの証明責任を負わせ、一般法における「**過失**」の**証明責任**を原告から被告に転換している。また、製品事故により被害が生じた際の損害賠償請求では、先の交通事故同様、一般規定としての民法709条が原告に被告に過失があったことの証明責任を負担させるが、製品事故により当該製品以外に被害が生じた際の損害賠償請求（製造物責任に係る損害賠償請求）では、特別規定としての製造物責任法3条が、原告が被告である製造者等に過失があったことまで証明する必要はなく、当該製造物に「欠陥」があったことの証明ができればよいとする。過失も欠陥も**規範的評価事実**でありこれについて証明責任を負う者は過失や欠陥に該当する具体的な事実を証明しなければならない点で共通するが、立証主題を過失から欠陥に換えることで被害者の証明困難を緩和している。

3　文書の真正と二段の推定

　民事訴訟で用いられる証拠方法の種類は、物証（文書、検証物）と人証（証人、当事者、鑑定人）に大別されるが、もっとも頻用されているのは文書である。それだけに、提出された文書が証拠調べの対象として扱われるに値するものか否かは重要である。文書は、**書証**と呼ばれる方法により証拠調べがなされる[2]。証拠評価の前提としては、その文書が真正なもの、すなわち、当該文書について作成権限を有する者が適式に作出した文書であることを要する。そこで、証拠方法として提出された文書の真正性が争われた場合、まずこの文書が真正なものであるか否か確定されなければならない。この点に関して、民訴法228条1項は「文書は、その成立が真正であることを証明しなければならない。」とし、同条4項は、私文書につき「本人又はその代理人の署名又は押印があるときは、真正に成立したものと推定する。」との規定

---

[2] 実務上の用語法としては、書証の対象となる文書自体を書証と呼ぶことも多い。

を置いている。つまり、文書を証拠として提出した者は、自ら当該文書が真正に成立したものであることを証明しなければならないが、その文書に署名又は押印がある場合には、それらが本人又は代理人（以下、本人等という。）のものであることが証明できれば、それによって文書全体の真正が推定されるのである[3]。この**推定規定**が文書提出者の立証上の負担を軽減していることは間違いないが、その性質については争いがある。すなわち、通説は、これを**法定証拠法則**の一つであり、自由心証主義（民訴247条）の例外であると理解する。有力説は、この規定を**法律上の推定**を定めたものであると理解する。一般に、前者の見解に拠れば、相手方当事者が文書の真正を争う場合、相手方は反証を行うことで足りるが、後者の見解によれば、相手方は推定を覆すために本証の負担を負うことになる点で相違する。

　押印については、さらなる問題がある。文書にその作成権限を有する者の印影が顕出されると、まず、本人等の意思に基づいて押印されたことが事実上推定され（第一段階）、ついで、民訴法228条4項の効果として、当該文書全体の真正が推定される（第二段階）[4]。これを「二段の推定」という。民訴法228条4項は、「署名又は押印」として、署名と押印を同列に扱っているが、署名が自署によるものか否か比較的簡単に判別できるはずのものであるのに対し、押印は、たとえ提出された文書に文書作成者の印影が顕出されていても、押印行為自体について、これを本人なり代理権限を有する者が行ったと判断できない場合も考えられる。この規定は、文書が真正である（偽造ではない）という事実の証明は文書が偽造であるという事実の証明と比べて困難であることから、当事者間の訴訟追行上の負担を公平にするという配慮によるものと考えられる。もっとも、科学技術の発達により印影の複製が容易になっていることをも併せ考えると、文書の真正性が争われる局面で押印のみによって文書の真正性を判断することが適切でない場面もありうるだろう。

---

[3] 法は、推定規定を置いて立証の負担を緩和しているが、真正性の証明自体は必要としている。しかし、判例は、相手方が文書の真正性を争わない場合にも自白の拘束力は生じないとしている（最判昭和52年4月15日民集31巻3号371頁＝百選I 105事件）。文書の真正性に関する自白を補助事実に関する自白と解しているためであるが、処分証書の場合など、文書の真正が成立したか否かが、権利の存否の判断と密接に関連し、重要な意義を有するときには、弁論主義の貫徹と自由心証主義との関係をどのように解するかによってこの結論は異なりうるものであり注意を要する。

[4] 最判昭和39年5月12日民集18巻4号597頁＝百選71事件。

４　違法収集証拠と唯一の証拠方法

　民事訴訟において何を証拠として用いることができ、採用した証拠をどのように評価するかは、裁判所の自由な心証に委ねられている（**自由心証主義**、民訴247条）。すなわち、法は原則として、証拠方法として用いることができる証拠の資格をあらかじめ限定せず（**証拠能力**の無制限）、また、証拠方法として採用した証拠を要証事実の立証にどの程度有用なものとして評価するかについてもあらかじめ限定せず（**証拠評価**の無制限）、その判断を裁判官の裁量に任せている。したがって、違法に収集された証拠（**違法収集証拠**。例えば、無断録音記録や窃取された文書）であっても当然にその証拠能力が否定されているわけではないから、裁判官は、提出された証拠が違法に収集されたものである場合、その証拠能力をその都度判断しなければならないことになる[5]。裁判例は、著しく反社会的な手段によって入手した証拠の証拠能力については否定しているが（東京高判昭和52年7月15日判時867号60頁＝百選（第3版）71事件参照）、違法性の程度と証拠の必要性を軸に多様な要素を総合的に比較衡量して違法収集証拠の証拠能力を判断している。

　問題となるのは、違法収集証拠が要証事実に関する**唯一の証拠方法**であった場合である。当事者が申し出た証拠の取調べの範囲は、裁判所の裁量に委ねられている（民訴181条）。しかし、唯一の証拠方法について、判例は、その申出自体が不適法でない限りつねに取り調べる必要があるとしてきた[6]。唯一の証拠方法が時機に後れた攻撃防御方法にあたるなどの理由で採用されないこともあるし、唯一の証拠方法が違法収集証拠であるけれども違法性の程度が軽微であったり違法性阻却事由が認められたりすることもありうるから、証拠調べ過程での工夫（一部提出、秘密保持命令など）と併せて、実体的真実に基づく適正な裁判の実現や当事者間の公平の確保を考慮しつつ、その利用可能性は総合的に判断されることになろう。

５　証言拒絶権

　裁判所は、特別の定めがある場合を除き、何人も証人として尋問すること

---

[5] 違法収集証拠排除法則を明示し、自由心証主義の対象を証拠の証明力に限定している刑事訴訟と大きく異なる（刑訴319条、318条）。
[6] 大判明治31年2月24日民録4輯2号48頁。

ができる (民訴190条)[7]。証人の側から見れば、証人として出廷し、証言することが公法上の一般義務として課されていることになる。しかし、証言義務のある証人も一定の事由がある場合には証言を拒絶することができる。この権利を**証言拒絶権**という(通説は、これを公法上の抗弁権と位置づける)。

証言拒絶権が認められているのは、a. 証人自身又は証人と一定範囲の近親関係等にある者が刑事訴追又は有罪判決を受けるおそれがある場合 (民訴196条、例：配偶者間、親子間、後見人・被後見人間)、b. 公務員又は公務員であった者がその職務上の秘密につき尋問を受けた際に当該公務員の監督官庁の承認がない場合 (民訴197条1項1号、民訴191条1項参照)、c. 医師、歯科医師、薬剤師、医薬品販売業者、助産師、弁護士、弁理士、弁護人、公証人、宗教、祈祷若しくは祭祀の職にある者又はこれらの職にあった者が職務上知り得た事実で黙秘すべきものについて尋問を受ける場合 (民訴197条1項2号)[8]、及びd. 技術又は職業の秘密に関する事項について尋問を受ける場合 (民訴197条1項3号) である[9]。しかし、公務員について監督官庁が承認を拒絶できる場合は制限されているし (民訴191条2項)、b〜dの場合についても、証人が黙秘の義務を免除された場合には証言拒絶権が認められない (民訴197条3項)。

証言拒絶権を行使するには、拒絶の理由を**疎明**しなければならない (民訴198条)。理由なく証言を拒絶した場合は、過料又は罰金若しくは拘留に処せられる (民訴200条。証人義務違反に対する法192条・193条の準用)。受訴裁判所は、民訴法197条1項1号の場合を除き、証言拒絶の当否につき、当事者を審尋して、決定で裁判を行い、当事者及び証人はこの裁判に対し即時抗告を

---

[7] 民訴法190条にいう「特別の定め」には、本文中の証言拒絶権の場合のほか、手形・小切手訴訟のように手続上証人尋問が予定されていない場合 (民訴352条1項、367条2項) がある。
[8] 条文上規定されていない専門職等にある者又はあった者に同様の証言拒絶権が認められるか否かは検討の余地がある。条文の規定の仕方からは限定列挙と解されるが、例示列挙と解すべき場合も考えられるからである。たとえば、条文に規定されていない医療ないし福祉分野の専門職従事者や報道事業従事者について議論がある。
[9] 新聞記者について報道の自由を根拠に取材源につき証言を拒絶しうるかについて、この種の証言拒絶権は新聞記者の取材源の秘密には及ばないとした刑事判例 (最判昭和27年8月6日刑集6巻8号974頁) があったが、放送局記者が法197条1項3号を根拠に取材源を秘匿しうるかについて、判例 (最判平成18年10月3日民集60巻8号2647頁＝百選68事件) は、秘密に該当しても直ちに保護されるわけではなく、保護に値する秘密であるかどうかによって決まるとする。そして、それは、「秘密の公表によって生ずる不利益」と「証言の拒絶によって犠牲になる真実発見及び裁判の公正」との比較衡量によって判断している。証言拒絶権の対象や範囲について学説上はなお議論のあるところである。

することができる(民訴199条)。

6 文書提出義務

　文書は、訴訟において実際上もっとも頻用されている証拠方法である。文書を証拠として取り調べるためには、訴訟当事者が、当該文書を提出するかまたは当該文書の所持者にその提出を命ずることを申し立てて行わなければならない(民訴219条)[10]。つまり、訴訟の相手方や訴外の第三者が所持する文書を証拠調べ(書証)の対象としたい当事者は、**文書提出命令**の申立をして当該文書に対する文書提出命令を得ることによって、その文書を訴訟上の証拠として用いることができる。その意味で、文書提出命令という制度は、条文上は書証の申出方法の一つであるにすぎないが、実際には、民事訴訟における証拠収集方法としてきわめて重要な役割を担っている。

　ある文書が文書提出命令の対象となるかどうかは、その文書に文書提出義務があるか否かによって決まる。どのような場合に文書提出義務があるかは、民訴法220条が定めている。同条1号〜3号が一定類型に該当する文書(①引用文書、②引渡・閲覧請求文書、③利益文書・法律関係文書)について文書提出義務を定めているのに対し、同4号は、前記1号〜3号の場合のほか4号イ〜ホに掲げられた提出義務免除事由のない文書であれば文書提出義務があるとしている。すなわち、提出義務免除事由がない限り文書提出義務が存するということは、証人義務(民訴190条)や検証物提示等義務(民訴232条)と同じく、文書提出義務の範囲も一般義務化されたことを意味する[11]。

---

[10] 文書を所持していない当事者は、文書提出命令の申立以外の方法として、提訴予告通知後または訴訟係属後に相手方当事者に対しある文書の存否やその記載内容について照会する手段である。当事者照会という方法を用いることができる(法132の2、163)。しかし、強制力がないことや照会に応じなかったことに対する制裁が用意されていないことから、当事者照会制度に証拠収集手段としての実効性を期待することは困難である。また、文書を所持していない当事者が、文書提出命令の申立対象とする文書について当該文書の所持者に訴訟外での引渡や閲覧を任意に求めることももちろん可能である。しかし、当該文書の所持者が訴訟の相手方当事者である場合、訴訟という紛争解決方法を選択せざるをえない状況に置かれた紛争当事者間で、主張責任も証明責任も負っていない当事者にそのような文書の任意提出を求めるのは実際上困難であろう。そのほか自己の所持しない文書(またはその記載内容たる情報)を得る方法として、弁護士会照会(弁護士法23の2)や裁判所を介して行う調査嘱託・文書送付嘱託(法186、226)などがある。

[11] 旧法312条でも文書提出義務は規定されていたが、その内容は現行法の1〜3号のみを内容とする規定であり、文書提出義務の範囲は限定列挙されていたにすぎない。現行法4号は、旧法における限定列挙義務を一般義務化した点で、文書提出義務の範囲に大きな変更をもたらし

もっとも、民訴法220条4号所定の提出義務免除事由の範囲を広く解すると、書証の対象となるか否か争いとなる文書の多くが文書提出義務の枠外に置かれることとなり、文書提出義務の一般化を実質的に無意味なものにしてしまう。したがって、法定された**文書提出義務免除事由**（4号イ〜ホ）をどのように解釈するかが文書提出義務の範囲を左右するものとして重要である。とくに、民訴法220条4号ニに定められた「専ら文書の所持者の利用に供するための文書」（以下、**専自己利用文書**という）という免除事由は、その解釈次第では私人（個人および団体）の作成した文書の多くがこれに該当することになって、文書提出命令の範囲外としてしまうため、文書提出義務の一般化を有名無実化してしまうおそれが大きい。文書提出命令の制度については、以上のような文書提出義務の範囲に関する法改正の経緯にも留意しつつ、民訴法220条の解釈と適用について検討する必要がある[12]。

　旧法における文書提出義務の範囲は上述の通り限定義務であったから、学説・判例は、とくに証拠が構造的に偏在している類型の事件（例：医事関係事件、公害事件）において、旧法312条の規定を拡張解釈することによって文書提出義務の範囲を拡大し、訴訟当事者間の実質的な武器平等を図ってきた。とりわけ利益文書と法律関係文書については、証拠確保の利益も「利益」にあたるとか、訴訟当事者間の損害賠償義務の存否という訴訟物に関係すれば「法律関係」にあたるとする相当数の裁判例が出てくるようになり、その拡張解釈の行き過ぎを是正するためこれらの文書に該当するものであっても「**自己使用文書**」に該当する場合は提出義務を免れるとする裁判例も現れ、文書提出義務の範囲の解釈をめぐる議論は錯綜していた。しかし、現行法では文書提出義務の範囲が一般化されたため、1〜3号にあたる部分について無理な拡張解釈をする必要はなくなり、旧法下での判例が（全面的にその意義を失ったわけではないが）現行法のもとでそのまま妥当するとは限らないことに注意しなければならない。

　文書提出義務の範囲につき争いとなることが多いのは、4号所定の提出義

た。

[12] 文書提出義務の存否の審理に関しては、文書提出義務拒絶事由の証明責任も問題となる。判例及び多数説は、文書提出義務の存在を主張して文書提出命令の申立を行う当事者が法220条1号〜4号に定められた文書にあたることについて証明責任を負うとする。これに対し、4号については、むしろ提出拒絶事由が存することについて当該文書を所持する相手方当事者が証明責任を負うと解する見解も有力に主張されている。

務免除事由該当性である。とくに、相手方（文書の所持者）から提出義務免除事由として主張されることが多い**専自己利用文書**（4号ニ）の解釈については議論が多い。これについて現行法の立法担当者は、「文書の記載内容や、それが作成され、現在の所持者が所持するに至った経緯・理由等の事情を総合考慮して、それがもっぱら内部の者の利用に供する目的で作成され、外部の関係のない者に見せることが予想されていない文書かどうかによって決まる」としていた[13]。学説も、専自己利用文書性が文書作成者の主観によって決まるわけではないとする点ではほぼ一致していた。例えば、客観的に見て作成者が自己固有の使用のために作成し、しかも、その内容が公表されることを全く予定していない文書であって、それが後から公表されたのでは文書作成の趣旨が損なわれるというものだけがこれにあたるとする見解[14]や、文書の開示によって所持者や第三者のプライバシーが侵害されたり、文書作成者の文書作成活動に不当な制限が課せられたりする場合に限定する見解[15]に見られるように、内部利用性以外の客観的に判断できる要件を付加している。第三者の利用が予定されているか否かを判断する基準としては、①法令上作成を義務づけられ、必要な場合には第三者に交付することが予定されているか、②会議メモなど、文書が作成者の意思形成過程を記録したものであるか、または事故調査など、客観的事実を記録したものであるか、③もっぱら所有者の利用に供すると認めることが挙証者との公平に反しないかなどの視点から、総合的に決せられるべきとする見解[16]も主張されている。

　判例（最決平11年11月12日民集53巻8号1787頁＝百選69事件）は、この問題について、次のように判示した。「ある文書が、その作成目的、記載内容、これを現在の所持者が所持するに至るまでの経緯、その他の事情から判断して、専ら内部の者の利用に供する目的で作成され、外部の者に開示することが予定されていない文書であって、開示されると個人のプライバシーが侵害されたり個人ないし団体の自由な意思形成が阻害されたりするなど、開示によって所持者の側に看過しがたい不利益が生ずるおそれがあると認められる場合には、特段の事情がない限り、当該文書は民訴法220条4号ハ［現4号

---

[13] 法務省民事局参事官室・一問一答新民事訴訟法252頁。
[14] 竹下守夫「新民事訴訟法と証拠収集制度」法教196号18頁など。
[15] 原強「文書提出命令①」新民事訴訟法大系Ⅲ110頁など。
[16] 伊藤・415頁

ニ〕所定の『専ら文書の所持者の利用に供するための文書』にあたると解するのが相当である」。この平成11年決定は、銀行の**貸出稟議書**が専自己利用文書にあたるか否か争われた事案で、現行法における専自己利用文書性の判断枠組みを最高裁として初めて示したリーディングケースとされる。内部利用目的だけでなく文書の作成目的や記載内容等を考慮の対象としており、さらに開示によりプライバシー侵害や自由な意思形成が阻害される等で所持者の側に看過しがたい不利益が生じるおそれがあることを専自己利用文書性認定のための要件としつつ、特段の事情という調整の余地を残している。その後の判例では、銀行の貸出稟議書について特段の事情の存在を否定し同様の結論を示したものもあるが（最決平成12年12月14日民集54巻9号2709頁）、特段の事情の存在を認めて専自己利用文書性を否定したものもある（最決平成13年12月7日民集55巻7号1411頁＝小林・判例講義108事件）。また、銀行の**社内通達文書**について専自己利用文書性の有無が争われた事案では、最高裁は、平成11年決定と同様の判断枠組みを用い、内部文書性は認めつつも開示によって文書所持者に看過しがたい不利益が生ずるおそれがあるものということはできないとして、専自己利用文書性を否定し文書提出義務の存在を認めている（最決平成18年2月17日民集60巻2号496頁＝小林編・判例講義112事件）。また、経営破綻した保険会社の保険管理人が破綻原因等を明らかにするために設置した調査委員会が作成した**調査報告書**については、法令上の根拠を有する命令に基づく公益的な調査の結果を記載した文書であるとして専自己利用文書性を否定した最高裁決定がある（最決平成16年11月26日民集58巻8号2393頁＝小林編・判例講義136事件）。

　なお、文書提出義務免除事由が含まれる文書であっても、それによって直ちに当該文書について文書提出命令が不能になるわけではなく、（文書の一部を黒塗りする方法等により）文書の一部を提出させる方法も考えられる（民訴223条1項）。また、免除事由の存否が不明である場合は、文書提出義務の存否について判断するために**非公開手続**（いわゆるインカメラ手続）の活用もありうる（民訴223条6項）ので留意してほしい。

第3章　演習問題

【演習問題1】　以下の事実関係①、②を読んで、下記の設問に答えよ。

(事実関係①)
1)　訴外亡Ａ（平成18年9月10日死亡）は、昭和34年頃から数回に亘り、Ｘに対して金員を貸付けていたところ、平成18年6月9日現在において、右貸金の残元金が合計金980万円に達した。そこでＡは、同日Ｘをして右債務の存在を承認せしめた上、Ｘとの間に、右金額を一口の貸金とし、利息の定めなく、これを同年7月から毎月5日限り金3万円宛分割弁済する、旨の準消費貸借契約を締結し、訴外ＢがＸの右契約上の債務につき連帯保証人となり、その旨の誓約書を作成した。
2)　しかし、その後Ｘは右契約上の債務の履行をなさず、Ａにおいても再三請求したが全く弁済を受けないまま、Ａは同年9月10日死亡した。これより先、右死亡の数日前である同月6日頃、ＡはＸ方に本件債権の取立てに行つた帰途、自己の妹むこであるＹ方に立ち寄り、本件債権をＹに対し譲渡し、前記誓約書をＹに交付した。
3)　同年12月18日、行政書士ＣはＹの代理人として、Ｘ方を訪れ、Ｘに対し本件債権をＡからＹが譲り受けたことを告知すると同時に、今後の弁済方法につき協議したところ、Ｘは右債権譲渡の事実を承諾すると共に、Ｙに対し本件債権元金980万円を、同月28日を始期として、その後は毎月10日限り金1万8000円宛分割して支払いこれは元金に充当する、右分割弁済をＸにおいて怠つた時は、期限の利益を失い、年14.6％の割合による遅延損害金を支払うことを約して、その旨の債務確認並びに弁済証書と公正証書作成嘱託代理委任状を作成した。
4)　その後Ｘは、Ｙに対し、右債務の弁済として、同月29日金15,000円、平成19年1月末金20,000円、同年3月末金15,000円、同年5月2日金10,000円、同月29日金15,000円の合計金75,000円を支払つたので、Ｙはこれを元金に充当したが、その余の支払はなされなかつた。前記分割支払の約定による第一回分をも約定どおりに完済せず、結局、平成19年1月10日の経過にともなって、期限の利益を失った。
5)　そこで、Ｙは、前記の譲受債権残金972万5000円およびこれに対する遅延損害金の支払いを求める訴えを提起した。
6)　本件訴訟において、Ｘは、前記平成18年6月9日当時、ＸのＡからの借受金

の残金は 70 万円に過ぎなかった旨主張した。

(事実関係②)
1) 甲らは訴外 A の実父母である。A は、平成 12 年 9 月航空自衛隊に入隊し、同 19 年 9 月当時は、二等空曹として人員及び物資の輸送の任務に従事していた。
2) 平成 19 年 9 月 10 日、A の搭乗した航空自衛隊航空救難群 Q 隊所属ヘリコプター H-21B02-4755 号機（以下、「本件ヘリコプター」という。）は、K 基地への定期運航のため同日午前 9 時 26 分 F 県 J 基地を出発して I 飛行場において人員、物資を搭載し、有視界飛行方式で K 島ヘリポートへ向かった。本件ヘリコプターは、9 時 59 分、離陸地点から北 2.2 カイリ、推定高度約 600 フイート（F 県 L 町柚須上空）で突然後部ローターブレード（回転翼）1 枚が飛散し、機首を上に、後部胴体がほとんど垂直に下がった姿勢で、緩やかに旋回しながら水田に墜落した。

その結果、機体は破損し、搭乗員等 9 名中 A を含む 8 名が死亡し、1 名が重傷を負った（以下、「本件事故」という。）。
3) 甲らは、乙（国）は、公務員に対し、乙が公務遂行のために設置すべき場所、施設もしくは器具等の設置管理又は公務員が乙もしくは上司の指示のもとに遂行する公務の管理にあたって、公務員の生命及び健康等を危険から保護するよう配慮すべき、いわゆる安全配慮義務を負っているとして、乙が A に対する安全配慮義務を履行しなかつたため、同人を死亡させたのであるから、将来を期待していた長男の A が本件不慮の事故のため死亡したことにより著しい精神的苦痛を受けたとして、民法第 711 条の類推適用により、乙に対し、合計 5000 万円の慰藉料支払いを求め、訴えを提起した。
4) その際の甲らの主張は以下のとおりである。

A は、平成 19 年 9 月当時、自衛隊員としてヘリコプターにより人員及び物資を輸送する任務に従事していたのであるから、乙は、右職務を執行させるためには、A の搭乗したヘリコプターにつき事故発生のおそれのないよう安全を配慮すべき義務を負担していた。しかるに、乙は、つぎのとおり右の安全配慮義務に違反したものである。
①本件ヘリコプターは、米国 W 社の製作したものであり、乙は、平成 15 年 7 月米国より供与を受け、同 16 年中に J 基地に配属させ、以来就航時間は 1700 時間にも及び、本件事故の翌月である同 19 年 10 月には K 市内の民間工場において、オーバーホールをする予定になっていた。
②また、本件ヘリコプターは、シヤフトが長く、従ってローター部の振動が激しく、シヤフトとローターの接続部分がこわれやすい型式であった。そのため、本件ヘリコプターは、本件事故前には原因不明の振動があり、調子が悪かった。

③結局、乙は、オーバーホール直前で、各部部品の強度、構造及び性能が相当に疲労していた本件ヘリコプターを完全に整備しないまま就航させて本件事故を発生させたもので、Aに対する安全配慮義務を尽くさなかった。

【設　問】

> 以下の問題1)、2)につき、判例・学説の議論を踏まえて、検討せよ。
> 1)　事実関係①において、Xは、XのAからの借受金の残金は70万円に過ぎなかった旨を立証する責任を有するか。
> 2)　事実関係②において、甲らは、安全配慮義務違反に該当する事実の立証責任を負うべきか。

(追加問題)
　以下の①、②の証明責任の分配について考えよ。
①無断転貸における「背信行為と認めるに足りない特別の事情」は、当事者のいずれが証明責任を負うか。
②履行不能に基づく請求において、履行不能の帰責事由は、債権者、債務者のいずれが証明責任を負うか。

【演習問題2】　以下の事実の概要を読んで、下記の設問に答えよ。

【事実の概要】

Xは本件土地を所有していた。Xには妻Aのほか30歳になる長男Bがいる。

Aは夫Xの経営する焼き肉店を長男Bとともに手伝っていたが、Aの仕事は、焼き肉の材料（肉、野菜等の食材）を客のテーブルまで運び、コンロに火をつけるなど、いわばウェイトレスの仕事に限られており、日々の売上伝票の管理、集計、記帳及び店員の雇入れ、日常的な仕入れ、支払い、取引銀行との当座取引等の店舗の営業に関わる業務の一切はXのみが行っていた。

平成16年9月10日、Aは自動車部品の製造業を営んでいる弟Hから、不況による自動車販売台数の激減により経営資金が底をついたので、資金の融資を受けられるよう計らってくれないかとの相談を持ちかけられた。AはXに無断で、同年10月5日、Hを借主としXを連帯保証人として3000万円をY信用組合から借り受ける旨の消費貸借契約を締結し、同時にXの印章を冒用し委任状を偽造したうえでこれらを用いて、Xが所有しXおよびAとBが居住する本件土地建物につき、Yとの間で、Hが平成17年7月31日までに債務を弁済しなかったときは本件土地建物の所有権をYに移転する旨の代物弁済予約を締結し、翌8月1日その

登記を経由した。

履行期が到来してもHが債務を弁済しないため、Yは平成17年10月20日、代物弁済予約を完結し、所有権取得の登記を経由した。その後、登記移転に気づいたXは、Yに対して、本件土地建物の所有権確認と登記抹消及び移転登記を求めて訴えを提起した。

【設　問】

1) 「代物弁済予約契約書」に押印された印影がXの印章によるものであることが判明した。「代物弁済予約契約書」の効力を争いたいと考えているXは、このような場合に、どのような主張・立証をしなければならないか。
2) 上記の事実関係とは異なり、弁論準備手続期日において、Xが、Yの提出した「代物弁済予約契約書」が真正に成立したことを認める旨の陳述をしたとする。しかし、証拠調べの結果や弁論の全趣旨から、裁判所は、文書が真正に成立したとは認められないとの心証に至った。裁判所は、文書の真正を否定して、判決を下すことができるか。

【演習問題3】　以下の事実の概要を読んで、下記の設問に答えよ。

【事実の概要】

X株式会社（以下、X社という。）は、平成15年9月20日設立され、資本金5,000万円、鋼材の圧延並びに販売を目的とする株式会社（取締役会設置会社だが、委員会設置会社ではない）である。Aは、平成16年4月11日より、X社の株式3万株を保有する株主である。

Yは、平成17年10月16日以降、X社の代表取締役であり、平成19年6月ころ、訴外B株式会社（以下、B社という。）の全株式を取得した。B社はもと株式会社C製陶所といい、万古焼の販売を業として、D一族が経営していたが、平成19年7月ころ、同社はB社と商号変更し、会社の目的も鋼材の加工及び販売と変更して、X社と取引を開始した。代表取締役は引き続きDが務めていたが、平成20年10月17日、Yの弟であるEが同社の代表取締役に就任し、Dは退任した。

Yは、X社の代表取締役の地位を利用して、自らがその全株式を保有しており、しかも平成20年10月17日以降弟Eが代表取締役となっている、B社に対して、平成19年7月20日から平成21年6月30日までの間（以下、本件取引期間という。）、X社の製品である丸棒を販売した。その際、X社の他の得意先である訴外P社、同Q社、同R社及び同S社（これら4社をまとめて、以下、訴外4社という。）に対する売値よりも、B社に対し、安価に売却する行為をY自ら取引責任者Fに

指示し、それに従ってＦが取引の都度具体的な価額を決定し、取引が行われた。なお、Ｙは、Ｂ社との取引について、Ｘ社の取締役会・常務会等の承認を得たことはない。

Ｙは、Ｘ社内規に基づく定年に達したため、平成21年6月の定時株主総会において再任されず、同定時株主総会の終結をもって、任期満了によりＸ社取締役を退任した。

Ｘ社の訴外4社に対する売価は、Ｙが100パーセントの株主であるＢ社に対するものと異なり正常な取引価格により行われたものと認められる。本件取引期間中、丸棒の需要はひっ迫し、相場は全対的に値上り傾向を示していたことが認められるから、Ｘ社が本件取引期間中、訴外4社に比べＢ社に対し廉価販売をしていなければ、Ｘ社は他の取引先に対し、訴外4社と同等の販売価格で売却できたと推認できる。

相場商品である丸棒は、日々価格が変動するものであるが、ただ日毎に高騰下落が目まぐるしく変るというものではなく、月毎ないしはそれに近い単位で上昇あるいは下落という一定の傾向をもって変動することの多いことが認められ、かつ、前記のとおり、本件取引期間中が需要のひっ迫した時期であることを勘案すると、Ｘ社としては、当該期間中Ｂ社へ販売した丸棒をその販売日と同日ないしは近接した日における訴外4社への販売最低価格と同額ないしはそれ以上の価格で販売することができたであろう蓋然性が極めて高い。そこで、訴外4社への販売価格中の最低価格とＢ社への販売価格を日別に比較し、その差額に数量を乗じると、双方への販売価格の差の総額が算出できる。それによると、その総額は金9,432万7,025円となることが認められる。

Ｂ社は、主にＸ社から仕入れた丸棒を、取引先に転売することを業とするが、本件取引期間当時、役員及び従業員は、Ｄ・Ｅを除くと取締役2人と女子事務員2人のみであり、丸棒の運搬はＸ社かその注文先の業者が行ないＢ社は運搬に従事していなかった。このように比較的小規模な事業会社でありながら、本件取引期間内のＢ社の粗利益は2億8,242万7,993円に及んでいる。

また、Ｂ社の取引先の一つである訴外Ｔ社に対する販売価格と、Ｘ社の訴外4社に対する販売価格はほぼ同額であり、Ｂ社はＴ社に対し、本件取引期間のほとんど全期間を通じて10パーセント前後の価格を上乗せして転売していることが認められる。これによりＸ社は、Ｂ社に対する販売価格については、Ｂ社の経営を維持するための費用分及びその利益相当分の値引きをしていたものと推認できる。

なお、Ｂ社が利益をあげても、Ｘ社にその利益が還元される何らかの方策が講じられていたとは認められない。

Ａは、Ｘ社に対して、平成21年12月22日内容証明郵便で、Ｙに対する損害賠償請求訴訟を提起するように請求し、同郵便は同月23日同社に到達した。これを受けて、Ｘ社の監査役Ｇ（Ｘ社の経営状況悪化のため、Ｘ社の主取引銀行であるＨ銀行

の強い希望により、同年の定時株主総会で監査役に選任されたばかりであった）が調査したところ、Aの請求には理由があるものと判断し、平成22年2月10日、GはX社を代表してYに対する損害賠償請求訴訟を提起し、訴状は同年3月1日に送達された。

【設問1】

X社のYに対する損害賠償請求訴訟において、B社のEを証人尋問することになった。尋問事項では、本件取引期間における直接労務費と販売経費の数額が挙がっていたが、Eは、これらは企業秘密に属するとして、証言を拒絶した。Eの証言拒絶は認められるか。

【設問2】

X社のYに対する損害賠償請求訴訟において、X社のB社に対する不当利得返還請求訴訟が併合された。
1) X・Y間の訴訟において、すでにB社に不利な証言をYが行っていた。裁判所は、その証拠調べの結果をX・B間の訴訟で証拠資料として用いることができるか。
2) X社は、本件併合訴訟で、X社の社員Gが酒食を供した席上、誘導的に行ったYとEとの会話を無断で録音したテープを証拠として提出してきた。裁判所はどのように対応すべきか。

【演習問題4】 事実の概要を読んで、下記の設問に答えよ。

【事実の概要】

1) Xは、店舗等の内装工事等を業とする商人である。
2) Yは、カラオケ店を開業するため、平成13年3月16日、Xに対し、次の工事を発注した（以下この工事を「本工事」と、その契約を「本工事契約」という。）。
   ア 工事場所　東京都港区南青山〈略〉
   イ 目的工事　内装工事等
   ウ 報酬額　580万円
   エ 支払時期　同年3月16日　200万円　同年5月10日　190万円
   　　　　　　同年5月20日　95万円　同年6月10日　95万円
3) Yは、平成13年3月16日から同年4月20日ころまでの間に、Xに対し、報酬を相当額として追加工事を発注した（以下この工事を「追加工事」と、その契約

を「追加工事契約」という。）。また、この工事の相当報酬額は消費税込みで100万円であった。
4) Xは、「Yは、何度か催告したにもかかわらず、工事完成引渡日までに工事を完成することができなかったので損害を被ったとして、追加工事分の報酬と同年5月に支払う予定になっていた残りの報酬を支払ってくれない。しかし、Yとの間で工事完成引渡日の合意はなく、私としては、請け負った仕事はすべて完了させている。そして、Yの開店にも支障なく、引渡しも行っている」と主張し、未払いとなっている残報酬債権として、上記各報酬額合計から平成18年3月16日に支払を受けた200万円を控除した480万円及び、それらの遅延損害金として、追加工事分報酬100万円に対する完成引渡日の翌日である同月22日から、本工事分報酬のうち190万円に対する約定支払日の翌日である同年5月11日から、うち95万円に対する同じく同月21日から、うち95万円に対する同じく同年6月11日から、各支払済みに至るまで商事法定利率年6分の遅延損害金の支払いを求めて平成13年10月1日に訴訟を提起した。
5) Xは、Yとの間において、工事完成引渡日の合意はなく、平成13年4月21日、本工事及び追加工事を完成し、これをYに引渡したと主張している。これに対して、Yは、XとYとの間において、工事の完成引渡日は同年3月31日との合意であり、X主張の工事の引渡し自体は認めるが、最終引渡日は同年5月8日であると主張している。

【設　問】

　上記X・Y間の報酬残債権請求訴訟における工事完成引渡日の立証活動について、下記1)～3)の問題に答えなさい。
1) 本件訴訟の準備書面（訴状・答弁書を含む）で主張されている工事完成期日に関する主張がX・Y間で食い違っていたところ、Yは、Xとの契約交渉時のやりとりをデジタルレコーダで無断録音しており、工事完成引渡日に関する自己の主張が正しいことを証明するためその音声データを含むCD-R［電磁的記録媒体］と反訳書を証拠申請した。裁判所は、この証拠をどのように取り扱うべきか。
2) Yは、工事完成引渡日について別紙工程表の通りとするXとの間で取り交わした合意文書を所持しているが、その工程表自体は持っていなかった。そこで、Xの所持するコンピュータに接続して入手した工程表を本件訴訟の口頭弁論で証拠として申請したところ、Xは「当該工程表は不正アクセスによって窃取されたものであるから証拠として用いることはできない」と主張した。Xのコンピュータに接続するための正当な権限をYは有していないが、この工程表が、工事完成引渡日の合意内容について証明する唯一の証拠であった場合、裁判所はこの証拠をどのように取り扱うべきか。

3) Zは、厨房器具等の納入業者である。Zは、工事完成後Yに厨房器具等を納入するためX・Yの契約交渉時に同席していた。そして、争点整理手続において、工事完成引渡日の合意内容がYの主張通りである旨を述べたZの陳述書がYの訴訟代理人より提出された。

作成者としてZの署名押印があるこの陳述書によれば、Zは、X・Y間で工事完成引渡日について口頭で合意がなされたことを聞いていたという。Xは、この陳述書の記載内容を争って、Zの証人尋問の申請をしていた。しかし、裁判所は、証人尋問を採用せず、工事完成引渡日について陳述書記載の通り、認定した。上記陳述書による裁判所の事実認定に問題はないか検討せよ。

【演習問題5】 以下の問題設例①〜④を読んで、下記の問題に答えなさい。

【問題設例①】
　Aは、Y大学病院に入院し、同病院の医師によって抗癌剤投与の治療を受けていたが、死亡した。その相続人X1及びX2は、Aが同病院の医師によって抗癌剤を過剰投与されたことによって死亡したとして、その責任は主治医Z1その他治療に関係した耳鼻咽喉科所属の医師ら、並びに病院管理者らにもあるとし、また、その死因を隠蔽する行為があったとして、上記Z1医師ら個人らとY大学に対して、医療事故自体による損害賠償及び固有の慰謝料等を求め、訴訟を提起した。本件訴訟において、X1らは、Aの死亡についてのY大学らの責任、及びAの死亡原因の隠蔽についてのY1、及びZ1らの責任を立証するために、Aの医療死亡事故（以下「本件医療事故という。）について、その発生状況、原因及びY大学病院耳鼻咽喉科医師Z1に対する処分等が記載されている事故調査報告書（以下「本件報告書」）の提出を求め、Y大学を文書の所持者として民訴法220条4号に基づき文書提出命令を申し立てた。

（本件報告書が作成されるに至った経緯）
1) Y大学は、本件医療事故自体の原因究明とその防止対策、本件医療事故からの教訓と事故再発防止策の提言について検討すること、並びに本件医療事故についての学内での懲戒処分の必要性の有無の資料を得ることを目的（以下「本件目的」という。）として、Y大学専務理事丙原九郎他6名で構成する医療事故調査委員会を設置する必要があると判断し、平成22年10月14日、Y大学総合医療センター医療事故調査委員会（本件委員会）を発足させた。
2) 本件委員会は、事情聴取対象者を、Y大学病院耳鼻咽喉科の医師・看護師（9名）、抗癌剤に関する専門医・薬剤部長（3名）、事故当時の執行部の医師（5名）、

事務長ら合計17名として、それらの者らから、本件医療事故の個別的事情とY大学病院の医療、薬剤、一般管理事務、緊急時事故対応の各システムないしその実情の聴取（以下「本件聴取」という。）を行った。
3) その後、本件委員会は、上記聴取の結果をふまえて、本件医療事故の発生原因等と医療事故防止対策と今後への提言を取り纏めて本件報告書を作成し、それを、本件事故関係者に対するY大学の雇用契約上の懲戒処分のための報告資料として、Y大学の賞罰委員会委員長に提出した。
4) そして、本件報告書の目的の一つである今後の医療事故防止対策に資するためと、本件医療事故の原因等の報告のために、Y大学病院長は、平成23年4月7日付けで、本件報告書の本件委員会の報告及び提言部分に基づいて本件要約書を作成し、それを管轄の保健所を介してS県に提出すると共に、本件医療事故の遺族であるX1らにも交付する等して公表した。

（本件報告書の構成等）
1) 本件報告書は、別紙第二文書目録部分である平成22年12月11日付の「Y大学総合医療センター医療事故調査委員会報告書」部分（以下「本件報告提言部分」という。）と、平22年12月付の「Y大学総合医療センター医療事故　事情聴取記録」部分（以下「本件事情聴取部分」という。）に分けられ、そして、本件報告提言部分は、初頭の「はじめに」から「第一章　死亡事故発生の原因」、「第二章　ご家族への不適切な対応」、「第三章　社会的・道義的問題発生の原因」、「第四章　医療事故防止対策と今後への提言」、「おわりに」の部分で構成され、本件事情聴取部分は、診療関係の被告丁原梅夫他の医師、看護師、薬剤部門の医師、管理部門の管理者、事務部門の者ら17名からの事情聴取書によって構成されている。
2) ただし、本件事情聴取部分を構成している各被聴取者の事情聴取記録は、証言を一問一答方式の体裁で一応記録されたものであるが、全部について録音を取ってテープを起こしたものではなく、そのテープも外部の騒音等から発言内容を聞き取れないとするところも多々あるものである。

　そして、その各被聴取者の範囲も、本件医療事故の直接の関係者に限られず、その聴取内容や聴取態様も、本件医療事故自体にのみ関わるものではなく、各被聴取者の個々の仕事内容や、被告病院の医療システム一般等に及ぶものであったし、被聴取者について、雇用契約上の上司ないしY大学における管理システムの上位の地位にある者等の面前で、その被聴取者（原告らに告訴されていた者、現在、起訴されている者を含む。）に対しては、自己が刑事訴追を受ける虞がある事項の質問に際しても、黙秘権その他その防御権を告知されることなく、さらに、弁護士等の援助、助言、付添い等が認められない状況下で聴取されたものであった。

　一般的に病院内での人為的ないし施設上の原因等に起因する医療関係事故は、

病床数、患者数、受診者数等の一定割合で遺憾ながら発生しているのが現実であり、その中の一部がいわゆる医療関係者に法的責任が問われるべきか否か問題になる可能性があるいわゆる医療過誤等である事件（アクシデント）であって、他の大部分は事実ないし出来事（インシデント）であるとされていることは公知である。

そして、患者ないし受診者のみならず医師、看護師等を含めた医療関係者の安全を図るためには、上記医療関係事故全てについて客観的な報告を受けて、その原因を究明し、それに対する人的、物的又は制度的に防止かつ改善する措置及び方法を、その各関係部門に勧告する機関（以下「安全管理機関」という。）が設置される必要があるとされている。

しかも病院等では、一般的には、予算的かつ組織的権限は、理事長、理事会等が統括している事務管理部門にあり、医療措置上の権限は、病院長他の各医師が有しており、また、医師の指示を受ける看護部門、薬剤部門もそれぞれ独立の権限を有していて、その関係ないし指揮命令系統は複雑である。しかも、安全管理機関は、近時、上記原因の究明等の上記目的を果たすためには、日頃からその情報収集に当たるトップ機関にも直接に提言、勧告ができる、上記各部門から独立した常設の機関である必要があるとされていることも公知のことである。

そして、安全管理機関には、その情報が全て集まることが制度的に保障される必要がある。そのためには、その報告は事実を客観的に報告するもので、その報告によって報告者に不利益が生じるものでないこと、また、安全管理機関もその原報告自体については、それを医療関係事故の原因の解明とその防止の措置の提言という目的のためにのみ使用することが義務づけられることによって、その制度的保障が図られる必要があることも明らかである。

【問題設例②】
　C株式会社は、メインバンクであるF銀行が支援していたが、その後、事実上、経営破たんに陥り、民事再生手続開始決定がされた。C社と取引関係にあったZは、「Cのいわゆるメインバンクであったfが、平成19年9月以降、Cの経営破綻の可能性が大きいことを認識し、同社を全面的に支援する意思は有していなかったにもかかわらず、全面的に支援すると説明してZらを欺罔したため、あるいは、Cの経営状態についてできる限り正確な情報を提供すべき注意義務を負っていたのにこれを怠ったため、ZはC社との取引を継続し、その結果、C社に対する売掛金が回収不能となり、損害を被ったなどとして不法行為に基づく損害賠償請求訴訟を提起した。

Zは、この損害賠償請求訴訟において、Fの上記欺罔行為及び注意義務違反行為の立証のために必要があるとして、Fが所持する下記の文書（以下「本件文書」と

いう。）について、文書提出命令を申し立てた。Fは、本件文書は民訴法220条4号ハ又はニ所定の文書に当たる旨主張している。

記

　平成19年9月、同年12月及び20年2月の各時点において、Cの経営状況の把握、同社に対する貸出金の管理及び同社の債務者区分の決定等を行う目的で作成し、保管していた自己査定資料一式：本件文書は、銀行であるFが、融資先であるCについて、同社に対して有する債権の資産査定を行う前提となる債務者区分を行うために作成し、監督官庁による査定結果の正確性についての事後的検証に備える目的もあって保存した資料である。

（備考）

　なお、銀行については、その業務の健全な運営に資するため、経営の健全性を判断するための基準として、銀行の保有する資産等に照らし当該銀行の自己資本の充実の状況が適当であるかどうかの基準、いわゆる自己資本比率基準が定められており（銀行法14条の2）、同基準に照らして自己資本の充実の状況に問題があれば、監督官庁により必要な是正措置が命ぜられる（同法26条）。そして、自己資本の充実の状況について問題の有無を判断するためには、銀行の保有する不良債権等について適切な償却、引当てが行われ、正確な財務諸表が作成されていることが必要であることから、監督官庁は、「預金等受入金融機関に係る検査マニュアルについて」と題する金融監督庁検査部長通達（平成11年金検第177号）を発出するとともに、同通達において検査の手引書とされている「金融検査マニュアル」（ただし、その後に数次にわたり改訂されている。以下、改訂されたものも含めて「検査マニュアル」という。）を公表し、銀行に対し、関係法令及び検査マニュアルの定める枠組みに沿った基準により、自ら資産の査定、すなわち、その保有する資産を回収の危険性又は価値の毀損の危険性の度合いに従って区分することを行うよう求めている。検査マニュアルの定める枠組みによれば、銀行は、その有する債権の査定に当たっては、債務者の財務状況、資金繰り、収益力等によりその返済能力を判定し、債務者を正常先、要注意先、破綻懸念先、実質破綻先及び破綻先に区分（以下「債務者区分」という。）した上で、担保や保証等の状況を勘案して債権を4段階に分類するものとされている。

　また、銀行は、信用秩序の維持と預金者等の保護の要請から、決算期その他主務省令で定める期日において資産の査定を行い、資産査定等報告書を作成し、これを内閣総理大臣に提出すること（金融機能の再生のための緊急措置に関する法律6条1項）、資産の査定の結果を公表すること（同法7条）が義務付けられている。上記資産の査定とは、主務省令で定める基準に従い、回収不能となる危険性又は価値の毀損の危険性に応じてその有する債権その他の資産を区分することをいい（同法6条2項）、同基準（同法施行規則4条）によれば、銀行は、その有する債権を、債務者の財政状態及び経営成績等を基礎として、〔1〕破産更生債権及びこれらに準ずる債

権、〔2〕危険債権、〔3〕要管理債権、〔4〕正常債権に区分（以下「債権区分」という。）しなければならない。そして、検査マニュアルにおいては、上記債権区分と検査マニュアルに定める債務者区分との対応関係について、上記〔1〕の債権は、債務者区分にいう実質破綻先及び破綻先に対する債権に、同様に、〔2〕の債権は、破綻懸念先に対する債権に、〔3〕の債権は、要注意先に対する債権のうち上記施行規則4条4項に該当する債権に、〔4〕の債権は、正常先に対する債権及び要注意先に対する債権のうち要管理債権に該当する債権以外の債権に、それぞれ対応するとされている。

　銀行の監督官庁は、銀行の業務の健全かつ適切な運営を確保するため必要があるときは銀行に対する立入検査を行うことができ（銀行法25条）、銀行の行う資産の査定（以下「資産査定」という。）も立入検査の対象となる。立入検査は、前記通達により検査マニュアルに従って実施されており、検査マニュアルによれば、監督官庁の検査官は、資産査定の実施状況が事後的に検証できるように各部門における資料等の十分な記録が保存されているかを確認するとともに、実際の資産査定が関係法令及び検査マニュアルに定める枠組みに沿った基準にのっとって正確に行われているかどうか、具体的には、債務者区分が正確に行われているか、債権の分類が担保や保証等の状況を勘案して正確に行われているか、債権区分が上記施行規則に定める基準に基づき債務者区分に応じて区分されているかなどを、銀行が査定の際に作成した資料等に基づいて検証することとなっている。

【問題設例③】

　本件は、Y銀行がXらに対し、消費貸借契約（以下「本件取引」という。）及びこれによる債務を主たる債務とする連帯保証契約に基づき貸金及び連帯保証金の返還等を求め、訴えを提起した（基本事件）。

　これに対して、Xらは、(1) 本件取引は準消費貸借であり、その旧債務は融資一体型変額保険にかかる融資契約であり、錯誤により無効である、(2) 仮に本件取引が消費貸借契約であったとしても、融資一体型変額保険にかかる融資契約は錯誤により無効であるから、同契約に関してXらがYに対して支払った金員について、XらはYに対し、不当利得返還請求権を有し、同請求権により貸金債務を相殺する、として争っている。

　本件訴訟において、Xらは、融資一体型変額保険の勧誘をYが保険会社と一体となって行っていた事実を立証するため、民訴法220条4号に基づき、Yに対し社内通達の提出を求めた。

　Yは、異議を申し立て、以下のような主張をなしている。

　「本件文書は、いずれもYの業務遂行上の指針ないし業務報告等が記載されたものであって、〔1〕専らYの内部の者の利用に供する目的で作成され、外部の者に

開示することが予定されていない文書であること、〔2〕開示されるとYの自由な意思形成が阻害されるなど、開示によってYの側に看過しがたい不利益が生ずるおそれがあることが認められるから、民訴法220条4号ニの「専ら文書の所持者の利用に供するための文書」に該当し、Yは文書提出義務を負わず、本申立ては却下されるべきである。

Xらは、基本事件において、本件取引が錯誤により無効であることを立証するため、本文書提出命令の申立てをしているが、仮に、本件取引が錯誤により無効であったとしても、Xらは、本件取引を追認しているから、Xらは、錯誤無効の有無にかかわらず、本件取引に係る債務について返還義務を負う。また、Xらは、別件訴訟において、本件文書を閲覧しその内容を了知しているから、その内容を報告書等の形で基本事件に報告することが可能である。よって、本件文書を基本事件において取り調べる必要はなく、本申立ては却下されるべきである。」

なお、本件各文書は、いずれも銀行であるYの営業関連部、個人金融部等の本部の担当部署から、各営業店長等にあてて発出されたいわゆる社内通達文書であって、その内容は、変額一時払終身保険に対する融資案件を推進するとの一般的な業務遂行上の指針を示し、あるいは、客観的な業務結果報告を記載したものである。取引先の顧客の信用情報やYの高度なノウハウに関する記載は含まれておらず、その作成目的は、上記の業務遂行上の指針等をYの各営業店長等に周知伝達することにあり、Yの社内の者の利用に供する目的で作成されたものと考えられる。

【問題設例④】

申立人は、相手方が作成し保管している申立人に関する職員考課表のうち、昭和59年分以降の最終評定者・第二次評定者用考課表及び平成元年分以降の第一次評定者用考課表・面接記録表につき、文書提出命令を求めた。

本件は、相手方と申立人との間の労働契約関係において、相手方が申立人に対してなした懲戒処分等が争点となっている。

申立人は、職員考課表は、個人情報コントロール権の対象として労働者が使用者に閲覧を求めることができる文書（民訴法220条2号）あるいは申立人と相手方の労働契約に基づく就労関係について作成された法律関係文書（同条3号後段）に該当し、しからずとも同条四号文書に該当すると主張し、相手方は、職員考課表は、申立人が閲覧を求めることができる文書又は申立人・相手方間の法律関係について作成された文書ではなく、また、自己使用文書であるとして、提出義務の存在を争っている。

1) 職員考課表は、相手方の人事考課制度に基づき、評定者が部下の考課をする際に用いられるもので、その作成、記載内容、保管等については、相手方の人事部の通牒によって定められている。その内容は、昭和62年に導入された新人事制

度におけるものと、それ以前の旧人事制度におけるものとで若干異なる。
2)　旧人事制度における職員考課表は、人事部の昭和53年3月31日付け通牒（乙21、以下「旧通牒」という。）において定められている「人事考課要綱」（以下「旧要綱」という。）において、評定者が考課を実施する際に作成が義務付けられているものである。なお、旧通牒には、「今般、新資格制度の発足に伴い、また人事考課を公開する考え方に立って、下記のとおり人事考課要綱を定め、昭和53年4月1日から実施することとしましたので通知します。」との記載があり、人事考課を公開する考え方を前提として、旧要綱が定められたことが明らかにされている。

　旧要綱においては、人事考課の内容について、職員の資格に対応して、考課項目、内容、評定尺度が明示されており、それぞれＡ、Ｂ、Ｃの三段階の評価をするものとされ、職員考課表には、その評定結果を記載するとともに、評定がＡ又はＣの場合には、「説明」欄にその理由を必ず記入するものとされている。なお、職員考課表の様式は、旧要綱に別紙として添付されており、考課の具体的方法及び考課表の具体的記入方法は、別に定める人事考課評定要領において定められている。また、職員考課表（正本）は、人事部長が保管し、その保存期間は5年とされている。

　考課結果は、被評定者に対し、口頭で通知するものとされている。

3)　新人事制度における職員考課表は、人事部の昭和62年2月27日付け通牒（乙15、以下「新通牒」という。）において、評定者が考課を実施する際に作成が義務付けられているもので、これによれば、職員の資格に対応し、三つの区分（業績、勤務態度、能力）ごとに評定項目、内容、評定項目別ウエイトが定められており、職員考課表には、これに従ってＡ（要求するレベルをはるかに上回っている）、Ｂ（要求するレベル以上である）又はＣ（要求するレベルに及ばない）の評価を記入することとされている。また、職員考課表には、第一次評定者用考課表と最終評定者・第二次評定者用考課表があり、第一次評定者用考課表には、指導観察メモ（被評定者の日常における業務面についての能力の発揮度合、勤務態度並びに指導とその効果等に関し、特筆される事項を記入するもの。）が付される。

　考課結果は、旧人事制度におけると同様本人に口頭で通知するものとされる。この点につき、昭和62年度年間考課実施要領（甲63）によれば、「考課結果は、本人にフィードバックし、能力開発に活用するとともに、公正な処遇の重要な基礎資料ともなることから、特にＡ又はＣと評定した項目については明確に説明できるようにしておくもの」とされている。また、通知の際の面接結果は、第一次評定者用考課表とともに保管される面接記録表に記載されるべきものとされている。

　さらに、保存については、第一次評定者用考課表及び面接記録表並びに最終評定者・第二次評定者用考課表（控）は、部室店長が5年間保存し、その後廃棄す

るものとされ、最終評定者・第二次評定者用考課表（正）は、人事部長が保管し、保存期間は10年とされている。
4) 以上によれば、相手方の人事考課制度は、新旧の人事制度を通じ、これを公開する考えに立ってその内容が公開されており、通牒において、各資格ごとの考課項目、内容、評定尺度、ウエイト等が明示されているものである。そして、職員考課表は、旧人事制度におけると新人事制度におけるとを問わず、相手方の人事部の通牒によって作成及び保管が義務付けられているもので、その内容も右通牒において具体的に定められており、特に旧人事制度のもとにおいては、職員考課表の様式も公表されていたものである。また、新旧の人事制度を通じ、職員考課表そのものを公開する旨の規定は存在しないが、考課結果は口頭で被評定者に通知するものとされ、さらに、A又はCと評価した場合においては、その理由を被評定者に説明しなければならないことが前提とされている。

なお、一般的には、人事考課記録は、被評定者のプライバシーに関する事項が記載されているうえ、直属の上司等の具体的な評定が記載されているため、秘密性が高い文書であり、通常は公開になじまないし、被評定者側の要求のみによって開示すべきものではない。

【設問（1）】

上記問題設例①〜④の状況において、申し立てられている文書提出命令の対象文書は、民訴法220条4号ニ所定の文書に該当するか。以下の小問を検討のうえ、答えよ。

（小問）
1) 文書提出義務をめぐる最高裁判例法理（最判平成11年11月12日民集53巻8号1787頁）に基づく場合に、問題設例①〜④において文書提出命令が発令されるか否かについて論ぜよ。
2) 問題設例①〜④において、判例理論に基づいて処理する場合の問題点を指摘せよ。
3) 民訴法220条4号ニに関する証明責任は誰が負うか。

【設問（2）】

問題設例②においてZの申し立てた文書提出命令の対象文書は、民訴法220条4号ハ所定の文書に該当するか。

また、金融機関が民事訴訟において訴訟外の第三者として顧客情報（金融機関と顧客との取引履歴が記載された明細表）について開示を求められた場合に、当該顧客自身が当該民事訴訟の当事者として開示義務を負う場合には、当該明細表は、民訴法220条4号ハ所定の文書に該当するか。また、かかる場合の文書提出命令の申立てについての決定に対して当該訴訟の当事者は即時抗告をすることができるか

【設問（3）】

上記設例①～④において、インカメラ手続を利用することは許されるか。また、文書の一部提出を認めることができるか。許否の理由づけをしたうえで答えよ。

【設問（4）】

「専自己利用文書」概念は、民訴法220条3号文書にも適用があるか。判例は、この点につきいかなる立場に立つと考えられるか。

【演習問題6】 以下の事実の概要を読んで、下記の設問に答えよ。

【事実の概要】

1) 電話機器類（以下「本件機器」という。）を購入し利用しているXらは、本件機器にしばしば通話不能になる瑕疵があるなどと主張して、Yに対し、不法行為等に基づく損害賠償を請求し、訴訟を提起した。

2) その訴訟において、Xらは「(1) 本件機器の売主がYであることを証明するため、Xら宅を訪問したと思われるHの住所を調査するためには、YとHとの契約書（〔1〕文書）が必要であり、Yには民訴法220条4号により右文書の提出義務がある、(2) 本件機器に瑕疵があったことを証明するためには、本件機器の回路図並びに信号流れ図（〔2〕文書）が必要であり、右文書は民訴法220条4号により（同号イないしホの除外事由に該当しない）Yには提出義務がある、また、本件機器の故障等申告歴のもとになるXが署名捺印した修理費内訳書並びに物品納品書兼受領書など（〔3〕文書）は、民訴法220条3号及び4号（同号イないし

ホの除外事由に該当しない。）により Y には右文書の提出義務がある。」として文書提出命令を申し立てた。
3) これに対して、Y は、本件申立ては以下の理由から、却下を求める旨述べた。
「ア　文書は、Y と第三者である H との間の取次店に関する契約書であって、本件損害賠償請求訴訟には直接関係のない文書である。また、本件機器の X に対する売主が誰かについて判断するに際し、〔1〕文書が必要であるとは解されないから、X らの本件文書提出命令の申立ては、その必要性の要件を欠き、理由がない。
　　イ　文書は、本件機器を製造し、細部設計を行ったメーカーが本件機器を製造するために作成した文書であって、当該メーカーの外部の者には見せることを全く予定せずに作成された自己使用のための文書であって、製品の販売等に付随して販売先その他第三者に提供、提示することはない文書である。また、本件訴訟手続においてこれらの回路図など〔2〕文書の提出義務を Y が負うとすると、本件訴訟においては第三者である当該メーカーが持つノウハウなどの技術上の情報一切が明らかにされることになり、当該メーカーが著しく不利益を受けることが予想される。その意味において、〔2〕文書は、民訴法 220 条 4 号ハの黙秘の義務が免除されていないものが記載されている文書に該当し、かつ、細部設計を行ったメーカーが本件機器を製造するために作成した文書であって、同号ハの専ら文書の所持者側（当該製造メーカー、Y ないしその関連会社）の利用に供されるための文書に該当するものである。
　　ウ　文書は所持していない。」

【設問 (1)】

> 上記事例における〔1〕〜〔3〕の文書は、文書提出命令の対象となるか。とくに、〔2〕文書が民訴法 220 条 4 号（ハ）「技術もしくは職業上の秘密に関する事項が記載されている文書」に該当するか否かについて論じなさい。

【設問 (2)】

> 1) X の申し立てた文書提出命令が認められた、Y は、当該申立ての決定に対して上記（ア）を理由として即時抗告を行った。Y の即時抗告は認められるか。
> 2) X の文書提出命令の申立てを、裁判所は口頭で却下し、直ちに口頭弁論を終結したとする。これに対して、X は、証明の必要性があると主張して当該申立ての却下決定に対して即時抗告を行った。X の即時抗告は認められるか。

3) 上記事例において、文書提出命令が認められた場合に、Yはその提出を拒否した。裁判所は、どのような事実認定をすべきか。

第4章　判決効論・その1
—既判力の遮断効—

第4章の趣旨

　この章では、既判力の物的範囲（客観的範囲）をめぐる問題を議論する。既判力については、既判力の及ぶ限界はどこまでかが問題となる。その場合、一般には、訴訟対象面での限界（物的範囲・客観的範囲）、対人的範囲の限界（人的範囲・主観的範囲）、時間的限界が問われている。

　訴訟対象面での既判力の及ぶ範囲については、伝統的な考えは、既判力の物的範囲を訴訟物のそれと結びつけていた。つまり、通説・判例は、「訴訟物の範囲＝既判力の物的範囲」というテーゼに基づき、既判力の範囲を決定する。しかし、現実の事件では、既判力が生じないとしても、何らかの拘束力を認めたり、あるいは既判力を拡張したり、縮小したりした方が事件の処理として具体的妥当性があると思われる場合が生じうる。かかる場合に、どのように考えるべきかを問う。それは既判力についての理解を深めることにもつながり、民事訴訟法の全体を理解することにも役立つと思われる。なお、本章では、主に既判力の物的限界と時的限界についての問題を取り上げる。人的限界については、次章で取り上げる。

参考教科書での関連部分

①伊藤眞『民事訴訟法（第4版）』500～527頁
②中野貞一郎ほか『新民事訴訟法講義（第2版補訂2版）』449～480頁
③高橋宏志『重点講義民事訴訟法上（第2版）』578～676、707～735頁（第15講）
④新堂幸司『新民事訴訟法（第五版）』679～700、706～732頁
⑤松本博之＝上野泰男『民事訴訟法（第6版）』546～586、606～615頁

基本事項の解説

1　既判力概念

(1)　既判力の意義

　既判力とは、請求についての確定判決の判断に付与される通用性ないし拘束力をいう。確定判決の最も基本的効力で、すべての訴訟類型に共通して存在する効力である。この効力は、一方で当事者間の法律関係を規律する基準となり、他方で判断した裁判所を拘束し、後行の裁判所の判断の基準ともな

る。当事者間の法律関係を規律するとは、当事者間の権利・法律関係が確認され、もはやその判訴を争うことは許されず、そのことが実体法生活に作用していくことで、これが事後の当事者にとっての規範となっていく。他方、裁判所を拘束するとは、一度裁判をした以上は、当該裁判所は勝手にこれを取り消し、又は変更することはできないということである。これを、「裁判の自縛性」という。また、同一手続内である裁判所のした判断が他の裁判所を拘束することの総称を「**羈束力（きそく力）**」という（例えば、民訴22条1項、同321条1項など）。後行の裁判所の判断の基準となるということは、既判力の生じた判断と矛盾、抵触する裁判を禁じるという形であらわれる。これは、「**一事不再理の要請**」と呼ばれている。これらの裁判所に対する拘束力は、裁判制度が国家制度である以上、その安定と法秩序の維持が必要とされることに起因する。

(2) 既判力の根拠

既判力の根拠をめぐっては、争いがある[1]。かつては、不当判決に既判力が生じ、既判力が当事者間のみに生じるという現象を説明するために、既判力の根拠がその本質論として議論されてきた。しかし、本質論は個々の解釈論（例えば、既判力の客観的範囲等の実践的課題）に寄与しないとして、今日では、解釈論に有用な議論として既判力の正当化根拠を論じる実質的根拠論が登場し、従前の本質論が議論されることはほとんどなくなっている。

今日の実質的根拠論は、①法的安定説、②手続保障説、③二元説に分けられる。①は、既判力は判断された権利関係の法的安定性にその正当化根拠を置き、既判力は裁判制度に不可欠な制度的効力と考える。②は、既判力の根拠を当事者が訴訟手続において自由な攻撃防御権を保障された反面として当事者の訴訟上の自己責任に求める見解である。現在の通説は、③とされる。これは、既判力を紛争解決の制度目的達成に不可欠な制度的効力である点と、当事者が裁判手続上対等に訴訟対象について弁論し、訴訟遂行する権能と機会を保障されたということ、つまり「手続保障」があったことから、その裏返しとしての自己責任にその根拠を置く。当事者に対する拘束力を念頭において論じられてきた。

---

[1] 以下の叙述の詳細については、畑郁夫「既判力の本質と作用」民事訴訟法の争点（新版）274頁など参照。

2　既判力の作用

(1)　消極的作用と積極的作用

既判力は、後訴において作用する。その作用には、「**消極的作用**」と「**積極的作用**」がある。前者は、既判力の生じた判断と矛盾する請求、主張を当事者に禁じ、また裁判所にも、既判力に反する当事者の請求、主張を取り上げてはならないと審理を禁じる形で作用する。後者は、既判力の生じた判断を前提にして後訴の裁判所は判決しなければならないとする形で作用する。

既判力は、訴訟物について生じる。このことからまた、前訴の訴訟物が後訴で意味をもってくるのはどういう場合かが問題になる。つまり、既判力が作用するのは、前訴と後訴の訴訟物がどういう関係にある場合かが問われるのである。これには、以下の三つの場合がある。すなわち、既判力は、以下の場合に後訴を遮断する形で作用する。

①**前訴と後訴の訴訟物が同一の場合**
（例えば、所有権確認訴訟で敗訴した原告が同じ所有権確認の訴えを提起する場合）
②**同一訴訟物とはいえないが後訴の請求が前訴のそれと矛盾関係に立つ場合**
（例えば、所有権確認訴訟で敗訴した被告が同じ所有権確認の訴えを提起する場合）
③**前訴の訴訟物が後訴の先決問題となる場合**
（例えば、土地の所有権確認訴訟で敗訴した原告が同一被告に対して所有権に基づく土地明渡しの訴えを提起する場合）

この①及び②の場合が消極的作用と対応し、③の場合が積極的作用と対応する。

(2)　既判力の双面性

既判力は、当事者にとって有利にも不利にも作用する。これを「**既判力の双面性**」という。例えば、ある土地上の建物の所有権をめぐって土地所有者YとXが争い、XがYに対して建物所有権確認訴訟を提起したとする。この訴訟で、Xが勝訴し、Xに建物の所有権があることが確認された。Yは、この訴訟の既判力により、もう一度建物の所有権確認の訴訟は提起できない。しかし、その後、Yは、Xに対して建物収去土地明渡請求訴訟を提起した。この訴訟で、Xは前訴の既判力により自己に建物の所有権があることを否定する主張はできないことになる。このように、既判力はXにとっ

て有利にも不利にも及ぶ場合が生じるのである。

3 既判力の範囲

(1) 既判力の物的範囲（客観的範囲）（民訴114条1項）

既判力が生じる物的範囲はどこまでか。民事訴訟法は、これを確定判決の「主文に包含されるものに限（る）」と規定する（民訴114条1項）。つまり、確定判決の主文に示された権利・法律関係の存否の判断に限定するのである。そして、この「主文に包含される」判断とは、訴訟物についての判断を意味すると解するのが通説である[2]。

これは、当事者の争訟の処理としては、当事者が申し立てた権利・法律関係の存否についての判断である主文の記載で足りるという法的安定性の要求がその背後にある。そして、このように限定することにより、当事者の申立ての範囲でしか裁判所は審判せず、その範囲外には拘束力も生じないこととした。このことから、当事者の攻撃防御方法もその範囲に限定され、裁判所も攻撃防御方法についての判断も容易なものから審理すればよいこととなる。その結果、審理は集中・迅速化されかつ弾力化もされる。また、当事者にとって不意打ちが生じないことになる。このような極めて政策的要請から、既判力の物的範囲＝客観的範囲は、主文に限定されたのである。

このように、既判力は、訴訟物の範囲で生じる。この「**訴訟物の範囲＝既判力の客観的範囲**（物的範囲）」という図式が伝統的な民事訴訟法学、とくに民事裁判実務において変わらぬ基準である。この基準は、訴訟の開始段階から既判力の範囲を明確にし、手続法に要請される法的安定性に資し、また両当事者にとっても不意打ちの危険なく、それゆえ、手続保障に資するものであった。また、当事者は審理対象についての攻撃防御方法の焦点を定めることができ、それは手続の集中化にも寄与しうるものであった。

しかし、他方で、紛争当事者にとって、また一般国民の感覚からすると、この基準の遵守は必ずしも適切な紛争処理の帰結に至らない場合も生じた。紛争解決の実効性を十分に担保しうる原理とまでは言えなかったのである。そこで、この紛争解決に対する感覚、あるいは期待をどのような形で充足させるかをめぐる議論が、今日までの既判力の範囲をめぐる民事訴訟法学の議

---

[2]　高橋上・620頁、伊藤・516頁など。

論であったと言えよう。

　この議論は当初、訴訟物論争において顕在化した。訴訟法説（新訴訟物理論）（第7章参照）は、「訴訟物の範囲＝既判力の客観的範囲」という図式を維持しつつも、訴訟物自体の枠組みを拡張することで既判力の範囲を拡張し、紛争解決の実効性を高めようとしたものと評しうる。さらに、紛争解決の一回性を強調し、訴訟物の枠組み外にも既判力の範囲を拡張し、紛争解決の実効性を高めようとしたのが、後述する「争点効理論」であり、そして、その後に続く「既判力の遮断効論」であったと言えよう。そして、今日、この「訴訟物の範囲＝既判力の客観的範囲」という図式自体に対して再検討が加えられ、学説上はこの図式はもはや絶対的基準とは言えないとするのが多数であると言って過言ではないであろう。

　以下、具体例で、この関係、とくに訴訟物についての実体法説と訴訟法説の考え方を比較してみよう。

（事例①）

　前訴において、賃貸人たる土地所有者Xは、契約解除による賃貸借契約の終了を理由に賃借人Yを相手方として、土地明渡訴訟（前掲）を提起したとする。裁判所は、契約解除を無効と判断し、X敗訴の判決が下され、確定した。その後、改めてXはYに対して、所有権に基づき当該土地明渡しを求める訴えを提起した（後訴）。この訴訟において、Yは、賃借権を有するから明渡し義務はない旨を主張し、Xは、前訴同様に、契約の解除により終了を主張している。

　通説・判例が採る訴訟物に関する実体法説（旧訴訟物理論）では、XとYとの間での「賃貸借契約終了に基づく土地明渡請求権（債権的請求権）」を前訴の訴訟物と考える。したがって、事例①のように、後訴でXが土地所有権に基づきYに対して明渡請求をする場合には、同一の土地の明渡しを求める訴訟であっても、後訴の訴訟物は「所有権に基づく明渡請求権（物権的請求権）」で、訴訟物は別個ということになる。民訴法114条1項に基づき前訴で既判力が生じるのは、「Xの賃貸借契約終了に基づく土地明渡請求権（債権的請求権）は存在しない」という判断（**「訴訟物についての判断」**）についてのみである（つまり、土地明渡請求権の不存在という判断に抵触する主張は排斥されることになる⇒後述）。「Xによる賃貸借契約の解除が無効」という裁判所の判断は、「土地明渡請求権（債権的請求権）の不存在」を理由づけるものであって

（つまり、「請求原因事実の存否」の判断）、判決理由中の判断でしかない。それゆえ、いかなる拘束力も存在しない。実体法説に立つと、事例①では、Xの後訴は既判力に抵触することなく、提起できるのである。これに対して、訴訟法説（新訴訟物理論）では、申立てを基準として訴訟物を構成するので、「土地明渡しを求める法的地位（受給権）」が訴訟物となる。賃貸借契約終了に基づく土地明渡請求権（債権的請求権）であるか、所有権に基づく明渡請求権（物権的請求権）であるかは、単なる攻撃防御方法でしかないと考える。訴訟法説では、前訴の既判力は「Xは土地明渡しを求める法的地位（受給権）がない」という判断に生じることになる。そして、攻撃防御方法でしかないXの後訴における所有権に基づく明渡請求権の主張は、前訴の既判力により遮断されるのである。

(事例②)

　前訴において、AがBに対して、Bから係争建物を買い取ったとして、所有権に基づき建物明渡訴訟を提起した（前掲）。Bは、当該建物の売買は詐欺によるものであり、売買の取消しを主張した。しかし、裁判所はBの主張を認めず、A勝訴の判決が下され確定した。その後、Bは、Aに対して、当該建物の上記売買を原因とするAの所有権移転登記抹消登記手続請求訴訟を提起した（後訴）。その理由として、AとBとの当該建物の売買は詐欺による取消しによって効力を失ったと主張している。

　訴訟物論についての実体法説と訴訟法説、いずれをとっても前訴と後訴の訴訟物は別個である（実体法説では、前訴は「所有権に基づく建物明渡請求権」が訴訟物であり、後訴は「所有権移転登記抹消登記手続請求権」が訴訟物である）。したがって、前訴におけるAに所有権があるとの判断には既判力は生じないのであり、Bの後訴は問題なく審理されるとの帰結が通説・判例の立場である。しかし、紛争の実態は、建物をめぐる所有権の帰趨であり、Bによる当該売買の詐欺による取消しの主張は前訴の蒸し返しの主張になる。そこで、こうした場合の紛争解決の実効性を考慮して登場してきたのが争点効理論であり、それによれば、Bの主張は争点効により許されないことになる（要件等については後述参照）。

(2)　判決理由中の判断

(a)　相殺の抗弁と既判力（民訴114条2項）

民訴法は、既判力の物的範囲を判決主文に限定している。このことは、判決理由中の判断には原則として既判力は生じないことを意味する。ここから、「既判力の客観的範囲＝主文の判断＝訴訟物」というテーゼが導き出される。ただ、民訴法は、判決理由中の判断について唯一**「相殺の抗弁」**については、既判力が生じる旨の例外を法定している（民訴114条2項）。相殺の抗弁は、訴求債権に対して自己の債権（反対債権）を相殺に供することで訴求債権を消滅させ、原告の請求は理由なしとしようとする反訴に近い防御方法である。もしこの判断に既判力を認めないとすれば、相殺の抗弁を排斥して請求認容判決が下った場合にも、被告は反対債権を訴求することができ、紛争は蒸し返されることになる。こうした不合理を回避するため、法は相殺のために主張した請求の成立又は不成立の判断は、相殺をもって対抗した額について既判力を有するとしたのである。ここでは、相殺の抗弁についての既判力の範囲につき議論がある。相殺の抗弁が排斥された場合に、「反対債権の不存在」につき既判力が生じる点では一致しているが、抗弁が認められた場合については「訴求債権と反対債権がともに存在し、かつ相殺によって両債権が消滅した」ことに既判力が生じるとする見解もあるが、多数説は「反対債権の不存在」のみに既判力が生じることで十分としている[3]。

(b) 判決理由中の判断と争点効理論

　以上のように、「既判力の客観的範囲＝主文の判断＝訴訟物」というテーゼが制度効としての既判力の範囲を画している。伝統的見解や判例が訴訟物の枠を堅持することをこれまで維持してきた根拠は、これにより、訴訟遂行の集中性、迅速性も保障され、後訴での遮断の範囲も明確に予測できる点にあると言えよう。しかし、問題は、それでこうした枠組みで具体的妥当性も担保できるかという点である。例えば、Aが売買契約成立を主張してBに代金支払請求し、勝訴判決を得ながら、判決確定後にBから目的物の引渡しを請求された後訴で、理由中の判断である売買契約の成立を否認する陳述をする場合のように、前訴と矛盾する主張をなす場合を想定しよう（事例②も同様）。この場合においては、上記のテーゼは、相手方の利益を不当に害し、または前訴の判断を無意味にする主張を許すことになり、一般の正義感覚とは相いれない面が出てくる。そこで、かかる矛盾主張や蒸し返しの主張

---

[3] この点につき、中野貞一郎「相殺の抗弁」民事訴訟法の論点Ⅱ（判例タイムズ社・1994、以下「論点Ⅱ」）136頁など参照。

などがある場合には、何らかの形で判決理由中の判断に拘束力を認められないかが学説上議論されてきたのである。

(c) 争点効理論とその後の判例・学説の展開
① 争点効理論の内容とそれに対する対応

わが国において、その先陣を切ったのが、紛争解決の一回性理念を背景に、英米法のコラテラル・エストッペルと参加的効力拡張論に示唆を受けたいわゆる「**争点効理論**」である[4]。争点効とは、前訴で当事者が主要な争点として争い、かつ裁判所がこれを審理して下したその争点についての判断に生じる通用力で、同一の争点を主要な先決問題として異別の後訴請求の審理において、その判断に反する主張立証を許さず、これと矛盾する判断を禁止する効力をいう。既判力とは異なる制度効として、位置づけられている。

争点効の要件としては、以下の点が挙げられている。①前訴、後訴の両請求の当否の判断過程において主要な争点となった事項についての判断で、前訴の基準時における判断であること、②当事者が前訴においてその争点につき主張立証を尽くしたこと、③裁判所がその争点について実質的な判断をしていること、④前訴と後訴の係争利益がほぼ同等であること、である。

この争点効理論に対し、通説は、争点効理論は判決主文に既判力を限定した立法趣旨にも条文にも反した法的根拠のない見解である、判決理由中の判断には中間確認の訴え（民訴145条）により既判力を生ぜしめることができる、判決理由中の判断に拘束力を認めると当事者の攻撃防御方法は慎重になり、その訴訟負担は増大するなどの批判を展開し、争点効を否定した。また、最高裁[5]も明確に争点効を否定した。しかし、その後、判例は、制度効としてではなく、信義則を根拠として、判決効の及ぶ範囲を弾力化し、訴訟物の枠を離れて、訴訟の蒸し返しや矛盾主張を排斥する理論を打ち出している[6]。学説も判例を支持するものが多い。このように、今日の議論状況においては、学説・判例の趨勢は、何らかの形で判決理由中の判断に拘束力を認め、訴訟物概念と遮断効の範囲を切り離し、相対化する方向にあるといえる。

---

[4] 新堂幸司『訴訟物と争点効（上）』（有斐閣・1988）145頁、183頁、新堂・709頁以下参照。
[5] 最判昭和44年6月24日判時569号48頁＝百選84事件。
[6] 最判昭和48年7月20日民集27巻7号890頁、最判昭和51年9月30日民集30巻8号799頁＝百選80事件など。

②　信義則による後訴遮断[7]

上述したように、最高裁は、制度効として判決理由中の判断に既判力及びこれに類似する効力を認めることはできないとして、明確に争点効を否定した。しかし、その後、判例は、制度効としてではなく、「**信義則**」を根拠として、判決効の及ぶ範囲を弾力化し、訴訟物の枠を離れて、訴訟の蒸し返しや矛盾主張を排斥する理論を打ち出してきた。下級審の動きをも含めると、今日の判例は、事実上、争点効を認めたような状況にあると言えよう（一部請求論も同じ観点から捉えることができる。最判平成10年6月12日民集52巻4号1147頁＝百選89事件参照）。つまり、判例は信義則による後訴遮断を認める傾向にある[8]。そして、下級審をふくめた判例における信義則の適用要件としては、以下の各要素が抽出されている[9]。①前訴と後訴の請求の実質的同一性、②前訴における請求又は主張の提出期待可能性、③紛争解決についての相手方の信頼、④前訴による審理の程度、⑤主張等の遮断を正当化するその他の事情、である[10]。

他方で、こうした判例の対応を受けつつも、判決の効力というより、信義則論として当事者の訴訟行為を制約しようとする見解も有力である。この見解は、信義則の発現形態に着目し、禁反言ないし矛盾挙動禁止の法理による場合（前訴勝訴当事者がその利益を維持しながら後訴でそれと相いれない利益を追求しまたはそれに必然的に伴う不利益を逃れようとして前言を覆す場合）と権利失効の法理による場合（前訴で権利行使を怠った敗訴当事者が、後訴で同一問題を再度持ち出して応訴することが相手方の正当な信頼を裏切る場合）とを分け、それぞれに要件も別個に考えるとするものである[11]。この見解は、自白がなされ、争点とならなかった部分にも拘束力を認める点で、争点効理論と異なってくる。

③　学説の展開

---

[7] 原強「判決理由中の判断の拘束力」争点220頁、百選Ⅱ145、146事件など。なお、既判力の物的範囲についての、この点を含めた議論については、坂原正夫「既判力の客観的範囲」争点216頁など参照。

[8] 最判昭和59年1月19日判時1105号48頁など参照。とくに下級審判決はこの傾向が強い。詳細は、原強「判例における信義則による判決効の拡張化現象（1）、（2）」札幌学院法学6巻1号1頁、8巻1号31頁以下、以下参照。ただ、信義則違反の理由にはばらつきがある。

[9] 原・前掲争点222頁、同・前掲論文（注8）など参照。

[10] もっとも、信義則は本来例外的、個別的な規律であるので、どのような要素（要件）があれば、信義則を適用できるとするような議論には馴染まないとの考えもある。

[11] 竹下守夫「判決理由中の判断と信義則」山木戸還暦下72頁参照。

信義則による後訴遮断の判例を契機に学説は、訴訟物と既判力（遮断効）の関係の解明に向かう。そして、上述の争点効提唱者である新堂説はさらに訴訟物概念を分析し、行為規範としての訴訟物（警告機能の局面、訴訟開始段階では訴訟物が判決効の基準となる）と評価規範としての訴訟物（判決効付与の局面、訴訟終了段階では当事者の手続保障など種々の考慮により判決効は決定され、訴訟物は唯一の基準ではない。ただ、通常は、両訴訟物は一致するとする）との二つの訴訟物があることを主張した。そして、後者の局面では、前訴手続の具体的経過を手続事実群として、これにより遮断効の範囲を調整しようした[12]。この説では、既判力の範囲は訴訟物の枠より狭くなったり、広くなったりすることになる[13]。この説に対しては、手続事実群の内容の具体的ルール化ができない点、既判力の基準は流動的な前訴経過に左右されず、客観的な実体法によるべき、などの批判がある[14]。その後、新堂説は、主要な争点、決着期待争点、正当な決着期待争点による遮断効理論へと展開している[15]。

　また、学説の中には、訴訟物の枠にとらわれずに前訴手続過程での当事者の攻撃防御方法をめぐる提出責任から失権を考えていこう（訴訟物は対論保障の手がかりに過ぎないとする）という見解、いわゆる第三の波説[16]もある。

(3)　既判力の時的範囲
(a)　既判力の基準時
①　基準時の必要性

　実体法上の権利・法律関係は、当事者の行為その他の事由によっていつでも発生、変更、消滅しうるものである。それゆえ、民事裁判の場合は、権利・法律関係は常に事情変更の可能性がある。そこで、既判力によって確定された権利・法律関係はいつの時点におけるものであるかを明らかにする必

12　新堂幸司『訴訟物と争点効（下）』（有斐閣・1991）113頁、133頁、188頁。争点効は手続事実群の応用とするに至っている。
13　この点については、高橋・法教146号69頁参照。
14　例えば、吉村徳重『民事判決効の理論（上）』（信山社・2010）145頁以下、柏木邦良「訴訟物概念の機能」講座民訴2 181頁、上田徹一郎『民事訴訟法（第7版）』（法学書院・2011）486頁など。
15　詳細は、新堂・726頁以下、同・『民事訴訟法学の展開』（有斐閣・2000）3頁以下など参照。
16　提出責任効説とも言われている。詳細は、水谷暢「後訴における審理拒否」民訴雑誌26号59頁など参照。この見解に対する批判としては、新堂・争点効下285頁、上田・前掲民訴法469頁以下参照。

要が生じてくる。このような既判力の基準となる時点を「**既判力の標準時または基準時**」という（本書では「基準時」という用語を使う）。

②　基準時＝事実審の口頭弁論終結時

民事裁判の場合は、権利・法律関係は常に事情変更の可能性がある。それゆえ、既判力が後訴を遮断する強い効力を有する以上、どの時点での権利・法律関係について判断されたのかを明らかにする必要がある。判決は、口頭弁論に提出された裁判資料に基づく。その資料収集は、事実審の口頭弁論終結時までである。口頭弁論の一体性の原則からこの時点までの資料はすべて等価値として判断される。また、当事者は口頭弁論において審問請求権が保障されている。したがって、裁判所の判決は、この時点における資料に基づくことになる。つまり、既判力は、事実審の口頭弁論終結の時点において生じることになる（民執35条2項）。この時点が「既判力の基準時（または標準時）」となる。既判力は、この基準時において訴訟物たる権利・法律関係の存否についての判断に生じるのである。そして、この基準時以前に存した事情は、既判力により遮断され、もはや争うことができなくなる[17]。

具体例で、この関係を見てみよう。例えば、前訴において、XがYに対して、土地の所有権確認訴訟を提起したとする。Xは、所有権取得原因事実として訴外Zから当該土地を買い受けたと主張し、かつ予備的に時効取得を主張した。Yは自分がZから買い受けたと主張した。裁判所は、いずれの主張も排斥し、Xの請求棄却の判決が確定した。その後、XがZから当該土地の贈与を受けたとして、再度、Yに対する当該土地の所有権確認訴訟を提起したとする。この場合、訴訟物は同一である。したがって、Xの贈与の主張事実が口頭弁論終結時前の事実であれば、Xの主張は既判力により遮断される。しかし、その主張事実が口頭弁論終結時後の事実であれば、その主張は既判力により遮断されず、再度審理がなされるのである。

(b)　基準時後の形成権行使

既判力の時的範囲をめぐって問題となるのは、形成権と既判力の遮断効の関係についてである。形成権は、その行使により実体的法律関係の変動が生

---

[17] 既判力の時的限界についての議論は、三上威彦「既判力の時的限界」争点224頁以下など参照のこと。なお、例えば、売買代金支払請求訴訟で期限未到来を理由に請求棄却判決が下された場合には、期限の到来を理由に再度売買代金支払の請求をすることは認められる。しかし、裁判所が弁済の事実を認定し、請求棄却判決がなされた場合には、期限の到来を理由に再度訴訟をすることは排斥される。これは、既判力の時的限界の問題ではなく、物的限界の問題である。

じることから、基準時前に形成原因が存在する形成権を基準時後に行使しても問題ないのではないかということである。判例・通説は、各形成権ごとにその遮断を考える。

① 取消権

従前の判例[18]・通説によれば、前訴判決の既判力の基準時前に存在した事実は当事者によるその主張があってもなくても、後訴において遮断される。その主張をしなかったことに過失があったか否かを問わない。既判力の遮断効を当事者の知・不知やそのことについての当事者の過失の有無に係らしめることは、画一的・機械的処理が要請される既判力の法的安定性を害すると考えられたからである。

しかし、近時は、既判力の正当化根拠に手続保障を重視する考え方から、前訴で主張することが当事者に期待できない場合には、既判力の遮断効は生じないとの見解[19]、既判力は、基準時における権利・法律関係をそのまま反映させるもので、詐欺による取消権が行使されていない場合には、取消原因が付着した、将来取り消される可能性のある権利関係として既判力でもって確定されるとする見解[20]、さらに、前訴で提出して争うことはできたが（当事者権保障）、当事者の実体法上認められた地位との関係で、前訴で提出して争っておかねばならなかったといえない場合には遮断効は否定されるという見解[21]などが有力に主張されている。

② 解除権

解除権についても、取消権と同様に遮断効を認めるのが通説・判例[22]である。学説では、上田説（注 (21) 参照。提出責任説）は、被告の解除権の主張は遮断されるが、原告の解除権主張の場合には、原告たる債権者には本来の履行を請求するか、解除権を行使して原状回復を求めるかの選択権が保障されているので、遮断されないとする。また、遮断否定説は、解除原因が履行遅滞である場合、相当の期間を定めて告知しないと解除権は発生しないし、基

---

[18] 最判昭和 55 年 10 月 23 日民集 34 巻 5 号 747 頁＝百選 78 事件
[19] 例えば、新堂・691 頁、高橋上・599 頁以下など。
[20] 中野貞一郎『民事訴訟法の論点Ⅰ』（判例タイムズ社・2001、以下「論点Ⅰ」）250 頁、昭和 55 年判決批評・民商 48 巻 6 号 902 頁。
[21] 上田徹一郎『判決効の範囲』（有斐閣・1985）235 頁以下。解除については 255 頁以下、また、上田・前掲民訴法 490 頁以下参照。
[22] 最判昭和 59 年 1 月 19 日判時 1105 号 48 頁。

準時以前に解除原因があるときでも解除権自体については弁論の機会があるとはいえないので、遮断効は発生しないとする。

③ 手形の白地補充権

判例[23]は、「手形の所持人において、前訴の事実審の最終の口頭弁論期日以前既に白地補充権を有しており、これを行使したうえ手形金の請求をすることができたにもかかわらず右期日までにこれを行使しなかった場合には、……（その行使は）前訴判決の既判力によって遮断され、許されない」とする。この判決は、取消権についての最高裁判決の考え方と同様な見解を採ったものと解説されている[24]。通説も、1) 前訴手形判決で白地であることが指摘されている場合には、異議訴訟で白地を補充して争えた点（手続保障）、2) 白地を補充していないのは取消権の場合と同様に請求権に内在する瑕疵である点、3) 白地補充権は原告の手中にあり、手形上の権利につき実質的に審理されなかったのは原告の自己責任であり、遮断効は不公平でない点などを根拠として、同様に既判力による遮断を認める。こうした通説・判例の考え方に対して、白地手形の補充の問題は、期限未到来の債権の事例（期限の未到来を理由とする請求棄却の場合、既判力によって債権は失われるのではなく、その後に期限が到来した場合に、再訴し、他の実体要件が整えられれば、請求は認容されるとする）と同様に考えるべきで、請求棄却自体が債権それ自体の不存在を確定しないために、後訴は遮断されないのであり、それは既判力の客観的問題と考える見解もある[25]。

④ 相殺権

相殺権については、通説・判例[26]は遮断効を否定する。その根拠は、1) 相殺は、自己の債権を犠牲にして相打ちの形で弁済をなす方法であるので、敗訴確定後の行使は不当でない、2) 相殺適状にある債権は本来無関係のものであり、自己の債権をいつどのような形で行使するかについては権利者の自由である、3) 相殺を許さないとしたら、両当事者による強制執行がなされることになり、不経済である、4) 原告の財産状況の悪化により、被告の反対債権の実価が下がった場合、相殺の担保的機能を奪うことになる点など

---

23 最判昭和57年3月30日民集36巻3号501頁＝百選A26事件。
24 伊藤螢子・曹時38巻10号2379頁。
25 吉野正三郎・昭和57年重判解説131頁。中野・論点Ⅰ265頁も期限未到来の債権の事例との同様の取り扱いを支持する。
26 最判昭和40年4月2日民集19巻3号539頁。

である。

これに対して、反対説[27]は、原告は勝訴により強制執行できる地位を獲得したのであるから、相殺及びそれに基づく請求異議の訴えによってこの地位・期待が崩れてしまうのは不当である、また、相手方は、反対債権は失わないのであるから、相殺権を既判力で遮断されても失うものは大きくないなどが主張されている。

⑤ 建物買取請求権

建物買取請求権についても、判例は、取消権などと同様に、請求権自体に付着する瑕疵ではないとして基準時後の行使を認める[28]。その根拠としては、1) 建物買取請求権は建物収去土地明渡請求権に付着した瑕疵ではなく、別個の独立した権利であり、相殺権に近いこと、2) 行使を認める方が借地人の保護になり、建物の保護になること、3) 既判力は、その基準時における建物明渡請求権の存在を確定するに過ぎず、確定判決後の建物買取請求権の行使によって建物収去土地明渡請求権に新たな変動が生じるのであり、それは口頭弁論終結後に生じた事由に該当することが挙げられている。学説では、遮断肯定説も有力に主張されている[29]。その根拠として、1) 建物買取請求権の行使を認めることは、同一の権利関係について訴訟を二度許すことになり、訴訟経済に反すること、2) 建物買取請求権も防御方法であり、土地所有者の建物収去土地明渡請求権を縮減させる抗弁的なものであることなどが挙げられている。

---

[27] 坂原正夫『民事訴訟における既判力の研究』（慶應通信・1993）11 頁以下参照。さらに、折衷説として、基準時前に相殺適状を覚知していれば失権し、覚知してなければ失権しないとする見解（兼子・体系 341 頁）などが主張されている。
[28] 最判平成 7 年 12 月 15 日民集 49 巻 10 号 3051 頁＝百選 79 事件。
[29] この点につき、河野正憲『民事訴訟法』（有斐閣・2009）590 頁、同・講座民訴⑥ 109 頁など参照。

第4章　演習問題

【演習問題1】　以下の【事実の概要】①、②をよく読んで、下記の設問に答えなさい。

【事実の概要①】
　昭和23年、Xの先代訴外亡Aの所有する本件各土地について自作農創設特別措置法による買収処分がされ、かつ昭和24年7月ごろ、訴外亡Bに対する売渡処分がおこなわれたところ、Aの死後その相続人たるXは、右売渡処分後の昭和32年5月に、Bとの間で、Xが本件各土地を買い受ける旨の売買契約が成立したとして、Bの死後、その相続人であるY1、同Y2に対し、右各土地についてXのため、農地法所定の許可申請手続及び許可を条件とする所有権移転登記手続等を求める訴訟を提起したが、請求棄却の判決が確定した。ところが、昭和42年4月にXは、前記買収処分の無効等を理由として、Y1、同Y2に対して、本件各土地についての所有権移転登記手続請求と地上耕作物収去土地明渡しを請求して、後訴を提起した。

【事実の概要②】
　Xは、Yにその所有する本件家屋とその敷地を売り渡し、その旨の登記を経た。その後、売渡しの意思表示に錯誤があり、売買は無効と主張し、所有権移転登記の抹消を求める訴えを提起した（①訴訟）。他方、Yは、約定の明渡期日に至っても明け渡さないので、Xに対して、当該売買契約に基づき本件家屋の明渡し並びに明渡しの不履行による損害賠償訴訟を提起していた（②訴訟）。この②訴訟において、Xは、売買は錯誤により無効である旨の抗弁を提出した。
　①、②訴訟を受理したA裁判所では、同一裁判官が同日判決を下し、錯誤の事実は認められないとして、Yの明渡請求を認容し、Xの請求を棄却した。Xは、詐欺による取消しの抗弁を付加して①、②とも控訴したが、控訴審では別の部に係属したため、②訴訟が先行し、Yの勝訴が確定した。しかし、②訴訟確定後、①訴訟では控訴審で詐欺による取消しの抗弁が認められ、X勝訴の判決が下った。Yは、①訴訟におけるXの抗弁は、先行する②訴訟で排斥され、Yが本件不動産の所有者であることが確定しているとして、上告した。

【設問1】

　【事実の概要】①、②を読んで、その論点は何であるかを述べよ。

【設問2】

【事実の概要】①及び②では、判決の効力はどのように及ぶとするのが事案の処理にとって適正と思われるか。以下の小問を検討のうえ、その理由を述べて答えよ。

(小問)
1) 【事実の概要】①、②における前訴と後訴（①訴訟と②訴訟）の訴訟物は何か。
2) 通説・判例の立場に立つと、【事実の概要】①、②における前訴判決（②訴訟判決）既判力は、どのように及ぶか。

【演習問題2】 以下の【事実の概要】をよく読んで、下記の設問に答えなさい。

【事実の概要】

原審の確定した事実関係及び記録によって認められる訴訟の経過等の概要は、次のとおりである。

1 亡A（昭和37年4月23日死亡）の相続人は、X（妻）、B（長女）及びY（次女）の三名である。
2 原判決別紙物件目録一及び二記載の土地（以下「本件土地」という。）は、Aが所有者のCから賃借していた土地であるが、昭和30年10月5日に右土地につき同日付け売買を原因としてCからYへの所有権移転登記がされている。
3 Xは、Aが死亡した後の昭和46年、Yに対して、本件土地につきXが所有権を有することの確認及びXへの所有権移転登記手続を求める訴えを提起し、その所有権取得原因として、Xが本件土地をCから買い受けた、そうでないとしても時効取得したと主張した。これに対し、Yは、本件土地を買い受けたのはAであり、Aは右土地をYに贈与したと主張した。

Yは、昭和51年、本件土地上の建物の所有者に対し、所有権に基づいて地上建物収去・本件土地明渡しを求める訴えを提起し、右訴えはXの提起した訴えと併合審理された（以下、併合後の訴訟を「前訴」という。）。

4 前訴の控訴審判決（以下「前訴判決」という。）は、本件土地の所有権の帰属につき、(1) 本件土地をCから買い受けたのは、Xではなく、Aであると認められる、(2) YがAから本件土地の贈与を受けた事実は認められない、と説示して、Xの所有権確認等の請求を棄却し、Yの地上建物所有者に対する請求も棄却すべきであるとした。前訴判決に対してXのみが上告したが、昭和61年9月11日、上告棄却の判決により前訴判決が確定した。

5　前訴判決の確定後、Ａの遺産分割調停事件において、Ｙが本件土地の所有権を主張し、右土地がＡの遺産であることを争ったため、Ｘ及びＢは、平成元年に本訴を提起し、本件土地は、ＡがＣから買い受けたものであり、Ａの遺産であって、Ｘ及びＢは相続によりそれぞれ右土地の三分の一の共有持分を取得したと主張し、本件土地がＡの遺産であることの確認及び右各共有持分に基づく所有権一部移転登記手続を求めた（後訴）。

これに対し、Ｙは、前訴と同じくＡから本件土地の贈与を受けたと主張するとともに、Ｘが相続による右土地の共有持分の取得の事実を主張することは、前訴判決の既判力に抵触して許されないと主張し、反訴請求としてＸが本件土地の三分の一の共有持分を有しないことの確認を求めた。

【設問 1】

> 上記【事実の概要】において既判力の物的範囲に関する通説・判例の立場に立つと、Ｘの後訴及びＹの反訴請求はどのように処理されることになるか。

【設問 2】

> 【設問 1】における通説・判例の事案処理の問題点は何か。また、その結論は、是認すべきものか。理由を挙げて論じなさい。

【演習問題 3】　以下の事例資料をよく読んで、下記の設問に答えなさい。

【事例資料】

事実の概要：前訴で、ＸはＺに対して建物所有権返還に代わる償還金請求をなしていた。しかし、Ｚは訴訟係属中に死亡した。その相続人であるＡ、Ｂ、Ｃは限定承認し、Ｙが相続財産管理人に選任された。ＹらはＺの訴訟を承継し、限定承認の抗弁を提出した。前訴裁判所は、Ｘの請求の一部を容れ、限定承認を認め、相続財産の限度で支払う旨の判決を下した。Ｘは控訴し、請求を拡張したが控訴審は拡張請求の一部を容れ、また相続財産の限度で支払う旨の判決を下し、確定した。その後、Ｘは、Ｙらは限定承認の申述のとき相続財産の一部を隠匿し、悪意で財産目録に記載しなかったので民法921条3号による単純承認とみなされるとして、Ｙほか三名に対し前訴第1審、第2審で認められた合計額の支払いを求め、後訴を提起した。

上告人Ｘの上告理由

第一点　原審判決の引用する第一審判決は次のように判示した。

前訴はＺの相続財産管理人を被告とするものであるが、これに対する前訴の判決は、Ｚの相続人たる本訴の被告らに対しその効力を有するものであるから、本訴請求中、償還金 4785000 円および内金 669000 円に対する昭和 30 年 3 月 25 日以降の年五分の遅延損害金を被告らの相続人に応じて支払を求める部分（すなわち、被告Ａに対する償還金 1595000 円および内金 223000 円に対する昭和 30 年 3 月 25 日から支払ずみまで年五分の遅延損害金の請求、その他の被告らに対する各償還金 1063333 円および内金 148666 円に対する前同日から支払ずみまで年五分の遅延損害金の各請求）については、前訴における確定の給付判決が存在し、したがつて特別の必要がないかぎり、再訴の利益がないものといわなければならない。

　この点に関し、原告は、前訴の判決はいずれも被告らの限定承認が有効であることを前提とするものであるが、被告らは民法第 921 条第 3 号の事由により単純承認をしたものとみなされるものであるから、相続財産の限度にかかわらず前記償還金の支払義務を負うべきであり、原告は被告らに対し相続財産の限度にかかわらず右の支払をすべきことを訴求する利益がある旨主張する。

　しかし原告主張の償還金等の請求については、前訴で「相続財産の限度で支払え。」という責任限定の判決がされ、右請求権はかかる制限の付着したものとして訴訟上確定したのであるから、原告が本訴で前訴第二審口頭弁論終結時（成立に争いのない甲第二号証によると、右終結時は昭和 39 年 1 月 18 日であることが明らかである。）までに存在したはずの限定承認無効を主張してもこれを審理して前訴判決と異る判断をすることは、前訴判決の既判力により許されないところである。したがつて、原告の右主張は採用しがたい。

　してみると、本訴請求中、上記の確定判決の存する部分（上記カッコ内の部分）は、訴の利益を欠くから、不適法として却下すべきである。

（一）　民事訴訟法第 199 条第 1 項（現行法 114 条 1 項）に依れば確定判決は主文に包含するものに限り既判力を有するのであつて、判決主文に包含せられない事項については既判力を有しない。

　　　前訴における上告人の請求は「相続財産の限度で支払え」というのであり、前訴の判決も亦「相続財産の限度で支払え」という一部請求に対する一部判決であるから前訴の既判力は「相続財産の限度で支払え」という部分についてのみ生じ、相続財産の限度外のもの即ち残額については訴もなく、判決もなく、前訴の既判力は本訴に及ばない（昭和二八年（オ）第四五七号同三〇年一二月一日第一小法廷判決、民集第九巻一九〇三頁、昭和三五年（オ）第三五九号同三七年八月一〇日第二小法廷判決、民集第一六巻一七二〇頁参照）。

（二）　前訴においては限定承認の無効即ち法定単純承認は争いになっておらず、従って審理判断を受けていない。前訴においては被上告人らが、限定承認申述が家庭裁判所で受理せられた旨の証明書を裁判所に提出し、上告人が相続財産の限度において支払えと請求を減縮し裁判所は判決の主文において上告人の請求

どおり相続財産の限度において支払えと当然の留保を附したものである（昭和六年（オ）第一六九一号同七年六月二日第一民事部判決、民集第一一巻一〇九頁参照）。かくの如く前訴においては上告人において限定承認無効、法定単純承認の効力発生は主張しておらず、従つて訴訟物たる権利関係となつていない。前訴の主文に包含される訴訟物となつていない法律関係につき、その既判力が及ぶわけがない（昭和一一年（オ）第二四一五号同一二年四月七日第四民事部判決、民集第一六巻三九八頁、昭和一二年（オ）第二一九号同年七月一〇日第四民事部判決、民集第一六巻一一七七頁、前出昭和二八年（オ）第四五七号参照）。

　訴訟物の権利又は法律関係の存否につき判断するために、裁判所がその前提である先決的な権利又は法律関係の存否を判決理由中において明かにしたとしても、その点については既判力を生ずることはない。被告主張の抗弁、原告主張の再抗弁、被告主張の再々抗弁など攻撃防禦の方法についての裁判所の判断は相殺の抗弁を除いては既判力を生じないのである。殊に前訴は限定承認の申述については前記の通り当事者間に争いもなく裁判所も判断をしていないのである。後訴において前訴の抗弁たる同一事実、契約内容を主張しても裁判所はこれにつき前訴と異る判断をなしうるのである。

（三）　前訴の第二審口頭弁論終結時までに存在したはずの限定承認無効、法定単純承認の効力発生を前訴の口頭弁論終結時までに上告人が主張しなかつたことによりこれを本訴において主張することが前訴の既判力により妨げられるものではない。相続の承認、法定単純承認、限定承認、抛棄は関係人の利害に関すること最も大であり、その効果は一般第三者に対して画一的に認めらるべき絶対性を有するもので、その効果を争う者が個別的に行動するや否やにより個々の相手方に対しその法律効果が異るべきものではなく、総ての利害関係人に対し同時に同様に生じるものであつて、この問題につき和解や認諾はあり得ないという（昭和二七年（オ）第七四三号同三〇年九月三〇日第二小法廷判決、民集第九巻一四九一頁）。されば限定承認の効果は前訴のある上告人に対する相対関係においては有効であり、前訴なき他の利害関係人に対する関係では限定承認無効、法定単純承認となるというが如き関係のものではない。上告人が前訴の口頭弁論終結時までに法定単純承認の主張をしなかつたからといつて、本訴でこれを主張することを妨げる事由とはならない。

（四）　上告人は前訴においてその請求債権につき相続財産の限度において支払うべき旨の執行名義を取得したが、被上告人らは相続の法定単純承認をしたので相続財産の限度を超える部分即ち相続財産の限度にかゝわらない部分につき執行名義を取得するために本訴を提起したもので、前訴の既判力は本訴には及ばない。

　第二点　―省略―。第三点　―省略―。

【設問 1】

事例資料を読んで、その論点は何であるかを述べよ。

【設問 2】

民法922条によれば、相続人が限定承認をすると、相続人の責任は相続財産に限定される。この場合、限定承認は訴訟上どのような取扱いをすべきであるか。また、限定承認の抗弁は相殺の抗弁と同視することができるか。

【設問 3】

上記事例資料において、裁判所としては、どのような判断をすべきか論ぜよ。

【演習問題 4】 以下の事実関係①、②を読んで、下記の設問に答えよ。

【事実関係①】

1 本件土地はもと国の所有であつたが、Xは、平成8年12月27日、国から本件土地の払下げを受け、その所有権を取得した。

2 XとA村（後日、Yと合併する）との間に、平成8年12月13日T地方法務局所属公証人K作成の同年第三七九〇号売買及び再売買予約公正証書（以下、本件公正証書という）をもつて本件土地の約五分の四に当たる別紙物件目録（二）記載の土地（以下、（二）の土地という）を、XはYに対し、Xが払下げを受けると同時に払下げ価額と同価額をもつて売渡すものとする売買契約（以下、本件売買契約という）が、締結された。なお、本件売買契約には、同13年3月31日までにS区の公民館を同区民総意の下に（二）の土地付近に建設する、同公民館は一般的に通常公民館と認め得る建築物とするとの条件が付された。

3 ところが、A村は、平成10年、Xを被告として、津簡易裁判所に、本件売買契約により本件土地の所有権を取得したとして、所有権確認及び所有権移転登記手続を求める訴訟を提起し、同裁判所で同年（ハ）第一五号事件として審理が進められた結果、本件X敗訴の判決があり、Xにおいて控訴、上告したがいずれも棄却され、右本件X敗訴の判決（以下、前訴判決という）は確定した。AとYは合併し、Yは本件土地につきT地方法務局平成14年8月27日受付第二八六八九号所有権移転登記を経由している。

4 その後、Xは、平成15年1月に、本件土地の所有権に基づき、Yに対し本件

土地につき前記登記の抹消登記手続をすることを求める訴えを提起した（後訴）。
5　Xは、次のように、主張している。「本件売買契約の目的物件が本件土地全部であつたとすれば、本件売買契約は通謀虚偽表示として無効である。即ち本件土地はX所有地の間に挟まれた土地であり、Xはその経営する病院を拡張する上で本件土地で隔てられた所有地を接続するため本件土地の払下げ手続をとつたものであり、A村村長Bは、Xの希望に添い、積極的に、Xに払下げられるよう関係官庁に副申した。ところが、これに対し住民の一部から右村長に抗議の申入れがあり、紛議が生じたため、村長改選を目前に控えて、右村長は紛擾の一時の弥縫策として本件売買契約を締結したものであり、Xには病院拡張に最少限必要な五分の一の土地を含めた本件土地全部を売却する意思はなく、本件売買契約は通謀の上なされた虚偽のものである。」
6　また、「仮に右主張も理由がないとするも、A村村長はXに対し、（二）の土地に限つて買受ける旨申し向け、その旨Xをして誤信させた上、故意に本件公正証書に別紙図面として公図のみ添付し、且つ目的物件の地積として全体の面積である一八・〇三平方メートルを表示したものであり、本件売買契約は右村長の詐欺によるものであるところ、Xは本件訴状により本件売買契約承諾の意思表示を取消す旨の意思表示をした。」

（事実関係②）

(1)　Aは、Bを被告として本訴請求にかかる約束手形の振出日欄白地のまま手形上の権利の存在を主張して手形金請求の訴え（手形訴訟）を提起し、当該訴訟（前訴）はY地方裁判所に係属した。
(2)　同裁判所は、平成10年1月21日、該約束手形の振出日欄は白地であるから、Aが右手形によって手形上の権利を行使することはできないとして、Aの請求を棄却する旨の判決を言渡した。
(3)　Aは右手形判決に対し異議を申し立てたが、右異議審においても白地部分を補充しないまま、平成10年3月13日、同人の訴訟代理人弁護士が右異議を取り下げ、同年4月14日、Bがこれに同意して右手形判決は確定した。
(4)　Aは、右判決確定後に前記白地部分を補充した本件手形に基づき、Bに対して、平成10年7月17日、本訴（後訴）を提起した。
(5)　Aにおいて、右前訴の最終の口頭弁論期日までに白地部分を補充したうえで判決を求めることができなかったような特段の事情の存在は認められない。

【設問 1】

> 1) 事実関係①においてY側の弁護士の立場から、Xの後訴請求に対する反論を考え、述べなさい。
> 2) 事実関係①においてXの弁護士の立場から、1) で展開したY側の反論に対する主張を考え、述べなさい。そのうえで、裁判所としては、どのように判断すべきかを論ぜよ。

【設問 2】

> 事実関係②におけるAの請求に対して、Bは、以下の主張を展開した。
> 「手形の所持人が、手形要件の一部を欠いたいわゆる白地手形に基づいて手形金請求の訴え（以下「前訴」という。）を提起した場合、右手形要件の欠缺を理由として請求棄却の判決を受け、右判決が確定するに至った後に、その者が右白地部分を補充した手形に基づいて再度前訴の被告に対し手形金請求の訴え（以下「後訴」という。）を提起した場合においては、前訴と後訴とはその目的である権利または法律関係の存否を異にするものではないといわなければならない。そして、手形の所持人において、前訴の事実審の最終の口頭弁論期日以前既に白地補充権を有しており、これを行使したうえ手形金の請求をすることができたにもかかわらず、右期日までにこれを行使しなかった場合は、右期日ののちに該手形の白地部分を補充し、これに基づき後訴を提起して手形上の権利の存在を主張することは、前訴判決の既判力によって遮断され、許されない」
> この主張に対して、Aの立場から、反論を考えなさい。

第5章　判決効論・その2
―判決効の第三者への拡張―

第5章の趣旨
　本章では、既判力の人的範囲（主観的範囲）をめぐる問題を検討する。誰と誰との間で既判力が作用するかという問題である。特に、当事者ではない第三者に対して既判力（ないし執行力）が拡張される場合について問題が生じることになる。本章では、既判力の第三者に対する拡張を認める民訴法115条1項2～4号をめぐる問題、判決の反射効（反射的効果）に関する問題、および、判決効における法人格否認の法理の適用をめぐる問題を中心に検討を行う。これらの問題は議論が錯綜している局面であるため、具体的な事案を取りあげて考察することとする。訴訟法と実体法との関係についての理解を深めることも本章の目的の一つである。

参考教科書での関連部分
①伊藤眞『民事訴訟法（第4版）』527～564頁
②中野貞一郎ほか『新民事訴訟法講義（第2版補訂2版）480～500頁
③高橋宏志『重点講義民事訴訟法上（第2版）』163～167頁、677～706頁（第15講）、736～756頁（第16講）
④新堂幸司『新民事訴訟法（第五版）』700～706頁、736～742頁
⑤松本博之＝上野泰男『民事訴訟法（第6版）』586～606頁

基本事項の解説

1　判決効（既判力）の主観的範囲

(1)　原　則
　処分権主義および弁論主義の適用のある民事訴訟の判決効（以下で、本章では特にことわりのない限り、既判力）は対立する当事者間についてのみ及ぶ、換言すれば、民事訴訟における紛争は対立当事者間ごとに相対的に解決されるのが原則である（民訴115条1項1号）。弁論をする機会が保障されていない第三者に対して紛争解決の結果である既判力を及ぼすことは、第三者の裁判を受ける権利を実質的に奪うことになるからである。しかし、一定の場合に、法が当事者ではない第三者に対しても判決効を及ぼす場合を認めている。民

訴 115 条 1 項 2〜4 号による既判力の主観的範囲の拡張や人事訴訟法および会社法が規定する対世効（人訴 24 条 1 項、会社 838 条。行政訴訟については、行訴 32 条）などである。さらに、明文の規定がない場合であっても、当事者と一定の実体的法律関係にある第三者に対して判決効を及ぼすべきであるかが、いわゆる判決の「反射効（反射的効果）」や法人格否認の法理をめぐって議論がなされている。

(2) 民訴法 115 条 1 項 2〜4 号
① 口頭弁論終結後の承継人（3 号）
(i) 趣　旨

事実審の口頭弁論終結時（既判力の標準時）の後に、第三者が訴訟物である権利関係について当事者（前主）の一方と同様の利害関係をもつに至った場合には、当該第三者に対しても、前主とその相手方当事者との間でなされた判決の既判力が拡張される。既判力との関係で、このような利害関係人を**「口頭弁論終結後の承継人」**という（承継の種類としては、一般承継と特定承継とが含まれる）。標準時後に利害関係をもつに至った者が、当事者間における訴訟物に関する紛争解決の結果を自由に争うことができるとすると、紛争解決の実効性が失われることになる。紛争解決の実効性の維持が既判力の拡張を正当化する根拠と考えられている。口頭弁論終結後の承継人に対する手続保障よりも、紛争解決の実効性を優先すべきである、という立法政策的な判断に基づく規律である。なお、前主による代替的な手続保障があったといえなくもないが、あくまでも擬制にすぎないであろう。

(ii) 「承継」概念

利害関係の内容（「承継」概念）については、様々な見解が示されている[1]。訴訟物である権利関係そのものの承継があった場合に、当該承継人に既判力が拡張されることについては争いがない[2]。問題となるのは、訴訟物そのものの承継があったとはいえない場合であり、そのような場合も承継に含めるとすると、承継人の範囲を画する作業が必要となる。その基準について、口

---

1 学説の状況については、中野他・484 頁以下参照。
2 大判昭和 17 年 5 月 26 日民集 21 巻 592 頁、大判昭和 19 年 3 月 14 日民集 23 巻 155 頁（ただし放棄調書に関する事案である）等参照。もっとも、訴訟物である債務について免責的債務引受がなされた場合も、民訴 115 条 1 項 3 号の承継に該当するかについては議論がある。

頭弁論終結後の承継人を「前訴で解決された紛争およびそれから派生した紛争の主体たる地位を、基準時後に取得した者」と定義したうえで、具体的には、「基準事後に、訴訟物たる権利または義務自体の主体となった者」と「訴訟物たる権利関係またはこれを先決関係とする権利関係について基準時後に当事者適格を取得した者」が該当するという見解がある[3]。それに対して、当事者適格という訴訟上の地位の移転ではなく、実体法上の権利義務関係を承継の基準とすべきであり、第三者の実体法上の地位と当事者の地位との間に依存関係がある場合が承継に該当すると判断すべきであるという見解もある[4]。いずれの基準によるかで帰結に違いが生じる場合は多くないといえるが、理論的に統一的な基準を示すことは困難である[5]。どのような権利義務を第三者が前主から承継したのかを特定したうえで（その際、前訴の訴訟物と後訴の訴訟物との関係が重要な判断要素となるであろう）、先述した既判力の拡張についての正当化根拠に鑑み、当該第三者に既判力を及ぼすべきか否かを個別具体的に判断する作業が必要となるであろう（既判力が及ぶ場合には、後訴の訴訟物たる権利義務関係との関係で、前訴の訴訟物は、その全部ないし一部について、法的先決関係にあるといえる）[6]。

(ⅲ) 既判力の作用

いわゆる形式説を前提としても、口頭弁論終結後の承継人である第三者は、その者に固有の抗弁[7]を提出することができる[8]。第三者に既判力を拡張することの意議は、第三者が前訴の訴訟物についての判断と抵触する主張・立証をすることを排斥することにある。なお、既判力の拡張における形式説と実質説との対立に、実質的な意義が認められるかは疑問である[9]。

---

[3] 新堂・701頁以下。
[4] 上田徹一郎『判決効の範囲』（有斐閣・1985）183頁等。
[5] 訴訟承継における「承継」概念をめぐる議論との摺り合わせも必要となる。
[6] 承継に関しては、その他に、物権の移転時期とその対抗要件である登記の移転時期とのいずれを承継の基準時とすべきかも問題となりうる。
[7] 例えば、通謀虚偽表示をめぐる紛争において、「自分は民法94条2項にいう善意の第三者である」というような、前主に由来しない攻撃防御方法である。
[8] 実質説に立つと、固有の抗弁を有する第三者には既判力が拡張されないと説明されることになる。
[9] 執行力の拡張については別論である。なお、最判昭和48年6月21日民集27巻6号712頁＝百選87事件は、実質説に立つ裁判例として引用されることが多いが、執行力の拡張が問題となった事案ということもでき、判例が既判力の拡張について実質説に立つものといえるかは検討を要する。伊藤・538頁以下は、形式説・実質説という議論枠組み自体の有用性に疑問を呈する。

② 訴訟担当の場合の利益帰属主体（2号）

訴訟担当の場合には、担当者が受けた判決の既判力は、訴訟物の帰属主体である被担当者にも及ぶ[10]。被担当者の利益が担当者によって代行されているといえることが、既判力を拡張する正当化根拠である。なお、被担当者は、担当者の担当資格（当事者適格）について争うことができ、担当資格がないことが証明された場合には、被担当者は既判力の拡張を免れることになる。

③ 請求の目的物の所持者（4号）

請求の目的物[11]を専ら当事者またはその承継人のために所持している者[12]には、当事者の受けた判決の既判力が及ぶ。目的物の賃借人[13]や質権者はこれに該当しない。所持者の実体的利益を害することはなく、その者の裁判を受ける権利を侵害するおそれもないこと（手続保障を必要とするだけの実質的利益が欠缺すること）が、既判力を拡張する正当化根拠である。第三者が目的物の所持者に該当するかは、その者に固有の実体的利益があるか否かを個別具体的に判断する必要がある。名義上所有者であっても、引渡請求の執行を免れる目的で当事者から目的物の所有権登記を経由した者が、請求の目的物の所持者に該当するかは議論がある[14]。

(3) 対世効

身分関係や団体の法律関係については、個別的な相対的解決では、かえって、利害関係人の法的地位を不安定なものとする場合がある。このような場合には、既判力の拡張の対象となる第三者の範囲を特定せずに、既判力を一般的に拡張する必要がある。このように、範囲を特定せずに第三者に対して既判力を拡張する場合に、それを**対世効**と呼ぶ。人事訴訟の確定判決（確認判決および形成判決。ただし訴訟判決は除く）は、請求棄却か請求認容かを問わず、対世効を有する（人訴24条1項）。それに対して、会社関係訴訟のうち組

---

10 とりわけ、債権者代位訴訟で代位債権者の受けた敗訴判決の既判力の債務者への拡張をめぐって、議論がなされている。当事者適格論との関係に留意した検討がなされる必要がある。議論状況については、高橋上・222頁以下参照。
11 請求が債権的請求権か物権的請求権であるか、また、目的物が動産であるか不動産であるかは問わない。
12 目的物の受寄者等である。
13 大決昭和7年4月19日民集11巻681頁。
14 大阪高判昭和46年4月8日判時633号73頁＝百選A29事件参照。

織に関する訴訟の確定判決は、法律関係の変更を生じさせる請求認容判決のみが対世効を有する（会社838条等）。これは、当事者適格を有する他の者の裁判を受ける権利を尊重する趣旨に基づくものである。対世効を生じさせる前提として、審理の段階において、弁論主義の制限や他の利害関係者に対する参加の機会の保障などといった一定の手当てがなされる必要がある。

なお、対世効ではないが、範囲が特定された第三者に対する既判力の拡張として、破産債権についてなされた判決の破産債権者に対する拡張（破131条1項）などがある。

2 判決の「反射効（反射的効果）」をめぐる議論

判決の**反射効**（反射的効果）とは、既判力が訴訟の当事者以外の者に拡張される場合で、民訴法115条2～4号には該当しないが、当事者間に既判力による拘束が生じる結果、その当事者の一方と特殊な（実体的）関係を有する第三者に有利または不利な影響を生じる場合における、その影響のことをいう[15]。

第三者に有利な影響を及ぼす反射効の典型例は、債権者が主債務者に対し債務の履行を請求し、債権者の敗訴が確定したのちに、債権者が保証人に対して保証債務の履行を請求する場合である。既判力の本質論として実体法説を前提とすると、確定した債権者敗訴の判決は、真実は主債務が存在する場合であっても、判決の内容通りに実体的に主債務を消滅させる更改（和解）契約と同視され、更改契約により主債務が消滅する以上、保証債務も附従性（民448条）により、消滅する。既判力の本質論として訴訟法説を前提としつつ、保証人が主債務者勝訴の確定判決を援用すれば、裁判所は、主債務の存否について審理することなく、債権者の保証人に対する保証債務履行請求を棄却できるという帰結を導くために提唱されたのが、「反射効」の理論である[16]。訴訟法説を前提としても、反射効の根拠は、保証債務の附従性に求めることになるが、主債務者勝訴の確定判決を援用するだけで保証人が勝訴するという帰結を導き出すためには、附従性の内容についての検討が必要となる[17]。近時は、反射効の根拠として、前訴当事者と第三者との間の実体法的

15　兼子・体系395頁。
16　反射効論の生成と展開については、鈴木正裕「判決の反射的効果」判タ261号6頁以下を参照。

関係に加えて、実質的な手続保障の機会の有無などという手続法的な判断を重視する議論が有力である[18]。なお、判例としては、最判昭和51年10月21日民集30巻903頁（＝百選91事件）があるが、これは、第三者について内容を異にする反射効と既判力とが存在した事例である[19]。

　以上の保証人事例は第三者に有利に判決効が及ぶ場合であるが、反射効が問題となる局面は、多岐にわたる。例えば、相殺の抗弁を理由とする連帯債務履行請求の棄却判決と他の連帯債務者との関係（民436条）、持分会社とその社員との関係（会580条1項1号）、債務者と第三者との間における特定の財産が債務者に属しないことを確認する判決と当該債務者の一般債権者との関係などである[20]。当事者間の実体的法律関係の内容に着目し、反射効（反射的効果）を認めるべきであるかを、そのような効力を認める（あるいは認めない）場合に生じうる問題に留意して、個別具体的に検討する作業が必要となる。

③　法人格否認の法理

　法人に関する実体法上および訴訟法上の権利関係は、それぞれの法人格について独立に帰属する。従って、法形式的にみて、ある法人の法人格と他の法人の法人格とが別のものである場合には、民訴115条1項2～4号に該当しない限り、ある法人が受けた判決の効力は、他の法人に対して、及ぶことはない。しかし、「**法人格否認の法理**」[21] が適用される事案において、法人格が否認される他の法人に対して、ある法人の受けた判決効（既判力・執行力）を拡張することを認めるべきであるかが問題となる。判例は、訴訟手続の明確性、安定性を理由として、判決効の拡張の局面において、法人格否認の法理を適用することを否定する[22]。学説には、形骸化事例と濫用事例とを区別

---

[17] 山本和彦『民事訴訟法の基本問題』（判例タイムズ社・2002）488頁は、主債務が主債務者に対する関係で既判力によって訴求可能性のない態様となった以上、保証債務も訴求可能性のない態様にまで縮減されたという理解を示す。
[18] 高橋上・746頁以下。
[19] その他の最高裁判例としては、最判昭和53年3月23日判時886号35頁＝百選90事件を参照。結論において、判決の反射効（反射的効果）を認めた最高裁判例は、今のところは存在しない。
[20] 伊藤・558頁以下参照。
[21] 法人格否認の法理に関しては、江頭憲治郎『会社法人格否認の法理』（東京大学出版会・1980）が詳細である。

したうえで、同法理の適用の有無を検討する議論、民訴115条1項4号（および民執23条3項）の基礎にある考え方を手かがりとして、同法理の適用を検討する議論などがある[23]。判決効の拡張の局面における法人格否認の法理の適用に関しては、いまだ安定した理解は示されていないのが現状である。近時は、法人格否認の法理ではなく、より実質的な根拠に基づいて、既判力の主観的範囲を拡張する議論がなされている[24]。

---

[22] 最判昭和53年9月14日判時906号88頁＝百選89事件である。第三者異議の訴えにおける同法理の適用の肯定した最判平成17年7月15日民集59巻6号1742頁があるが、既判力の拡張の局面との違いに留意しつつ、最判昭和53年との整合性について検討する必要がある。なお、最判昭和48年10月26日民集27巻9号1240頁＝百選7事件は、結論的には、法人格否認の法理の適用による実体法的な処理をしたが、当事者の確定の局面における法人格否認の法理の適用（訴訟法的な処理）を検討することもできた事案である。

[23] 福永有利「法人格否認の法理に関する訴訟法上の諸問題」同『民事訴訟当事者論』（有斐閣・2004）446頁以下、吉村徳重「執行力の主観的範囲と法人格否認」大石＝黒田＝岡田編『裁判実務大系7民執法訴訟』（青林書院・1986）3頁、高橋上・622頁以下等参照。

[24] 高橋上・699頁以下。

第5章　演習問題

【演習問題1】 以下の【事実の概要】を読んで、下記の設問について、答えなさい。

【事実の概要】
1) X1は平成13年6月27日に訴外K所有にかかる別紙目録記載の各土地（以下本件（一）（二）（三）の土地という）をN地方裁判所O支部における強制競売により代金600万円で競落してその所有権を取得し、同年7月22日本件土地について所有権取得登記が経由された。

2) 同X1は平成13年8月8日本件（一）の土地について、X2、X3、X4、X5、訴外Mに対し、各六分の一宛の持分権を売り渡し、同年同月九日その旨の持分移転登記を経由した。
   その後X1は、平成15年5月12日、右訴外人の本件（一）の土地についての六分の一の持分権を買受けた。

3) X1は、平成13年8月8日本件（三）の土地についてX2に対し三分の二の持分権を売り渡し、同年同月9日その旨の持分権移転登記を経由した。

4) Yの破産管財人であった訴外A及びBは、訴外Kに対して本件各土地につき経由されていた右訴外人の所有権取得登記はYが他の債権者の追及を免れるために右訴外人の名義としておいたもので虚偽仮装のものであることを理由として本件各土地の所有権にもとづき右土地について所有権移転登記手続をなすべき旨を求める訴えを提起し、当裁判所は右事件について平成13年4月17日口頭弁論を終結して同月26日その旨の判決（欠席判決）を言渡し、右判決はその頃確定した。
   Yに対する破産事件は平成14年4月頃強制和議手続により終結した。そして同YはX1らが右事件の口頭弁論終結後の訴外Kの承継人であるとして名古屋地方裁判所から承継執行文の付与を得て、本件（一）（二）の土地について平成13年9月16日、本件（三）の土地について同月19日にそれぞれ所有権移転登記を経由した。
   そして、Yは、本件（二）の土地について平成14年5月6日付売買を原因として同月13日Z1に所有権移転登記を経由し、また本件（三）の土地について同月6日付売買を原因として同月13日Z2に所有権移転登記を経由した。

5) X1らは、右の承継執行文の付与は違法であるから、Yの経由した右の登記は無効でありこれを前提とするZ1、Z2の各登記も無効であると主張し、本件土地

の所有権の確認を求めて訴えを提起した。

【設問 1】

> 上記事実関係において、X1 らは、K の「承継人」に該当するか。根拠を示して説明しなさい。

【設問 2】

> 承継人に既判力を及ぼす場合、承継人が前訴判決の存在を知っていたことを既判力を拡張するための要件とすべきであるか。

【演習問題 2】 以下の【事例 1】、【事例 2】を読んで、下記の設問に答えなさい。

【事例 1】

1 X は、「X は、平成 8 年 1 月 6 日、Y および訴外 C 連帯保証の下に、訴外亡 D に対し金 1000 万円を貸し渡したが、同訴外人は、右借金を弁済しないまま、平成 10 年 2 月 5 日死亡し、その妻である訴外 Z およびその子である訴外 F、同 G、同 H がそれぞれその相続分に応じて右借金債務を相続承継したが、右相続承継人および右連帯保証人らは右各債務の履行をしない。」として、右相続承継人訴外 Z 外三名および右連帯保証人 Y 外一名を相手方として、M 地方裁判所に右各債務の履行を求める訴えを提起した。

2 しかして、右連帯保証人 Y 外一名は、右訴訟の口頭弁論において X 主張の前記請求原因事実をすべて認めたので、同人らに対しては、右事実を極力争った右相続承継人訴外 Z 外三名とは弁論を分離して審理のうえ、平成 11 年 10 月 26 日同人らに対する右各請求を全部認容する旨の判決（請求の趣旨記載の判決）がなされ、同判決は同年 11 月 12 日に確定した（X = Y 訴訟）。

3 ところが、前記 Z 外三名に対しては、審理が尽された結果、平成 14 年 12 月 3 日に至り、同人らに対する右各請求を全部棄却する旨の判決がなされ、右判決につき、X は同月 16 日 T 高等裁判所に控訴したが、その口頭弁論期日に当事者双方が欠席したことに基づき、平成 15 年 8 月 26 日右控訴が取下げられたものとみなされた結果、同日右判決が確定するに至った（X = Z 訴訟）。

4 その後、X は、平成 18 年 12 月 7 日に至り、Y に対する前記判決に基づいて、M 地方裁判所に、Y 所有の山林の強制競売を申し立て、その結果、同庁において右山林に対する強制競売開始決定がなされ、強制執行手続が開始した。これに対して、Y は、前記判決の執行力の排除を求めるため請求異議の訴えを提起し

た。

【Yの言い分】

Yに対する前記判決は連帯保証債務を表示するものであるところ、その主たる債務は、X＝Y判決確定後、その債権債務の当事者であるXと前記Z外三名との間において判決の既判力により不存在と確定し、もはや主たる債務者（相続承継人）である前記Z外三名は債権者であるXに対し主たる債務を履行する必要がなくなったのであるから、Yは、右連帯保証債務の附従性に基づき、請求異議の訴により、自己に対する前記判決の執行力の排除を求めることができるというべきである。のみならず、Xが、前記判決確定後7年以上を経過し、主たる債務が判決の既判力により不存在と確定されたことを知りながら、前記のように、連帯保証人にすぎないY所有の山林につき強制競売の申立をすることは権利の濫用でもある。

それゆえ、Yは前記判決の執行力の排除を求めるため請求異議の訴えを提起した。

【Xの言い分】

前記訴訟に係る事案は、Xが訴外亡Dの代理人と称する訴外Cに対し、同訴外人およびYをその連帯保証人として、金1000万円を貸し渡したところ、同訴外人には右代理権がなく、右は無権代理行為であったが、同訴外人と訴外亡Dとの従前の関係等から表見代理が成立する場合であったから、右表見代理の主張立証を尽せば、前記Z外三名に対しても勝訴しうる事案であったが、たまたま訴訟追行の方法を誤り、これを尽さなかったために、敗訴の結果を招いたにすぎないものであり、そうであるからこそ、Yや訴外Cは、前記訴訟において、連帯保証人としての責任を素直に認め、「現在手許不如意で全額を一時に支払うことができない。」旨述べて結審となり、Xの勝訴判決が確定したものである。

ところで、同一事実関係であっても、判決の結論が背反したことは、既判力の相対性からして当然ありうることであり、とくに本件事案の場合は、訴訟遂行の方法に問題があったがために、Y外一名に対する判決と前記Z外三名に対する判決とでは逆の結論を招来してしまったのであるから、何ら異とするに当らない。Y主張の保証債務の附従性の理論は本件の場合には全く関係がなく失当であるばかりでなく、本件事案において、Yが前記Z外3名に対する判決を援用して自己に対する前記確定判決の効力を否定しようとするのは許されない。

【設問1】

> 上記の事実関係と当事者の言い分を読んで、訴訟法上の問題点は何であるかを説明しなさい。

【設問2】

　裁判所が、【Yの言い分】を採用したとする。裁判所の判断に対する批判として、どのようなものが考えられるか。逆に、【Xの言い分】が採用された場合には、どのような批判が考えられるか。

【設問3】

　【事例1】において、裁判所は弁論を分離したが、その訴訟指揮は妥当であるか。

【設問4】

　【事例1】とは異なり、X＝Z訴訟でXが勝訴したとする。このX＝Z訴訟の判決の効力を、X＝Y訴訟が係属中に、Xが、保証人Yに対して不利に援用することはできるか。

【事例2】

(一)　本件訴訟は、亡Aの運転する貨物自動車とY1運輸有限会社が運行の用に供し、訴外Cが運転する貨物自動車との国道上での衝突によりAが死亡し、同人の妻又は子であるXらは、Cの運転供用者であるY1と道路管理者である国Y2を共同被告として損害賠償を請求したものである。

(二)　第一審においては、Y1会社は、同一事故により生じたY1会社のXらに対する損害賠償請求権を自働債権とする相殺の抗弁を提出し、第一審はその一部を容れて、Xらの取得した損害賠償請求権の額から支払いのあった自動車損害賠償保険金額及び相殺の認められた金額を控除した残額についてXらのY1会社に対する請求を認容する判決をし、右判決は控訴期間が経過し、確定した。

(三)　ところが、第一審において、XらとY2との間では右相殺の主張がなされなかったため、XらのY2に対する請求の認容額は、その総額においてY1に対する請求の認容額よりも前記相殺額だけ高額となった。

(四)　Y2は、右第一審判決に対して控訴したうえ原審において、XらとY1との間においては前記のような内容の第一審判決が確定したが、Y2とY1とはXらに対して不真正連帯債務を負う関係にあるから、Y2のXらに対する賠償義務も前記相殺額の限度で消滅した旨の主張をしたところ、原審はこれを容れて第一審判決を変更し、結局Y2に対してもY1と同額の損害賠償を命じた。

(五)　原審は、右判決をなすにあたって、本件事故につきY2と共に不真正連帯債

務を負担する Y1 と X らとの間で前記のような内容の第一審判決が確定したことを認定したのみで、相殺の自働債権とされた Y1 の損害賠償請求権の存在を認定することなく、右確定判決の存在から直ちに Y2 の損害賠償義務が同判決で認められた相殺額の限度で消滅したものと判断した。
(六) X らは、X と Y1 との間の確定判決を援用して Y2 に対する X らの請求を減額するのは、民訴法 115 条に違反すると主張して上告した。

【設問 1】

> 本件訴訟において、Y2 が、X ら＝Y1 間の確定判決を自己に有利に援用することは許されるか。また、X らが、Y1 の反対債権はないと主張することは許されるか。

【設問 2】

> 連帯債務の場合も、【事例 2】と同様の処理をすることができるか。また、X が Y1、Y2 を共同被告とするのではなく、両者を別訴で訴えた場合にも同様の処理がなされるか。

【演習問題 3】 以下の【判例資料】及び【事例 1～3】を読んで、下記の設問について、答えよ。

【判例資料】
＊最判昭和 44 年 2 月 27 日民集 23 巻 2 号 511 頁

【事例 1】
(一) A 地所株式会社（旧商号 Z 築土開発株式会社、以下旧会社と称する。）が昭和 43 年 10 月中 X から本件居室に関する賃貸借解除の通知を受け、かつ占有移転禁止の仮処分を執行されたところ、同会社代表者 B は、X の旧会社に対する本件居室明渡、延滞賃料支払債務等の履行請求の手続を誤まらせ時間と費用とを浪費させる手段として、同年 11 月 15 日旧会社の商号を従前の Z 築土開発株式会社から現商号の A 地所株式会社に変更して、同月 17 日その登記をなすとともに、同日旧会社の前商号（Z 築土開発株式会社）と同一の商号を称し、その代表取締役、監査役、本店所在地、営業所、什器備品、従業員が旧会社のそれと同一であり、営業目的も旧会社のそれとほとんど同一である新会社を設立したが、右商号変更、新会社設立の事実を賃貸人である X に通知しなかった。

(二)　Xは右事実を知らなかったので同年12月13日「Z築土開発株式会社（代表取締役B）」を相手方として居室明渡等請求の訴えを提起した。
(三)　Bは第一審口頭弁論期日に出頭しないで判決を受け、原審における約一年にわたる審理の期間中も、右商号変更、新会社設立の事実についてなんらの主張をせず、また、旧会社が昭和38年12月以降本件居室を賃借し、昭和40年12月1日当時の賃料が月額162,200円であることならびに前記Xから賃貸借解除の通知を受けたことをそれぞれ認めていた。それにもかかわらず、Bは、いったん口頭弁論が終結されたのち弁論の再開を申請し、その再開後初めて、Aが昭和42年11月17日設立された新会社であることを明らかにし、このことを理由に、前記自白は事実に反するとしてこれを撤回し、旧会社の債務について責任を負ういわれはないと主張するにいたった。

【事例2】
(一)　Xは、訴外株式会社Z養豚（以下「Z」という。）に対し大阪高等裁判所平成四六年(ネ)第439号損害賠償請求事件の確定判決（昭和48年4月25日弁論終結、同年7月18日言渡）による債務名義を有している。
(二)　Zは、昭和25年9月26日、豚の飼育販売等を目的として設立された会社であり、また、Y会社は、昭和46年3月1日、豚の飼育等を目的として設立された会社である。
(三)　Zは、養豚業を営んでいたところ、昭和46年2月ごろには経営困難に陥っており、しかも、Xとの間の前記損害賠償訴訟においても早晩敗訴を免れない状況にあった（同月16日には右訴訟につき第一審の京都地方裁判所がZに金5,335,170円の支払を命ずる判決を言い渡している）。
(四)　右のような状況のもとで、Zの代表取締役であったAは、義兄のBに資金の援助を求めたが、ZにはXに対する損害賠償債務を含め多額の債務があったのでBがこれに難色を示したところから、右Aを含むZの役員らは、右債務の履行を事実上免れる意図のもとに、Bの出捐する資金で新たに別個の会社を設立し、これによって養豚業を継続することを計画した。
(五)　かようにして、Bは、金1000万円を出資し、他から融資を得るなどして同年3月1日Yの設立手続を了し、同会社においてZから営業設備一切及び飼育中の豚を無償で譲り受け、かつ、その従業員をそのまま引き継いでZの従前の事業場において養豚業を営み、Zは有名無実の存在となるに至った。なお、YがZの商号「株式会社Z養豚」に類似する「Z養豚株式会社」なる商号を用いたのは、従前Zが有していた取引上の信用等を自己の営業活動に利用するためであった。
(六)　Zの代表取締役はC及びA、取締役はD、E及びFであり、他方、Yの設

立当時における代表取締役はB及びD、取締役はE及びGであるところ、D、及びAはいずれもCの子であり、GはAの妻、BはGの兄であって、Bには養豚業の経験がなく、Yの経営は事実上Zの役員であった者らの手に委ねられている。

以上のような事実関係のもとにおいて、Xは、Zに対し金銭の支払を命じた前記確定判決を債務名義としてYに対して強制執行をすることができるものと解すべきであるとし、Yに対する強制執行のため前記確定判決に執行文の付与を求める訴えを提起した。

【事例3】

(1) A社は、昭和42年11月8日に設立された会社であり、ゴルフ場の建設、管理及び経営等を目的としている。

平成4年5月29日に栃木県矢板市で開場したBという名称のゴルフ場（以下「本件ゴルフ場」という。）に設けられた同名の預託金会員制ゴルフクラブ（以下「本件クラブ」という。）の会則には、〔1〕本件ゴルフ場のゴルフコース及びこれに付帯するクラブハウスその他の施設は、A社が所有し、かつ、管理、経営する、〔2〕本件クラブに入会しようとする者は、A社及び本件クラブの理事会の承認を得て、所定の期間内に入会金及び預託金をA社に払い込むものとする旨の記載がある。

(2) A社の関連会社として、C社（平成元年8月1日設立）とD社（平成4年5月22日設立）があり、いずれもゴルフ場の建設、管理及び経営等を目的としている。D社の旧商号は「C社」であり、C社の旧商号は「D社」であったが、両社は、平成4年8月21日、互いの商号を交換した。A社、D社及びC社の役員構成は、ほぼ同じである。

そして、平成4年5月8日、A社を委託者、設立予定のD社を受託者、C社を受益者とし、信託の目的を「管理並びに処分」とする信託契約が締結され、また、同月27日、本件ゴルフ場の敷地について、信託を原因として、A社の持分38分の36をD社に移転する旨の持分移転登記が了された。さらに、平成8年12月31日、D社がC社に対し本件ゴルフ場の付属建物を期間3年の約定で賃貸する旨の短期賃貸借契約が締結された。

本件クラブの上記(1)の会則〔1〕〔2〕は、上記各契約が締結された後も、変更されていない。

(3) Xは、平成12年2月2日に設立された会社であり、ゴルフ場の管理及び運営等を目的としている。Xの旧商号は、E社であり、平成14年10月10日に現在の商号に変更された。

平成12年3月21日、C社が上告人に本件ゴルフ場の運営業務を委託する旨

の契約が締結された。
(4) ア　Y1は、宇都宮地方裁判所大田原支部執行官に対し、A社に対して金員の支払を命ずる判決を債務名義として、A社を債務者とする動産執行の申立てをした。同支部執行官は、平成15年5月3日、同申立てに基づき、本件ゴルフ場において、第1審判決別紙第1物件目録記載の物件を差し押さえた。
　　イ　Y2は、同支部執行官に対し、A社に対して金員の支払を命ずる判決を債務名義として、A社を債務者とする動産執行の申立てをした。同支部執行官は、同月27日、同申立てに基づき、本件ゴルフ場において、同判決別紙第2物件目録記載の物件を差し押さえた。
(5) Xは、上記各差押えに係る物件は上記(3)の契約に基づく運営業務の一環として上告人が本件ゴルフ場において所有又は占有しているものである旨主張して、Y1らに対し、上記各強制執行の不許を求める本件第三者異議の訴えを提起した。

【設問1】

　【事例1】において、自白の撤回を認めることはできるか。

【設問2】

　【判例資料】の昭和44年最高裁判決では、傍論ではあるが、「訴訟法上の既判力については別個の考察を要し、Zが店舗を明渡すべき旨の判決を受けたとしても、その判決の効力は上告会社には及ばない」とする。これは、どのような根拠に基づく考え方であるか。また、このような考え方には、どのような問題があるか。
　以上を踏まえて、【事例2】における執行文付与の訴えが認められるかを検討しなさい。

【設問3】

　【事例3】における第三者異議の訴えは認められるか。【設問2】で検討したことを踏まえて、考察しなさい。

【演習問題4】　以下の各問題に解答しなさい。
問題(1)
　Xは、訴外A村との契約により、村所有地の大理石を採取する債権を取得し、

採掘に着手したところ、Yが妨害し、Aはその排除を行わなかった。そこで、Xはその採取権を保全するために、Aに代位し、Yを被告として所有権に基づく妨害排除請求訴訟を提起した。
1) X＝Y訴訟係属中に、AがYを被告として、所有権に基づく妨害排除を求める訴えを提起した。Aの訴えは適法であるか。
2) X＝Y訴訟でXが敗訴し、請求棄却判決が確定した後、AがYを被告として、所有権に基づく妨害排除を求める訴えを提起した場合、X＝Y訴訟の既判力はAに対して及ぶか。また、AがX＝Y訴訟を知らなかった場合はどうか。

問題（2）
　Xは、Aを被告として、本件土地を買い受けたことを理由に、売買を原因とする所有権移転登記手続を求める訴えを提起した。Xの請求を容認する判決が下され、その判決は確定した。ところが、この判決の言渡しの直前に、Aは本件土地をYに贈与し、その旨の所有権移転登記をしていた。Xは、Yに対して所有権移転登記手続を求めることができるか。また、Xは、Yに対する承継執行文を得ることはできるか。

第6章　訴訟対象論・その1
―二重起訴禁止原則と一部請求―

第6章の趣旨

　訴訟対象（訴訟物）論は、民事訴訟法の基本的理解に関わる伝統的な論点である。ここでは、訴訟物論の4つの試金石である「二重起訴禁止の原則（民訴142条）」および「一部請求論」について検討する。二つの民事訴訟法における基本問題が交錯する場面を題材として、今回及び次回と2回にわたり、訴訟物の相対化など従来の議論、とくに判例理論の整理を的確に行えるかの能力を問う。そのうえで、個別の論点たる「相殺の抗弁との関係」を取り上げ、具体的判例での「二重起訴禁止原則」の適用問題及び残部請求の可否をめぐる一部請求論を分析、検討することを通して、民事訴訟法の基礎理論についての認識を深めることを目的とする。

参考教科書での関連部分

①伊藤眞『民事訴訟法（第4版）』98～206、212～221頁
②中野貞一郎ほか『新民事訴訟法講義（第2版補訂2版）』37～45、160～168、469～470頁
③高橋宏志『重点講義民事訴訟法上（第2版）』25～64頁（第2講）、96～49頁（第4、5講）
④新堂幸司『新民事訴訟法（第五版）』224～230、306～328、336～340頁
⑤松本博之＝上野泰男『民事訴訟法（第6版）』172～194、209～215、303～313、550～556頁

基本事項の解説

1　訴訟物理論

(1)　訴訟対象（訴訟物）特定の必要性

　民事訴訟における審理対象面での規律は、訴訟対象（訴訟物）を出発点とする。原告は、訴訟において審理される対象を定立しなければならない（通常は、訴状の「請求の趣旨」及び「請求の原因」の記載を併せて特定する。しかし、所有権確認訴訟の場合のように、「請求の趣旨」の記載だけで特定される場合がある）。この定立された審判対象―確定を求める当事者間の一定の権利ないし法律関係―

を「訴訟上の請求」ないし「訴訟対象（訴訟物）」という。そして、裁判所は、訴訟物の範囲を超えた内容の判決をすることはできない（民訴246条）。その結果、訴訟物の特定は、原告の要求の限度を示し、他方、それは被告にとって敗訴において負うべき不利益の限度を示すことになる。そして、裁判所は訴訟物に絞って審理を集中することで、効率的な裁判の実現をめざすことができ、当事者も攻撃防御方法を対象に集中することができる。このように、訴訟物の特定は、被告への不利益通知機能、訴訟促進機能、攻撃防御明確化機能を有することになる。

(2) 訴訟物論争
(a) 訴訟物理論―実体法説と訴訟法説―

それでは、訴訟対象（訴訟物）はどのように決定されるか。その基準をめぐって、基本的には二つの立場が対立している。わが国においては昭和30年代に民事訴訟法学界において一大論争に発展した[1]。いわゆる**実体法説**（旧訴訟物理論）と**訴訟法説**（新訴訟物理論）の対立である。この対立は、給付訴訟においてとくに顕在化してくる[2]。従来の訴訟物概念は、訴訟物が決まることで他の個別問題の判断基準となった。そして、この論争においては、いわゆる四つの試金石といわれる、「既判力の客観的範囲」、「訴えの変更」、「二重起訴禁止」、「請求の客観的併合」の各局面の判断において、訴訟物をどのように把握するかにより、その帰結が異なったのであった[3]。

実体法説は、訴訟物を特定することについての当事者の意思を重視する。当事者は、実体的権利処分の自由を有している。その実体的権利が訴訟の場で争われる。それゆえ、当事者が主張する実体法上の権利・法律関係を基準に訴訟物の単位も決定されるのである。したがって、給付訴訟の訴訟物は実体法上の給付請求権ということになる。

1　この論争については、さしあたり伊藤眞＝加藤新太郎＝山本和彦『民事訴訟法の論争』（有斐閣・2007）31頁以下など参照。
2　確認訴訟の訴訟物は、原告が主張する特定の権利・義務ないし法律関係の存否である。この点は、両説が一致している。形成訴訟については、実体法上の形成原因毎に訴訟物を捉えるのが実体法説からの論理的帰結であるが、例えば、離婚訴訟で、離婚原因毎に訴訟が提起できるわけではなく、今日の判例・通説は、この場合、訴訟物は一個とする。離婚原因は攻撃防御方法でしかないことになる。会社関係訴訟も同様であるが、議論がないわけではない。
3　なお、今日では訴訟物概念は統一的基準ではなく、相対的基準として把握する見方が主流となっている。中野・論点Ⅰ20頁以下など参照。

これに対して、訴訟法説は、民事訴訟における公的制度としての紛争解決機能を重視する。そして、訴訟類型ごとの紛争解決機能に着眼し、紛争解決の目的に合致する基準で訴訟物を構成する。したがって、申立てを基準に訴訟物を決定する[4]。給付訴訟の訴訟物は、一定の給付を求める法的地位、あるいは受給権とする。

(b) 訴訟物理論と四つの試金石

例えば、賃貸人たる土地所有者Xが、賃貸借契約の終了を理由に（民616条・597条1項）賃借人Yを相手方として、土地明渡訴訟を提起するとしよう（①訴訟）。実体法説では、XとYとの間での「賃貸借契約終了に基づく土地明渡請求権（債権的請求権）」が訴訟物と考える。したがって、別訴でXが土地所有権に基づきYに対して明渡請求をする場合（②訴訟）には、同一の土地の明渡しを求める訴訟であっても、訴訟物は「所有権に基づく明渡請求権（物権的請求権）」であるので、訴訟物は別個ということになる。その結果、①訴訟でXが敗訴（請求棄却）し、判決が確定しても、確定後のXの②訴訟は既判力により排斥されることはない。また、①訴訟の係属中に、Xが別訴で②訴訟を提起しても、二重起訴禁止原則に触れることはない。①訴訟の係属中に、Xが当初の請求に所有権に基づく明渡請求を加えれば、訴えの変更となり、所有権に基づく明渡請求を共に訴訟に上程する場合には、訴えの客観的併合となる。

これに対して、訴訟法説は、申立てを基準と考えるので「土地を明け渡せ」との請求が訴訟物を構成し（「土地明渡しを求める法的地位（受給権）」が訴訟物となる）、賃貸借契約終了に基づく土地明渡請求権（債権的請求権）であるか、所有権に基づく明渡請求権（物権的請求権）であるかは、単なる攻撃防御方法でしかないと考える。したがって、この立場に立てば、上述の事例では、①訴訟でXが敗訴（請求棄却）し、判決が確定すれば、確定後のXの②訴訟は①判決の既判力により排斥されることになる。また、①訴訟の係属中に、Xが別訴で②訴訟を提起することは、二重起訴禁止原則に触れること

---

[4] 訴訟法説（新訴訟物理論）には、一肢説と二肢説がある。前者は、申立てのみで訴訟物を決定する。後者は、申立てと（生活）事実関係で訴訟物を決定する。わが国の訴訟法説では前者が主流である。両説の違いが顕在化してくるのは、例えば、手形訴訟についてである。一肢説では、手形債権に基づく請求と原因債権に基づく請求は同一の訴訟物となるが、二肢説では、手形債権と原因債権では事実関係が異なり、訴訟物は別個と考えるのである。なお、民訴法の母法国ドイツでは二肢説が主流となっている。

になる。①訴訟の係属中に、Xが当初の請求に所有権に基づく明渡請求を加えても、訴えの変更とならず、また所有権に基づく明渡請求を併せて訴訟に上程する場合には、訴えの客観的併合とならない。これが、訴訟法説の帰結である。

(c) 訴訟物理論のその後の展開

学説上は、訴訟法説が多数説である。しかし、判例・実務は実体法説を堅持している（もっとも、口頭弁論終結後の承継人（民訴115条1項2号）の範囲などでは、実体法説を修正した処理がなされている）。要件事実論に基づく実務では、実体法上の権利・請求権を基礎とせずしては成り立たないからであろう。また、訴訟法説では実体法上の請求権の属性を整合的に処理できず、調整が必要となる[5]などの点から、実務では訴訟法説を採用していないと思われる。本書も実体法説で論述していく。なお、訴訟法説の問題提起を受け、同一の請求につき複数の実体法上の請求権が成り立っていた場合も、法的かつ経済的にみて実質的に一個の給付が認められるに過ぎない場合には、実体法上一個の実体法上の請求権しか成立しないと考え、その権利主張を一個の訴訟物とする**新実体法説**も唱えられているが、研究者間で統一的見解には至ってなく、支持も少ない[6]。

2 二重起訴禁止の原則

(1) 意義＝制度趣旨

訴訟（前訴）が提起され、係属した後に、同一の訴訟（後訴）が別の裁判所に提起されると、事件について判断する裁判所（裁判体）が異なることから、同一の事件にもかかわらず、前訴と後訴で矛盾、抵触する判断が生じる可能性が出てくる。法的安定性を旨とする国家制度としての民事訴訟において、矛盾・抵触する判決は回避されねばならない。そこで、民訴法が採った対応は、後訴を遮断することで矛盾、抵触する判断の可能性を回避することであった。そして、民訴法は、前訴が終了し、判決が確定した後に同一事件について後訴が提起された場合には、前訴判決の既判力で対応する（民訴114条）。

---

[5] 訴訟法説では、法的評価の再試という形で処理する。三ヶ月章『民事訴訟法研究1巻』（有斐閣・1962）129頁、高橋上・35頁以下など参照。
[6] 新実体法説として、奥田昌道『請求権概念の生成と展開』（創文社・1979）313頁、四宮和夫『請求権競合論』（一粒社・1978）1頁、加藤雅信『財産法の体系と不当利得法の構造』（有斐閣・1986）523頁、上村明広「請求権と訴訟物」民訴雑誌17号（1971）189頁など参照。

後訴が提起されるのは、前訴の終了後だけではない。前訴がまだ係属中の段階においても、同一事件について後訴が提起される可能性が存する。この訴訟係属中の場合につき、民訴法は、当事者は更に訴えを提起することができないとの規律を定めることで対応する（民訴142条）。つまり、すでに裁判所に係属する事件の対象については、当事者は別訴を提起すること自体を禁じられるのである（通説）。この規律が「**二重起訴禁止の原則**」といわれるものである。既判力のほかに二重起訴禁止による後訴の遮断が認められるのは、既判力による判断の矛盾防止が担保されていない訴訟係属中でも、矛盾判断防止の必要性が要求されるからにほかならないのである。その意味で、二重起訴禁止による後訴の遮断と既判力による後訴の遮断は連動していると言えよう。それゆえ、「二重起訴禁止の原則」は、訴訟物概念が直截的に機能してきた項目である。また、この原則は訴訟係属の訴訟上の効果として最も重要なものでもある。なお、別訴が二重起訴の禁止に触れるか否かは、裁判所の職権調査事項である。

　この「二重起訴禁止の原則」の制度趣旨として、今日、一般的には次の三つが挙げられ[7]、多元的な根拠論が展開されてきた。

①矛盾（抵触）する判決の回避
②審理の重複による無駄の回避（訴訟経済）
③被告の応訴負担

　このいずれを強調するかで、適用範囲の解釈が異なってくる。解釈論上、判例は矛盾（抵触）する判決の回避という根拠を中心的に考慮してきたと言えよう。そして、通説も多元説をとりつつも、実際上は①矛盾判決の回避に重点を置き、当事者の同一性と訴訟物の同一性を基準に適用範囲を画してきたと言える。しかし、有力説は、事件の同一性について審理の共通性や争点の共通性に着目する[8]。つまり、②、③の観点に着目し、理論構成をしてき

7　さらに、別訴を提起する当事者の権利保護は請求の併合、反訴提起、弁論の併合によって達成できる点を挙げるものもある。

8　住吉博「重複訴訟禁止原則の再構成」民事訴訟論集1巻（法学書院・1978）293頁以下、新堂・前掲書216頁など参照。その他、訴訟経済に制度趣旨を求め、同一手続で合理的に処理できる限り、別訴の提起は許されないとし、有力説を支持する見解（中村雅麿「二重訴訟禁止に関する判例の動向」廃法15巻1号57頁）や適用範囲の拡張を支持する見解、根拠としては訴訟経済性の要求を重視し、当事者利益（特に後訴原告の利益）との利益衡量を前面に出し、併合などの手続運用をも考慮に入れた二重訴訟の処理をとるべきとの見解（三木浩一「重複訴訟論の再構成」法研68巻12号115頁）などがある。また他方では、二重起訴禁止の根拠を端的に

たのである (後述の適用要件を参照)。その結果、訴訟物の枠を越えて適用範囲は拡張されることになる (背景には、紛争解決の一回性の理念が存すると思われるが、また現行民訴法142条が大正15年民訴法改正により、「訴訟物」概念から「事件」概念を用いたことにも起因すると思われる)。多元的根拠論を前提とする限り、矛盾判決の回避以外の要素を考慮に入れれば、当然その適用範囲は訴訟物の枠を越えることになり、訴え提起の禁止ではなく、二重の手続の回避という視点も出てくる。この点において、二重起訴禁止原則をめぐる議論は訴訟物概念の相対化の端緒となっていくのであった。

(2) 適用要件

二重起訴の禁止規定は、二重に起訴された各事件が同一である場合に適用される (民訴142条)。但し、事件が併合される場合にはこの限りではないとするのが、一般的理解である。この「事件の同一性」は、「**当事者の同一性**」と「**事件対象の同一性**」により判断されることになる。

① **当事者の同一性**

民事訴訟法は、特定当事者間にしか判決効は生じないことを原則とする (判決効の相対性)。それゆえ、当事者の一方が後訴において異なる場合、たとえ請求内容 (訴訟物) が同一でも判決効の抵触が生じないことから、事件は同一でなく、別訴による処理が許されている。当事者が同一であれば、原告・被告の地位が逆転しても民訴法142条が適用される。判決効が及ぶ者、訴訟担当者など当事者と同視される者にも、民訴法142条の適用がある。例えば、債権者代位訴訟において、債務者が第三債務者に対して自己の債権の給付を求める訴えは提起できないとするのが判例・通説である。但し、判例は、債権者代位訴訟において、債権者の代位権限を争い債務者が独立当事者参加することを認めている[9]。

② **事件対象の同一性**

従来、上記のように、**事件対象の同一性＝訴訟物の同一性**として理解されてきた。当事者が同一で、訴訟物自体が同一の場合に二重起訴禁止に触れる

　既判力との衝突防止とし、機能的訴訟物概念を提唱して、既判力の客観的範囲の拡張と二重起訴禁止論を有機的に結合させ、結果的に142条の適用範囲の拡張を唱え、多元的根拠把握を批判する見解もある (柏木邦良「重複起訴の禁止、訴えの変更、訴えの併合、審理・判断の範囲と訴訟物概念の機能 (上)」判時1107号3頁)。

9　最判昭和48年4月24日民集27巻3号596頁＝百選A34事件。

ことに争いはない。それゆえ、どの訴訟物理論をとるかで、その範囲に差が生じてきた。二重起訴禁止原則が訴訟物理論の試金石として議論されてきた所以である。しかし、近時、訴訟物の同一性はなくとも、事件の同一性を認める以下のような見解（主な見解のみ）が登場している。
　（イ）　別訴の事実関係や裁判資料が同一である場合には二重起訴の禁止に触れるとする見解[10]、
　（ロ）　主要な争点が共通の場合にも二重起訴の禁止に触れるとする見解[11]、
　（ハ）　訴訟物たる権利関係の基礎となる社会生活関係が同一である場合には二重起訴の禁止に触れるとする見解[12]、
　（ニ）　後訴原告の利益をも加えた比較衡量により判断すべきとの見解[13]、
などである。

(3)　相殺の抗弁と二重起訴禁止
(a)　問題の所在
　二重起訴禁止の法理の適用範囲をめぐる問題のなかで激しく議論されている問題として、相殺の抗弁の主張に対する二重起訴禁止原則の適用問題がある。
　相殺の抗弁が提出されれば、相殺の自働債権が審理対象となり、判決の理由中でなされたその判断にも既判力が生じることになる（民訴114条2項）。それゆえ、相殺の抗弁に供した債権（自働債権）とその同一の債権についての別訴が並行する場合には、審理の重複と既判力の抵触を避けるために、二重起訴禁止原則の類推適用があるかとの問題である。そして、相殺の抗弁は、以下のような、その審理について特色を有することから、審理の重複と既判力の抵触を避けるために二重起訴禁止原則を類推適用するとの単純な帰結にならないのである。主な特色として、次の三点を挙げることができる。
　①相殺の抗弁についての判断に既判力が生じるのは、被告の反対債権の存否につき裁判所が実質的に判断した場合に限る。
　②原告の訴求債権（受働債権）の存在が確定されて始めて、反対債権によ

10　住吉・前掲書293頁以下。
11　新堂・227頁。
12　伊藤・218頁。
13　三木・前掲論文115頁以下参照。

《相殺の抗弁が問題となる２つの類型》

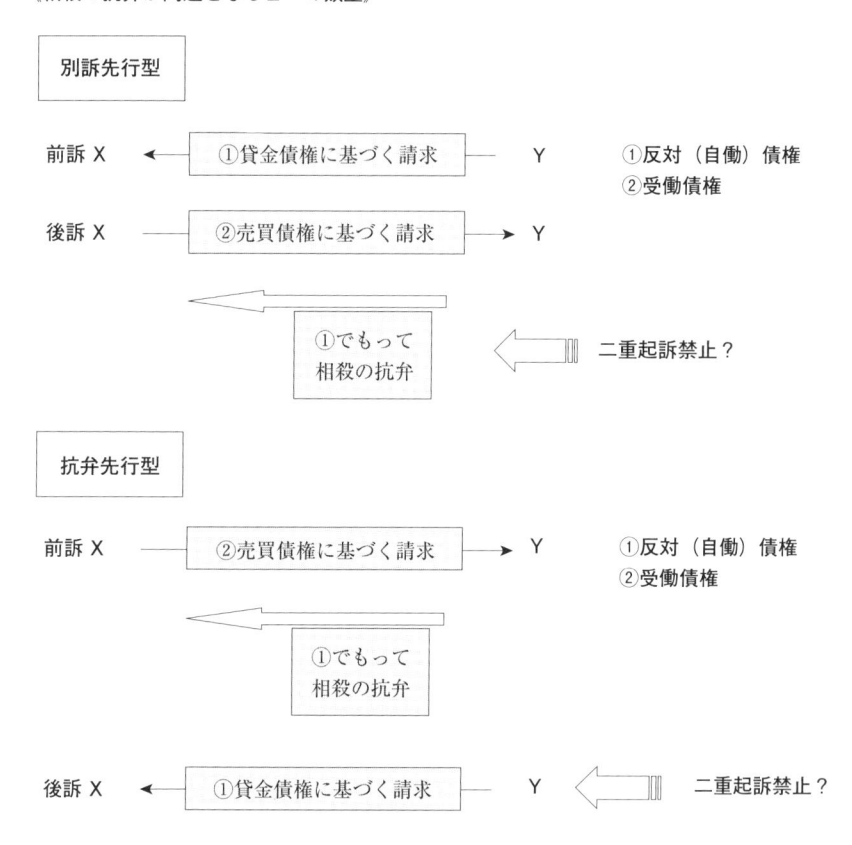

別訴先行型

前訴 X ← ①貸金債権に基づく請求 — Y　①反対（自働）債権
後訴 X → ②売買債権に基づく請求 → Y　②受働債権

　　　　←──── ①でもって相殺の抗弁　⇐ 二重起訴禁止？

抗弁先行型

前訴 X — ②売買債権に基づく請求 → Y　①反対（自働）債権
　　　　　　　　　　　　　　　　　　　②受働債権

　　　　←──── ①でもって相殺の抗弁

後訴 X ← ①貸金債権に基づく請求 — Y　⇐ 二重起訴禁止？

る相殺の抗弁の審理に入ってよい。

③既判力が生じるのは相殺でもって対抗した額についてのみである。

　相殺の抗弁の主張に対する二重起訴禁止原則の適用問題については、一般に別訴において訴訟物となっている債権を自働債権として相殺の抗弁が提出された場合（**別訴先行型**）とすでに提出された相殺の抗弁の自働債権となっている債権を訴訟物として別訴が提起された場合（**抗弁先行型**）に分けて考察される。上記の図参照。

(b)　判例の基本的立場

判例（①最判昭和 63 年 3 月 15 日民集 42 巻 3 号 170 頁、②最判平成 3 年 12 月 17 日

民集45巻9号1435頁）は、別訴先行型事案において、相殺の抗弁を不適法として許されないと判示している。①は事例判決であったが、②最高裁平成3年判決は、一般法理として次のように判示した。すなわち、

「民訴法231条（現142条）が重複起訴を禁止する理由は、審理の重複による無駄を避けるためと複数の判決において互いに矛盾した既判力ある判断がされるのを防止するためであるが、相殺の抗弁が提出された自働債権の存在又は不存在の判断が相殺をもって対抗した額について既判力を有するとされていること（民訴法199条2項⇒現114条2項）、相殺の抗弁の場合にも自働債権の存否について矛盾する判決が生じ法的安定性を害しないようにする必要があるけれども理論上も実際上もこれを防止することが困難であること、等の点を考えると、同法231条（現142条）の趣旨は、同一債権について重複して訴えが係属した場合のみならず、既に係属中の別訴において訴訟物となっている債権を他の訴訟において自働債権として相殺の抗弁を提出する場合にも同様に妥当するものであり、このことは右抗弁が控訴審の段階で初めて主張され、両事件が併合審理された場合についても同様である」

とである。

②最高裁平成3年判決は、既判力ある判断の矛盾・抵触の防止に重点が置かれ、相殺の抗弁の提出が絶対的に不適法である立場を採ったとされる（下記類推適用肯定説は、事件の弁論が併合されている場合は、類推適用を否定するが、この判例の立場は弁論併合の場合にも相殺の抗弁の提出を認めないので、より強い類推適用肯定の立場に立つ）。この平成3年判決は、相殺の抗弁と二重起訴禁止原則との関係のリーディング・ケースと位置づけられている。なお、別訴先行型については、最高裁の判例はない。下級審判例は分かれている[14]。

(c) 学説における議論状況

学説は、大別して三つに分かれる。従前の多数説は、両型を問わず、**類推適用否定説**をとる[15]。この見解は、相殺は、あくまで訴求債権を訴訟物とする訴訟の攻撃防御に過ぎず、相殺の抗弁の提出により反対債権が訴訟物とされるわけではなく、別訴先行型、抗弁先行型いずれも二重起訴禁止に触れないと主張する。その論拠としては主に以下の点が挙げられているといえよ

---

14 近時では、審理の重複と既判力の抵触を理由に類推適用を肯定した大阪地判平成8年1月26日判時1570号85頁、東京高判平成8年4月8日判タ937号262頁などがある。
15 例えば、中野・論点Ⅱ136頁以下、条解・民訴法（第2版）（竹下守夫＝上原敏夫）823頁以下など。

う。
（論拠）
1) 相殺の抗弁が提出されても、反対債権の存否につき既判力が常に生じるわけではない。相殺の抗弁は、通常、予備的相殺の抗弁として提出されるので、必ず取り上げられるわけではない。
2) 抗弁先行型の場合に142条を適用すると、反対債権について訴えを提起したいという当事者の要請に応えられない。また、別訴先行型では、二重起訴の制約から逃れるためには、別訴を取り下げる必要があるが、取下げには、相手方の同意が必要である（民訴261条2項）。
3) 既判力の抵触は、弁論の併合、本訴または別訴の中止など、裁判所の適切な訴訟指揮により事実上回避できる。
4) 相殺の担保的機能を重視すると、相殺を認める必要は高い。とくに、相手方が無資力の場合には、その決済機能を無視することになり、相殺を主張する者の利益を不当に侵害することになる。

　これに対し、近時有力に主張されているのが、**類推適用肯定説**[16]である。この説は、相殺の抗弁の機能としては自働債権貫徹機能もあり、既判力も認められることから、既判力の抵触、訴訟経済、相手方の負担という多元的根拠を強調し、別訴先行型、抗弁先行型いずれにおいても、相殺の抗弁は二重起訴禁止に触れ、許されないとする。その論拠としては主に以下の点が挙げられているといえよう。
（論拠）
1) 既判力に抵触するおそれがあること。
2) 審理の重複による訴訟経済上の無駄、被告の応訴負担が生じる。
3) 相殺の抗弁は反訴に近く、単なる攻撃防御方法を越えた独立の訴訟機能を有する。
4) 両方とも勝訴した場合に調整が困難となる。

　しかし、この説では、否定説のとく相殺の抗弁についての判断の流動性に対する反論が十分でなく、この点を考慮し、**折衷説**が唱えられている。これには二つある。第一の見解は、抗弁先行型では類推適用説をとると実体法上認められた相殺権の剥奪を奪い、相手方の無資力の危険が押しつけられてし

16　例えば、新堂・228頁、梅本「相殺の抗弁と二重訴訟の禁止」新実務民訴1 381頁など。

まう点などを理由に挙げ、類推適用を否定し、別訴先行型では、自働債権は前訴では訴訟物であり、既判力での確定の可能性が確実であることを理由に類推適用を認めるとする見解[17]である。逆に、第二の見解は、別訴先行型では、本訴で相殺の抗弁の審理に至らなかった場合、時効中断の利益の喪失や訴えの取下げに対する相手方の同意の未必性などを理由に、類推適用を否定する見解[18]である。しかし、この説でも既判力の抵触回避は抗弁の先行・後行を問わず生じるものであり、相殺の抗弁についての判断の流動性を正当化できず、理論的にも一貫性がないとの批判がある。

(d) 判例の展開

判例は、上記②最高裁平成3年判決でいわば絶対的類推適用肯定説を採ったいえるが、その後、一部請求、反訴との関係で揺らぎを見せている。

まず、一部請求（後述）との関係で、③**最判平成10年6月30日民集52巻4号1225頁＝百選46事件**は、②最高裁平成3年判決を引用しつつも、以下のように、類推適用否定説の論拠と通じる論理展開を示している[19]。

「……一個の債権が訴訟上分割して行使された場合には、実質的な争点が共通であるため、ある程度審理の重複が生ずることは避け難く、応訴を強いられる被告や裁判所に少なからぬ負担をかける上、債権の一部と残部とで異なる判決がされ、事実上の判断の抵触が生ずる可能性もないではない。そうすると、……一個の債権の一部について訴えの提起ないし相殺の主張を許容した場合に、その残部について、訴えを提起し、あるいは、これをもって他の債権との相殺を主張することができるかについては、別途に検討を要するところであり、残部請求等が当然に許容されることになるものとはいえない。

しかし、こと相殺の抗弁に関しては、訴えの提起と異なり、相手方の提訴を契機として防御の手段として提出されるものであり、相手方の訴求する債権と簡易迅速かつ確実な決済を図るという機能を有するものであるから、一個の債権の残部をもって他の債権との相殺を主張することは、債権の発生事由、一部請求がされるに至った経緯、その後の審理経過等にかんがみ、債権の分割行使による相殺の主張が訴訟上の権利の濫用に当たるなど特段の事情の存する場合を除いて、正当な防御権の行使として許容されるものと解すべきである。」

次に、反訴と相殺の抗弁の関係についてであるが、本訴及び反訴が係属中

---

[17] 上田・民訴法148頁以下。
[18] 酒井一・民商107巻2号88頁など。
[19] この判例の問題点と評価につき、中野・論点Ⅱ97頁以下など参照のこと。

に、反訴請求債権を自働債権とし、本訴請求債権を受働債権として相殺の抗弁を主張することについて、④**最判平成18年4月14日民集60巻4号1497頁**が、次のように、判示している。

「係属中の別訴において訴訟物となっている債権を自働債権として他の訴訟において相殺の抗弁を主張することは、重複起訴を禁じた民訴法142条の趣旨に反し、許されない（最高裁昭和62年（オ）第1385号平成3年12月17日第三小法廷判決・民集45巻9号1435頁）。

しかし、本訴及び反訴が係属中に、反訴請求債権を自働債権とし、本訴請求債権を受働債権として相殺の抗弁を主張することは禁じられないと解するのが相当である。この場合においては、反訴原告において異なる意思表示をしない限り、反訴は、反訴請求債権につき本訴において相殺の自働債権として既判力ある判断が示された場合にはその部分については反訴請求としない趣旨の予備的反訴に変更されることになるものと解するのが相当であって、このように解すれば、重複起訴の問題は生じないことになるからである。そして、上記の訴えの変更は、本訴、反訴を通じた審判の対象に変更を生ずるものではなく、反訴被告の利益を損なうものでもないから、書面によることを要せず、反訴被告の同意も要しないというべきである」

④最高裁平成18年判決でもまた、②最高裁平成3年判決を引用して論理構成をする。しかし、弁論の併合がなされている本訴・反訴手続においては、審理の重複や被告の応訴負担は問題となることはない。弁論分離の可能性があることで、矛盾判断の可能性が出てくるにすぎない。そこで、④最高裁平成18年判決は、当事者の意思として強引に「予備的反訴」を読み込み、矛盾判断の可能性をなくすことで（つまり、②最高裁平成3年判決との抵触を回避して）、本訴及び反訴が係属中に、反訴請求債権を自働債権とし、本訴請求債権を受働債権として相殺の抗弁を主張することを認めた[20]。しかし、この論理では、逆の場合（本訴請求債権を自働債権とし、反訴請求債権を受働債権として相殺の抗弁を主張する場合）には、「予備的本訴」または「条件付本訴」という許容できない論理構成をとる形となり、問題は残る[21]。

---

20 この判決の評価につき、三木浩一・本件解説・平成18年度重判127頁以下など参照。
21 この点につき、大阪地判平成18年7月7日判タ1248号314頁参照。そもそも、本訴を提起したか、反訴を提起したかは、その時々の事情によるものであり、当事者が自由に決めうるものではない。それにより、相殺の抗弁の主張が認められうるか否かを判断するとは当事者には酷なことである。

> 【二重起訴禁止に関する判例資料】
> ①最判昭和 63 年 3 月 15 日民集 42 巻 3 号 170 頁
> ②最判平成 3 年 12 月 17 日民集 45 巻 9 号 1435 頁＝百選 38 ―①事件
> ③最判平成 10 年 6 月 30 日民集 52 巻 4 号 1225 頁＝百選 38 ―②事件
> ④最判平成 18 年 4 月 14 日民集 60 巻 4 号 1497 頁＝百選 A12 事件

3 一部請求論

(1) 問題の所在

　一部請求とは、数量的に可分な給付を目的とする債権について、その数量的一部を訴求することをいう（一部請求をめぐる問題全般については、畑瑞穂「一部請求と残部請求」争点 120 頁以下など参照のこと）。原告が一部請求をなすことは、民訴法 246 条により適法である。問題は、一部請求につき請求認容または棄却の判決確定後、残部の請求が許されるかである。そこでは、金銭債権の一部請求後の典型的な残部請求の可否が問題となっている。この残部請求の可否については、一部請求を判断した判決の既判力が残部請求に対してどのような効果を及ぼすかを中心に議論は展開しており、かつそれは錯綜の様を呈している。残部請求を可能とすると、原告サイドでは、自らの意思が尊重される実体法上の権利の分割行使にも適合し、現実的に訴訟費用を考慮に入れた試験的な訴訟も可能となる。また、それは裁判を受ける権利の保障にもつながる。他方、被告サイドからみた場合には、残部請求の許可は同一紛争で何度も訴えられる可能性があるということであり、被告にとって応訴の煩は耐えられないことでもある。さらに、裁判所サイドでは、紛争解決の効率性に欠け、重複審理による訴訟経済、矛盾判決の危険が生じる。さらに、残部請求といってもその態様・状況は様々である。これらが議論の錯綜を生み出していると言える。では、その議論状況はどうであろうか。以下、その概要を論じる。

(2) 残部請求の可否をめぐる議論

(a) 判例の論理構成

　残部請求の可否をめぐって最高裁判例が採った立場は、原告が一部請求を明示する場合と明示しない場合を分けて処理するとするものである。すなわ

ち、一部請求であることを明示する場合には、訴訟物は明示した債権の一部に限られ、判決の既判力もこの部分に限られるとしていた（①最判昭37年8月10日民集16巻8号1720頁＝百選81―①事件）。一部請求であることを明示しない場合には、客観的に一部請求であっても、全部請求として既判力は後訴の残部請求を遮断するとする（②最判昭32年6月7日民集11巻6号948頁＝百選A27事件）。つまり、処分権主義に基づく原告の一部請求を肯定し、「訴訟物の範囲」＝「既判力の客観的範囲」という図式を維持したうえで、既判力の範囲を明示の有無で調整することで、被告への不意打ちを防止するといったバランスをとった論理構成と評価することができよう。この判例理論は、明示の有無が訴訟物を決定することになり、それにより既判力の範囲を異別に解釈する点において理論的に難点があるとの批判がある一方、被告の応訴の煩や紛争解決に対する合理的期待の保護に着目したバランスのいい処理方法であるとの評価もある。この論理構成は、「一部請求と時効中断効」の関係において採用されたもので、時効中断効も明示の一部請求訴訟が提起された場合には、その明示の範囲のみしか生じないとする[22]。

しかし、最高裁は、金銭債権の一部請求について相殺の抗弁が主張された場合の審理方法として、債権全部を審理する外側説をとった（③最判平6年11月22日民集48巻7号1355頁[23]＝百選113事件など[24]）。外側説側では、紛争解

---

[22] その端緒となったのが、最判昭和34年2月20日民集13巻2号209頁であり、次のように判示している。「一個の債権の数量的な一部についてのみ判決を求める旨を明示して訴が提起された場合、原告が裁判所に対し主文において判断すべきことを求めているのは債権の一部の存否であって全部の存否でないことが明らかであるから、訴訟物となるのは右債権の一部であって全部ではない。……それ故、債権の一部についてのみ判決を求める旨明示した訴の提起があった場合、訴提起による消滅時効中断の効力は、その一部の範囲においてのみ生じ、その後時効完成前残部につき請求を拡張すれば、残部についての時効は、拡張の書面を裁判所に提出したとき中断するものと解すべきである。」。その後、最判昭和43年6月27日裁判集民事91号461頁も同様の立場に立つ。

[23] 平成6年判決は、一部請求に対する相殺の抗弁が提出され、それが理由ある場合に、不利益変更禁止の原則との関係でどのような対応をすべきかにも関わるものである。一部請求に関わる論点のひとつである。平成6年判決は、この点につき、以下のように判示している。
「当該債権の総額から自働債権の額を控除した結果残存額が一部請求の額を超えるときは、一部請求の額を超える範囲の自働債権の存否については既判力を生じない。したがって、一部請求を認容した第一審判決に対し、被告のみが控訴し、控訴審において新たに主張された相殺の抗弁が理由がある場合に、控訴審において、まず当該債権の総額を確定し、その額から自働債権の額を控除した残存額が第一審で認容された一部請求の額を超えるとして控訴を棄却しても、不利益変更禁止の原則に反するものではない。」

[24] ここでの問題は、一部訴求事件で相殺の抗弁を認容する場合の消滅債権額の控除方法である。

決機能の点が強調される。外側説によらないと、原告は抗弁提出によりこれに応じて請求の拡張をせざるを得ず、請求を拡張しないまま被告の抗弁が認められ、一部訴求が棄却されると、原告としては一部訴求した意味を失い、残部訴求を必要的とし、全体としての紛争解決には適当でないと考えるのである。また、被告の応訴負担、審理対象と既判力対象は異なるといった点も主張されている。

そして、最高裁平成10年判決において（④**最判平成10年6月12日民集52巻4号1147頁＝百選81―②事件**）、既判力を理由とするのではなく、「信義則」を根拠にして、数量的一部請求訴訟で敗訴した原告による残部請求は、特段の事情がない限り、許されないとの判断を下すに至ったのである[25]。

最高裁平成10年判決がその理由として挙げたのは、

（イ）　一部請求の当否の判断には債権全部の審理判断の必要があり、当事者の主張立証の範囲、程度も通常は全部請求の場合を変わらない点、

（ロ）　棄却判決は後に請求しうる部分が存在しないとの判断を示すものである点、

（ハ）　原告の残部請求は、実質的には前訴で認められなかった請求及び主

　この点も一部請求に関わる論点の一つである。基本的には、三つの見解の対立がある。ひとつは、相殺により消滅した額を訴求債権の全額から控除するとする見解である。「外側説」と称される。他は、一部請求額から控除する見解である「内側説」と、一部と残部から按分して差し引く「按分説」である。従前、不法行為の被害者が損害賠償の一部請求をした場合における「過失相殺」との関係で、類似の議論があった。過失相殺をめぐる議論でも、一部訴求額について過失相殺を考える按分説（過失相殺を一部請求額と残額それぞれについて行うとする見解）、訴訟において認定された実損害額について過失相殺し、それを一部請求額から控除する外側説、さらに、過失相殺分を訴求された一部請求額の内から充当する内側説の対立があった。最判昭和48年4月5日民集27巻3号419頁（＝百選75事件）が当事者の意思にそうという理由づけで外側説を採用し、その後、この問題に関する議論は外側説で収束したといえよう。最高裁は、この過失相殺での考え方を一部請求における相殺の抗弁との関係でも、外側説を採用したのである。しかし、最高裁の採った外側説に対しては、①一部請求の趣旨は、多様であって最高裁のように一義的に判断できない点、②訴訟物は一部請求分であり、訴訟物を構成しない部分に攻撃防御を尽くしても訴訟上意味はなく、外側説では攻撃防御の対立構造になじまない点、③時効中断効や既判力、執行力は訴求された債権にしか及ばず、債権総額から審理判断しなければならないとする外側説は論理的に整合しない、④被告に相殺を充当すべき債務の指定権がある点、⑤過失相殺の主張（権利障害事由）と相殺の抗弁（権利消滅事由）は必ずしも両者を同様に考える必要はなく、むしろ、過失相殺での外側説をとると、反対債権の額によっては、相殺の抗弁が外側で使い果たされ、訴求されていない請求権部分についてのみ相殺の抗弁の効果が認められ、抗弁の機能を果たさないという結果にもなりうる点など批判点が挙げられている。議論の詳細は、中野・論点Ⅱ100頁以下など参照。

[25]　この判例につき、松村和徳「一部請求論考（一）」『山形大学　法政論叢』第17号39頁など参照。

張の蒸し返しであり、前訴によって紛争が解決されたとの被告の合理的期待に反し、被告に二重の負担を強いるものである点、

である。この判決は、後述の信義則説と基本的に共通する点が多い。

一部請求と残部請求の関係につき、最高裁昭和37年判決と最高裁平成10年判決の構図を対比すると下記の図となる。最高裁平成10年判決は、事実上、残部請求を否定する立場となるが、その理論構成は、「訴訟物の範囲」＝「既判力の客観的範囲」という図式を固持しているものであることがわかる。

（一部請求と残部請求）

最高裁昭和37年判決

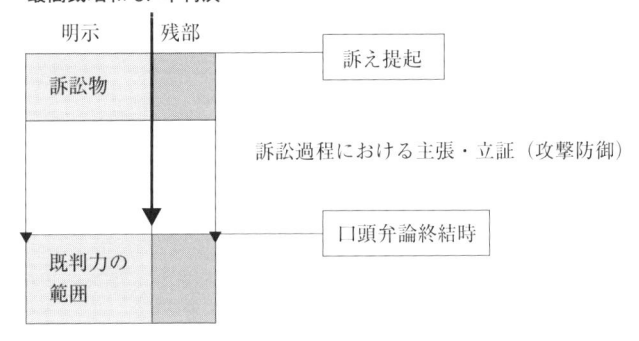

	明示	残部

訴訟物 ← 訴え提起

訴訟過程における主張・立証（攻撃防御）

既判力の範囲 ← 口頭弁論終結時

最高裁平成10年判決

	明示	残部

訴訟物 ← 訴え提起

訴訟過程における主張・立証（攻撃防御）

既判力の範囲 ← 口頭弁論終結時

信義則による遮断

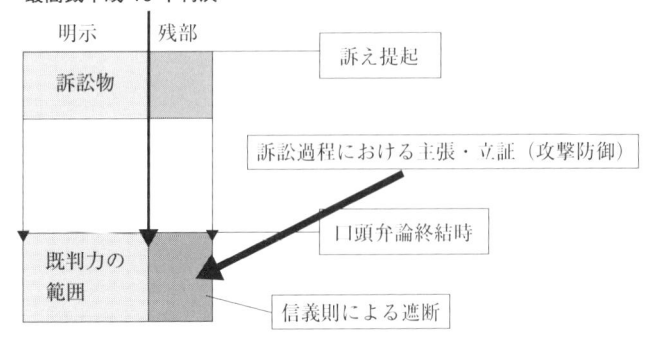

(b) 学説の議論状況

　他方、この問題につき、学説は概ね三つに分けることができよう（不法行為に基づく損害賠償請求訴訟での後発後遺症の問題等は除く）。第一は、**残部請求全面肯定説**[26]である。この説は、以下の点をその論拠にあげる。イ）処分権主義（民訴246条）は、実体法上の権利処分の自由（分割行使の自由）に照応して理解すべき点、ロ）民訴法114条1項で既判力は明示された一部（訴訟物）に限定され、残部には既判力は生じない。権利の一部に既判力が生じる点は、同条2項の相殺の場合と同様である点、ハ）被告には消極的確認の反訴という手段があり、後訴による応訴負担は問題とはならない点、ニ）勝敗不明のまま請求権の全部について原告に起訴させるのは、債権者に酷である、つまり、訴訟費用負担等を考慮に入れた試験訴訟の必要性が認められる点、ホ）一部請求を認めても、実際的には起訴は2回止まりであり、裁判所の負担にはならない点、ヘ）時効中断は一部訴求した部分に限定される点、などであり。紛争解決の効率性や被告の応訴負担は、既判力制度の中で衡量済みということであろうか。

　第二は、**残部請求全面否定説**[27]がある。この説では、紛争解決の一回性（効率性）や被告の応訴負担など、裁判所及び被告の立場が重視される。その論拠としては、イ）一部請求は、訴訟物が全請求のうちどの部分かが不特定であり、本来ならば、訴訟物不特定として訴えを却下するのが筋である点、ロ）訴訟制度の利用方法の効率を考えると、処分権主義は実体法上の権利分割行使の自由とパラレルに考える必要はない点、ハ）一部と明示してあっても、それは債権額全部を訴訟物とする訴えと解釈して下される判決は常に請求権全部に対する判決である。したがって、判決主文には明示されないけれども、黙示的に請求を棄却したことになる点、ニ）請求棄却の場合には、請求権全部について審理をせざるをえないのだから、全部が訴訟物となる点、ホ）試験訴訟は原告の一方的な意思に基づく訴訟費用負担の回避を許すことであり、原則として認められない点、などがその根拠に挙げられている。この説では、時効中断は全部に及ぶ。または、一部請求は、残部の請求の放棄として扱う（中断は生じない）ことになる。

　第三は、折衷説である。これは、さらに三つに分けることができよう。一

---

[26] 木川・重要問題中306頁など
[27] 新堂・337頁、高橋上・105頁など。

つは、判例の立場を支持する見解である。つまり、原告が一部請求を明示する場合と明示しない場合を分けて、後者の場合にのみ、客観的に一部請求であっても、全部請求として既判力は後訴の残部請求を遮断するとする見解[28]である。次は、判例の立場を基礎にしつつ、明示的一部請求の場合にも、原告が一部で勝訴した場合と敗訴した場合を分け、後者の場合には再訴を許さない見解である。これはさらに、既判力説、信義則説、利益衡量説に大別できる。

既判力説には、二重審理の回避を根拠として既判力により再訴を許さないとする見解[29]、常に債権全体が訴訟物となり、既判力の客観的範囲もそれを基準として決定されるとして、棄却判決のときは、債権全部の不存在が確定され、残額請求は既判力によって遮断されるとする見解[30]（なお、この見解では、認容判決の場合には、一部請求を明示していれば、残部請求に訴えの利益がある限り、残部請求は許されるとする）などがある。

信義則説は、請求棄却の場合で一部と残部が切り離し得ない場合には、被告の信頼利益保護と、原告も債権全体への手続権が保障されていることを理由に、判決理由中の判断の拘束力により残部請求を認めない。そして、請求認容の場合には、明示的一部請求は残部請求を認容できるが、黙示の場合には、原則として信義則に基礎を置く訴訟物の枠をこえる失権効の一種として残部請求を失権させるとの見解[31]や残部請求排除の根拠を禁反言に求め、明示の場合でも前訴で債権全体の存否が争われ被告が全体が決着したと信じることが合理的である場合には、残部請求を認めない見解[32]がある。

利益衡量説は、具体的攻撃防御過程の利益衡量を基礎に勝訴と敗訴の場合を分け、後者では原告は一部で訴求した部分を得るために残部を含めて主張

---

28 林屋礼二『新民事訴訟法概要（第2版）』（有斐閣・2004）67頁など。
29 三ヶ月章『民事訴訟法（第三版）』（弘文堂・1992）111頁。
30 伊藤・214頁以下。その他、明示黙示区分説をベースにし、一部請求訴訟の訴訟物は原告の提示する請求額によって特定個別化するとしたうえで、勝訴敗訴で区別する見解が主張されている（松本＝上野・574頁以下）。つまり、この見解では、黙示の場合で原告勝訴の場合には、既判力は訴訟物に限定され、残部請求に及ばず、残部請求は許されるが、原告敗訴の場合には、既判力は残部請求に及ぶとする。明示の場合で原告敗訴の場合には、残部請求は確定判決における確定と正反対のものを請求する訴訟と評価できることから、既判力は残部請求に及ぶとし、原告勝訴の場合には、既判力は訴訟物たる一部に限定され、残額請求に及ばず、請求原因にも既判力は及ばないとする。
31 条解・民訴法（第2版）（竹下守夫）530頁以下。
32 中野貞一郎『民事訴訟法の現在問題』（判例タイムズ社・1989）105頁。

立証する必要に迫られ、それでも敗訴したことを理由に、また前者でも被告の抗弁により残部の主張立証が必要となった場合には前訴で残部も審理されたことを理由に、残額請求は遮断されるとする[33]。

(3) 不法行為訴訟と一部請求論

上記のように展開してきた一部請求論が別の様相を呈するのは、不法行為訴訟関係である。とくに、基準時後の事情変更と既判力の関係に関する判例理論は、一部請求論の枠組みを使って既判力の縮減を行っているとも思える展開を見せている。

判例は、まず不法行為の後遺症による追加賠償請求訴訟において、追加請求を明示した一部請求後の残部請求として認めた。⑤**最判昭和42年7月18日民集21巻6号1559頁＝百選82事件**である。こうした後遺症事案では、その後新たに判明した後遺障害の賠償を認める点では一般の法感情にも合致してくる。しかし、不法行為時において全損害が発生することを前提とする判例・通説の枠組みを前提とした場合、「訴訟物の範囲」＝「既判力の客観的範囲」という伝統的図式からは追加賠償請求は前訴の既判力に抵触してくる。そのジレンマを、上記の一部請求に関する判例論理を用いることで、「訴訟物の範囲」＝「既判力の客観的範囲」の図式を維持したまま、当事者利益の救済を図ったものと思われる。その後も、判例は、一部請求論の枠組みを使って、既判力の遮断効の範囲の調整を行っている。⑥**最判昭和61年7月17日民集40巻5号941頁＝百選83事件**は、不動産明渡訴訟における附帯請求の賃料相当額損害賠償請求が前訴で認められたが、その後判決確定後の事情変更により、新たに増額請求をする事案である。一部請求論を使い、増額請求（現象面では既判力の拡張に相応する）を認めた。また、⑦**最判平成20年7月10日判時2020号71頁裁判集民228号463頁**（不法行為に基づく損害賠償請求訴訟（前訴）段階では、原告は、仮差押執行のために本件買収金の支払が遅れたことによる遅延損害金相当の損害についての賠償請求を、仮差押命令の申立ての違法性の有無が争われていた前事件それ自体の帰すのみならず、当該遅延金損害の額もいまだ確定していなかったため、主張できなかったが、後訴において改めてそれを請求した事案）は、前訴の口頭弁論終結時までに当該遅延金損害の主張ができ

33　井上正三・法教（第二期）8号79頁。

ない事情及び相手方が当該請求可能性を認識していたことを前提として、一部請求論の枠組みを使い、回顧的に前訴は明示的一部請求であり、当該遅延金損害請求は残部請求に当たるとして、既判力による遮断を回避した。この判例も、一部請求に関する判例論理を使うことで、「訴訟物の範囲」＝「既判力の客観的範囲」の図式を維持したまま、当事者利益の救済を図ったものと思われる。しかし、こうした判例理論に対しては、後訴が提起された段階からみた結果論であり、従来の判例理論と辻褄を合わせるための擬制的認定判断であるとして、学説上は批判が強い[34]。学説は、既判力の時的限界の問題として処理する見解、まったく独立した請求として処理する見解、手続保障の有無により判断する見解など（将来損害については、民訴法117条類推適用説も）が主張されているが[35]、既判力の遮断効の範囲と密接に関連し、未だ議論は錯綜してい状況である[36]。

【一部請求に関する判例資料】
①最判昭和37年8月10日民集16巻8号1720頁＝百選81─①事件
②最判昭和32年6月7日民集11巻6号948頁＝百選A27事件
③最判平成6年11月22日民集48巻7号1355頁＝百選113事件
④最判平成10年6月12日民集52巻4号1147頁＝百選81─②事件
⑤最判昭和42年7月18日民集21巻6号1559頁＝百選82事件
⑥最判昭和61年7月17日民集40巻5号941頁＝百選83事件
⑦最判平成20年7月10日判時2020号71頁、裁判集民228号463頁

---

[34] 例えば、高橋宏志「確定判決後の追加請求」中野古稀下257頁、山本弘「将来の損害の拡大・縮小または損害額の算定基準の変動と損害賠償請求訴訟」民訴雑誌42号30頁など参照。
[35] 学説の詳細は、前掲・百選82事件髙地解説、同83事件三上解説及びその引用文献などを参照。
[36] 平成20年判決及び不法行為訴訟と一部請求論をめぐる議論については、松村和德「不法行為訴訟と一部請求論」東北学院法学71号（2011）119頁以下など参照。

第6章　演習問題

【演習問題1】　以下の【事実の概要】をよく読んで、下記の設問に答えなさい。

【事実の概要】
　Xは亡Aの長男、Yは次男である。Aは、平成9年11月に死亡し、その相続人はX・Y両名であった。Xは、平成10年5月25日付けで、X・Y両名の名義で相続税の申告をし、Y相続分の相続税として同日119万9600円を納付した。次いで、Xは、同年6月26日相続税の修正申告をし、Yの本税修正分として同月28日57万8200円、同年7月22日加算税2万8500円を納付した。別紙物件目録記載の土地は、もとAの所有であったが、同人は平成8年9月に持分一七分の一を妻Bに贈与し、平成9年2月、Bの死亡により右持分は、Aが68分の2、X・Yが各68分の1を相続したため、Aの死亡時の同人の持分は68分の66であった。また、別紙物件目録記載の建物も、もとAの所有であったが、同人は平成8年9月16日これをBに贈与し、Bの死亡によりAとX・Yの共有（持分A四分の二、X・Y各四分の一）となった。そして、Aの死亡により、本件土地建物は、X・Yの共有（持分各二分の一）となった。Xは、本件土地建物の平成10年ないし平成13年の固定資産税及び都市計画税合計217万0844円を納付した。X・Yは、平成11年10月29日東京地方裁判所において成立した和解により、本件建物を共同管理することになり、同年12月30日S不動産建物サービス株式会社に管理を委託してきた。そして、平成12年4月分ないし平成13年11月分の水道料金7万2135円については、Xがこれを支払った。Xは、本件土地建物のY持分について、処分禁止の仮処分を申請し、平成12年2月7日東京地方裁判所はその旨の仮処分決定をして同月9日これに基づく登記がなされた。これに対し、Yが異議を申し立て、平成13年10月4日同裁判所は、右仮処分決定を取り消す旨の判決を言い渡し、右判決は確定した。また、Xは、右仮処分の本訴である土地建物持分移転登記請求訴訟を提起したが、平成14年1月31日同裁判所は、X主張の遺産分割は認められないとして、Xの請求を棄却した。これに対し、Xが控訴したが、平成16年4月25日東京高等裁判所が控訴棄却の判決を言い渡し、この判決が確定した。
1　Yは、平成16年6月5日、Xの申請した違法な仮処分により本件土地及び建物の持分各二分の一を通常の取引価格より低い価格で売却することを余儀なくされ、その差額2億5260万円相当の損害を被ったと主張して、Xに対し、不法行為を理由として、内金4000万円の支払を求める別件訴訟を提起した。
2　一方、Xは、同年8月27日、Yが支払うべき相続税、固定資産税、水道料金

等を立て替えて支払ったとして、Yに対し、1296万円余の不当利得返還を求める本件訴訟を提起した。
3　本件訴訟において、Yは、相続税立替分についての不当利得返還義務の存在を争うとともに、予備的に、前記違法仮処分による損害賠償請求権のうち4000万円を超える部分を自働債権とする相殺を主張した。
4　また、Yは、右3の相殺の主張に加えて、預金及び現金の支払請求権を自働債権とする相殺を主張し、加えて、前記違法仮処分に対する異議申立手続の弁護士報酬として支払った2000万円及びこれに対する遅延損害金の合計2478万円余の損害賠償請求権を自働債権とする相殺を主張した。
5　Xは、Yの相殺の主張に対して、つぎのように反論した。「Yは、Xが債権者となってYを債務者として申し立てた不動産仮処分事件において仮処分決定を得て、これを執行したことが不法行為に当たり、2億5260万円の損害を被ったとして、Xを被告として訴を提起し、訴訟が係属中であるから、本訴において同じ請求権を自働債権として相殺を主張することは許されない。なるほど、右の別訴における請求の趣旨として求めているのは4000万円の限度ではあるが、請求原因としては2億5270万円の損害を主張しているのであり、同じ原因に基づく損害賠償請求権の一部を本訴で自働債権として相殺を主張することもできないというべきである。」

【設問1】

1)　上記の【事実の概要】において、何故相殺の抗弁が問題となるのか。
2)　最高裁判例に基づく場合、Xの主張は認められるか。

【設問2】

　上記の【事実の概要】における相殺の抗弁は、どのように処理すべきか。以下の小問に検討したうえで、判例・学説の議論を参考にして、答えよ。

(小問)
1)　相殺の抗弁に関する二重起訴禁止規定（民訴142条）の類推適用の可否についての最高裁判例の立場はいかなるものか。
2)　一部請求における残部請求の可否に関する最高裁判例の立場はいかなるものか。

【演習問題2】　以下の【事実の概要】をよく読んで、下記の設問に答えなさい。

【事実の概要】
1　Xは、本件訴訟（②訴訟）の請求の趣旨として、次のとおりの判決を求める旨述べた。
　(1)　Y1は、Xに対し、金1億4656万4177円及び内金1億3300万円に対する平成12年11月1日から支払済みまで年14パーセント（年365日日割計算）の割合による金員を支払え。
　(2)　Y2、同Y3、同Y4及び同Y5は、Xに対し、それぞれ金3664万1044円及び内金3325万円に対する平成12年11月1日から支払済みまで年14パーセント（年365日日割計算）の割合による金員を支払え。
　(3)　Y4は、Xに対し、金2億9312万8354円及び内金2億6600万円に対する平成12年11月1日から支払済みまで年14パーセント（年365日日割計算）の割合による金員を支払え。
　(4)　Y5は、Xに対し、金2億9312万8354円及び内金2億6600万円に対する平成12年11月1日から支払済みまで年14パーセント（年365日日割計算）の割合による金員を支払え。
　(5)　訴訟費用は被告らの負担とする。
　(6)　仮執行宣言
2　本件訴訟において、Xが請求の対象としている権利関係は、次のとおりであると認められる。
　(1)　Y1ら関係
　訴外Aが、Xとの間で締結した当座貸越契約に基づき、平成2年8月24日に借り受けた貸越金1億5000万円及び平成3年7月26日に借り受けた貸越金1億6500万円の合計3億1500万円についての残元金2億6600万円並びに利息及び損害金。
　ただし、訴外Aが平成11年2月19日に死亡したことにより、相続人であるY2らが当該債務を相続持分に応じて承継した。
　(2)　Y4及びY5関係
　Y4及びY5が、それぞれ、平成2年8月24日及び同3年7月26日にXとの間で締結した連帯保証契約に基づき、訴外Aが(1)の当座貸越契約に基づいてXに対して負担する一切の債務についての連帯保証債務としての残元金2億6600万円並びに利息及び損害金。
3　訴外A並びにY4及びY5は、上記1(1)に掲げる元金2億6600万円の返還債務及び上記1(2)に掲げる各連帯保証債務がいずれも存在しないことの確認等を求めて、先行訴訟（①訴訟）を提起し、平成13年2月26日に請求棄却の判決が言い渡され、同事件に係る控訴事件が、現在、T高等裁判所に係属中であ

ることが認められる。
4 以上に認定の事実によれば、先行訴訟と本件訴訟とは、債務の不存在の確認を求めるものであるか、(債務が存在することを前提として) その給付を求めるものであるかの相違はあるものの、基本となる権利関係及び当事者を共通とするものであり、実質において、同一の権利関係を対象とするものであると認められる。
5 各当事者の主張の要旨
(1) Y1らの主張

本件訴訟は、先行訴訟と当事者を同一にし、事件を同一とする訴えであり、典型的な二重起訴に該当する。なお、二重起訴の該当性を判断する際には、請求の趣旨の同一性まで要求されるものではなく、消極的確認訴訟と給付訴訟の場合であっても、二重起訴の禁止に違反し、不適法なものである。

(2) Xの主張

本件訴訟と先行訴訟の対象としている権利関係が同一のものであることは争わないが、以下の理由により、本件訴訟は二重起訴の禁止に反するものではない。

ア 先行訴訟は債務不存在確認訴訟であり、その判断対象は債務の存在・不存在であることになるが、本件訴訟のような給付請求訴訟においては、債務の存在・不存在の判断に加えて、給付を求めること自体についての抗弁の成否が判断対象となる場合が論理的にあり得るから、本件訴訟は、給付の可否についての判断を求める部分に関しては先行訴訟とは異なる判断を求めていることになり、二重起訴の禁止には該当しない。

イ 本件に関しては、先行訴訟は東京高等裁判所に係属しており、二重起訴の禁止の法理に抵触することを回避するために給付を求める反訴を提起しようとしても、反訴被告の同意要件 (民訴300条1項) 等が存在するために、適法な反訴の提起・継続が可能かどうかという点について、不安定な状態にある。このような状況の下では、本件訴訟の提起は、二重起訴の禁止の趣旨に反しないものと解されるべきである。

【設 問】

1) 本件②訴訟で、Y1らは、Xの提訴は二重起訴禁止原則に該当するとして、訴えの却下を求めた。Y1らの主張とXの主張を検討し、Xの提訴は二重起訴禁止原則に該当するか否かを判断せよ。
2) また、このような債務不存在確認訴訟と給付訴訟の前後関係が上記事実関係の場合と逆の場合にも同様の結論となりうるか。
3) 上記事実関係の場合には、訴えの利益なしとの判断は可能か。

【演習問題3】 以下の【事案】A、Bをよく読んで、下記の設問に答えなさい。

【事案A】

(1) Xは、昭和44年7月17日に設立された、食肉及び肉加工品販売業等を目的とする有限会社である。Xの社員は、遅くとも昭和50年以降現在に至るまで、Y1、B、A及びCの4名であり、社員権の割合は各自平等（各200口）である。Y1、A、B、は兄弟であり、上記3名とCはいとこの関係にある。Y1及びY2は夫婦である。Y1は、昭和44年8月31日から平成14年2月25日までXの取締役であり、そのうち昭和56年10月19日から平成14年2月25日までは代表取締役であった。Aは、昭和56年10月19日から現在に至るまでXの取締役であり、平成14年2月26日から現在に至るまで代表取締役である。Bは、昭和44年8月31日から現在に至るまでXの取締役である。Cは、Xの設立時（昭和44年7月17日）から現在に至るまでXの取締役であり、そのうち昭和44年8月31日から昭和56年10月18日までは代表取締役であった。

(2) A及びCは、平成12年7月8日、Xの代表取締役であるY1に経理上の不正があるなどとして、大阪地方裁判所に対し、Y1の取締役解任の訴えを提起したが、同訴訟は、平成14年3月26日、訴え取下げの擬制により終了した。

(3) Y1は、平成10年頃、Xに対し、150万円を弁済期及び利息の定めをせずに貸し付けた（以下、この契約を「本件消費貸借契約」という。）。Xは、Y1がXの取締役であった当時、Y1に対し、平成13年10月分までの報酬については毎月支払っていたが、同月以降分の報酬については支払わなかった。平成13年10月当時、Y1、C、B及びAは、甲土地（以下「本件賃貸地」という。）を各4分の1の持分割合で共有していたところ、Xに対して同土地を賃料1か月22万円（各人が取得すべき賃料は5万5000円）で賃貸しており（以下、この契約を「本件賃貸借契約」という。）、Xは、本件賃貸借契約に基づいて本件賃貸地を使用していた。Xは、平成13年10月以降、Y1に対し、本件賃貸借契約に基づく賃料（1か月5万5000円）を支払っていない。

(4) Xは、Xの取締役（代表取締役）であったY1（以下「Y1」という。）に対し、〔1〕主位的に、金銭寄託（ないし消費寄託）契約に基づく寄託金返還請求権又は同契約の解除に基づく不当利得返還請求権に基づき、〔2〕予備的に、取締役との間の委任関係に基づく金銭引渡請求権又は取締役の辞任（委任関係の終了）に基づく不当利得返還請求権に基づき、8億5349万円のうち2億0756万円及びこれに対する本訴状送達の日の翌日である平成15年1月12日から支払済みまで民法所定の年5分の割合による遅延損害金の支払（一部請求）を求め、さらに、Y1らに対し、横領の共同不法行為に基づく損害賠償として、連帯して4906万3071円のうち4500万円及びこれに対する本訴状送達の日の翌日である平成15年1月12日から支払済みまで民法所定の年5分の割合による遅延損害

金の支払(一部請求)を求めている。
(5) 反訴において、Y1が、Xに対し、〔1〕取締役の報酬合計53万9556円、〔2〕土地賃貸借契約に基づく賃料合計16万5000円、〔3〕本件消費貸借契約に基づく貸金元金150万円、及び上記〔1〕ないし〔3〕の各金員に対する反訴状送達の日の翌日である平成15年3月28日から各支払済みまで民法所定の年5分の割合による遅延損害金の各支払をそれぞれ求めている。
(6) 本訴は平成14年12月30日に、反訴は、平成15年3月20日にそれぞれ提起された。反訴提起後の同年5月12日の第2回弁論準備手続において、XがY1に対し本訴請求債権をもって反訴請求債権と対当額で相殺する旨の意思表示をした。Xは、本訴請求債権(なお、前記2、3で説示したところによれば、XのY1に対する請求については、損害賠償請求権730万6027円の限度で理由がある。)をもってY1の反訴請求債権とその対当額において相殺する旨の意思表示をしたから、Y1のXに対する反訴請求権は消滅しているなどと主張する。

【事案B】

(1) Pは、平成2年2月28日、建築業を営むA(以下「A」という。)との間で、請負代金額を3億0900万円として賃貸用マンション新築工事請負契約を締結した。その後、Pは、設計変更による追加工事をAに発注した(以下、追加工事を含めた契約を「本件請負契約」といい、追加工事を含めた工事を「本件工事」という。)。
(2) Aは、平成3年3月31日までに本件工事を完成させ、完成した建物(以下「本件建物」という。)をPに引渡した。
(3) Pは、平成5年12月3日、Aに対し、本件建物に瑕疵があり、瑕疵修補に代わる損害賠償又は不当利得の額は5304万0440円であると主張して、同額の金員及びこれに対する完成引渡日の翌日である平成3年4月1日から支払済みまで商事法定利率年6分の割合による遅延損害金の支払を求める本訴を提起した。
(4) Aは、第1審係属中の平成6年1月21日、Pに対し、本件請負契約に基づく請負残代金の額は2418万円であると主張して、同額の金員及びこれに対する平成3年4月1日から支払済みまで商事法定利率年6分の割合による遅延損害金の支払を求める反訴を提起し、反訴状は、平成6年1月25日、Pに送達された。
(5) 本件請負契約に基づく請負残代金の額は、1820万5645円である。
(6) 他方、本件建物には瑕疵が存在し、それによりPが被った損害の額は、2474万9798円である。
(7) Aは、平成13年4月13日に死亡し、その相続人であるQらがAの訴訟上の地位を承継した。Qらの法定相続分は、それぞれ2分の1である。
(8) Qらは、平成14年3月8日の第1審口頭弁論期日において、Pに対し、Qら

がそれぞれ相続によって取得した反訴請求に係る請負残代金債権を自働債権とし、PのQらそれぞれに対する本訴請求に係る瑕疵修補に代わる損害賠償債権を受働債権として、対当額で相殺する旨の意思表示をし（以下「本件相殺」という。）、これを本訴請求についての抗弁として主張した。

【設問1】

1) 事案A、Bにおいて主張されている相殺の抗弁には、訴訟上どのような問題が生じるか。その要点について説明しなさい。

【設問2】

　事例A、Bにおける相殺の抗弁は、どのように処理すべきか。判例・学説の議論を参考にして、考えよ。

【演習問題4】　以下の【事実の概要】をよく読んで、下記の設問に答えなさい。

【事実の概要】

(1)　Yは、平成12年4月10日、X2との間で、X2所有の別紙物件目録記載Bの各土地（以下、併せて「B土地」という。）を賃借する旨の賃貸借契約を締結し、さらに、同月12日、aとの間で、同人所有の上記物件目録記載Aの1の土地（以下「A1土地」という。）ほか1筆の土地及びb所有の上記物件目録記載Aの2の土地（以下「A2土地」という。）を賃借する旨の賃貸借契約を締結した（以下、これらの各賃貸借契約を併せて「本件賃貸借契約」という。）。その当時、上記各土地は、高速道路の取付道路用地として、K県による買収が予定されていたが、Yは、上記各土地上に樹木を植栽した。

(2)　平成13年12月14日、aはA1土地を、bはA2土地を、それぞれX1に贈与し、A1土地及びA2土地について、X1に対する所有権移転登記がされた。

(3)　X1らは、本件賃貸借契約は無効であるなどと主張して、Yに対し、A1土地、A2土地及びB土地（以下、これらを併せて「本件土地」という。）の所有権に基づき、本件土地上に植栽された上記樹木（以下「本件樹木」という。）の撤去及び本件土地の明渡しを求める訴訟を提起した。同訴訟については、平成16年10月6日、本件賃貸借契約は、農地法所定の許可を受けていないから無効であるが、本件樹木は、民法242条本文の規定により本件土地に付合し、本件土地の所有者であるX1らに帰属したとして、X1らの請求のうち本件土地の明渡し請求を認容し、本件樹木の撤去請求を棄却する旨の判決が言い渡され、この判

決はそのころ確定した。
(4) Yは、平成16年12月8日、上記付合によって損失を受けたとして、民法248条による償金請求権（以下「本件償金請求権」という。）を被保全権利として、本件樹木についてX1、X2をそれぞれ債務者とする仮差押命令の申立てをし、同月10日、各仮差押命令を得て、その執行をした（以下、この命令を併せて「本件仮差押命令」といい、この執行を併せて「本件仮差押執行」という。）。
(5) X1らは、本件仮差押執行により、本件樹木を撤去することができなくなり、本件土地の買収手続を進めることもできなくなったため、平成16年12月21日、Yを相手方として、本件仮差押命令につき本案の起訴命令を申し立て、同日、Yに対し、本案の起訴命令が発せられた。
(6) 上記起訴命令を受けて、Yは、平成17年1月21日、本件償金請求権に基づき、X1らに対して、合計約4万本の本件樹木に係る各償金の支払を求める訴訟（以下「①事件本訴」という。）を提起した。Yは、本件仮差押命令の申立てに先立ち、X1らに対し、それぞれ約5000万円の償金の支払を請求していたが、前事件本訴の第1審において請求した償金の額は、X1に対しては1億5852万8306円、X2に対しては1億4147万1693円であった。これに対し、X1らは、同年5月19日、本件償金請求権は存在せず、本件仮差押命令の申立ては違法であると主張し、それぞれ、Yに対し、不法行為に基づく損害賠償として、本案の起訴命令の申立て及び前事件本訴の応訴に要した弁護士費用相当額250万円及びこれに対する遅延損害金の支払を求める反訴（以下「①事件反訴」という。）を提起した。
(7) ①事件については、平成17年10月27日、〔1〕仮に本件償金請求権が発生するとしても、Yは、本件土地が道路用地としてK県により買収される予定であることを知り、補償金目当てに、X2やa、bには絶対に迷惑をかけないと言って本件賃貸借契約を締結して本件樹木を植栽し、補償金が得られないと知るや一転して巨額の償金請求を行うなどしており、本件償金請求権の行使は権利の濫用であるとして、Yの本訴請求を棄却し、〔2〕本件償金請求権の発生自体は認められる可能性があることなどに照らし、本件仮差押命令の申立ては違法性を欠くとして、X1らの反訴請求も棄却する旨の第1審判決が言い渡された。さらに、平成18年5月31日に言い渡された①事件の控訴審判決は、Yの本訴請求については、上記〔1〕と同旨の判断をし、X1らの反訴請求については、本件償金請求権の行使は権利の濫用に当たり許されないものであるから、被保全権利を欠く本件仮差押命令の申立ては違法であり、Yに過失も認められるとして、弁護士費用相当額の損害各50万円及びこれに対する遅延損害金の支払を求める限度で認容した。Yは、この控訴審判決に対して上告した。
(8) X1らは、平成18年6月29日、本件仮差押執行のために本件買収金の支払が遅れたことによる遅延損害金相当の損害賠償を求める本件訴訟（②事件）を

(9) ①事件については、平成18年10月5日、Yの上告を棄却する旨の決定がされ、上記控訴審判決が確定した。
(10) X1らは、①事件の判決の確定を受けて、被保全権利の不存在を理由に本件仮差押命令の取消しを申し立て、平成18年11月1日、本件仮差押命令を取り消す旨の決定がされ、同決定は同月16日確定し、本件仮差押執行が取り消された。
(11) その後、X1らは、自らの労力と時間を費やして、本件樹木の撤去作業を行い、これを廃棄した。

【設 問】

> 以上の事実関係の下、YはX1らの本件訴訟（②事件）において次のような主張を展開した。
> 「本件訴訟（②事件）に係る損害賠償請求権と①事件反訴に係る損害賠償請求権とは、いずれも違法な保全処分に基づく損害賠償請求権という1個の債権の一部を構成するものである。そして、X1らは、①事件反訴においてYに対し本件仮差押命令の申立てによる損害として弁護士費用相当額の賠償を請求するに当たり、これが不法行為による損害の一部であることを明示していたとは認め難いから、①事件反訴においては、本件仮差押命令の申立てが違法であることを理由とする不法行為に基づく損害賠償請求権の全部が訴訟物になっていたというほかない。そうすると、本件訴訟に係る訴えは、①事件の確定判決の既判力に拘束されるというべきである。したがって、①事件の確定判決において本件仮差押命令の申立てに基づく損害として反訴請求が認容された分を超えて、本件仮差押命令の申立てによりX1らが受けた損害の賠償を認めることはできない。」
> (1) この主張に対して、X1らの反論としてどのようなことが主張できるか。
> (2) Yらの主張とX1らの反論を検討して、裁判所としてYの主張を採用すべきか否かについて論じない。

【応用問題】 以下の【事実の概要】をよく読んで、下記の設問に答えなさい。

【事実の概要】

1　Xは、土木工事等の請負を業とする会社であり、Yは、宅地等の造成を目的とする会社である。
2　Xは、平成21年5月頃、Yとの間で、請負代金額を2000万円とし、代金の

半額は工事完成時に支払い、残りの半額は工事完成の1年後に支払う内容の工事請負契約を締結した。
3　その後、平成22年3月末に本件工事が完成し、工事物件はYに引き渡された。
4　平成22年7月3日、上段石垣部分が上記の亀裂部分から高さ4メートル、巾約20メートルにわたって崩壊した。この崩壊は、Xの手抜き工事が原因となって、石積が土圧に耐えられず石積面に亀裂を生じ、それが拡大して惹起されたものである。
5　Xは、上記石垣の崩壊に対し、何ら適切な対応をしなかったため、Yは、次のとおりの損害を蒙った。
　（一）　崩壊場所の取片つけに要した費用　100万円
　　（ⅰ）　ブルドーザー・チャーター料　100万円
　　（ⅱ）　ユンボ・チャーター料　30万円
　　（ⅲ）　人夫手当　50万円
　（二）　上記上段石垣工事費用相当額　420万円
　　　　　　　　　　　合計　700万円
6　本件崩壊事故が、主として、石積の裏込めの栗石が不足していたこと、石垣の基礎工事が十分でなかったこと（基礎の厚さ不足）、コンクリート量の不足等Xの手抜き工事により、石積が水圧・土圧に耐えられなかったために生じたものであることは、鑑定人たる一級建築士Aの鑑定により明らかにされている。
7　Yが工事の欠陥を指摘して残代金の支払いを拒んだため、平成23年4月20日、Xは、Yを被告として、請負残代金1000万円のうち500万円支払いのを求める訴え及び遅延損害金の支払いを求め訴え（以下、本訴とする）を提起した。本訴において、Yは、工事の欠陥によって700万円の損害を被ったとして、損害賠償請求権でもって相殺の抗弁を提出した。

【設問1】

裁判所は、Xの訴求債権の存在を認め、かつYの相殺の抗弁をも認め、その限度で原告の請求を棄却し、判決は確定した。その後、YがXに対して次のような訴えを提起した場合に、裁判所はどのように処理すべきか。
1) Yが、相殺に供した700万円の残代金200万円を請求する訴訟を提起する場合
2) Yが、相殺に供した700万円についての不当利得返還請求訴訟を提起する場合
3) Yが損害賠償請求権を300万円拡張し、1000万円の損害賠償請求訴訟を提起する場合
4) Xが残部の債権500万円をZに譲渡し、ZがYに対して500万円の支払いを請求し、訴訟を提起した場合

【設問2】

Yが損害賠償請求は1200万円だとしてその全額でもって相殺の抗弁を提出したが、裁判所は、Yの損害賠償請求権は不存在との判断をし、Xの請求を全部認容し、その判決が確定した。その後、Yは、500万円分の差額700万円の損害賠償訴訟を提起した場合に、裁判所は、どのように処理すべきか。

【設問3】

第一審判決はYの相殺の抗弁を認容して、Xの請求を棄却した。Xだけが控訴し、Yは控訴も附帯控訴もしない場合において、控訴審は、訴求債権の成立を否定するとき、控訴審は第一審判決を取り消して、改めて請求棄却の判決をすることができるか。

【設問4】

Yが相殺の抗弁に供した債権に対して、Xは、Yに対して有する貸金債権（500万円）を自働債権とする相殺の抗弁を提出した。Xの相殺の抗弁は適法であるか。

【設問5】

Xの500万円の請求に対して、Yが相殺の抗弁ではなく、反訴で損害賠償請求権を主張してきた。Xは、残代金の500万円をもって相殺の抗弁を提出した。Xの相殺の抗弁は適法であるか。

第 7 章　訴訟対象論・その 2
―申立事項と判決事項―

第 7 章の趣旨

　民事訴訟では、処分権主義が採用される。そして、この処分権主義の内容の一つに、当事者は審判の対象、限度を自由に決定できるという原則がある。これを規定するのが民訴法 246 条である。そして、この規定から、原則として「**申立事項と判決事項の一致**」というテーゼが導き出される。このテーゼは、当事者にとって申立事項以外にあるいはそれ以上に敗訴判決を受けないことを保障するものである。しかし、「申立事項と判決事項の一致」は常に要請されるものではない。両者の不一致が許容される場合もありうる。そこで、そのような不一致の許容はいかなる場合に生じうるかが問題となり、そしてその場合に当事者意思の尊重はどのようになるのかが問われることになる。また、「形式的形成訴法」という特殊な訴訟類型である境界確定訴訟においては、処分権主義・弁論主義は後退する。裁判所は当事者の申立てに拘束されない。しかし、訴訟対象から導き出される当事者適格について議論のあるところである。紛争の実態と訴訟形態の特質から整合的な結論を出すことが難しい例である。今回は、これらの問題の分析、検討を通して、民事訴訟法の基礎理論（処分権主義、とくに訴訟物特定についての関係）についての知識を確認し、紛争の実態と理論との調整に関する思考を深めることを目的とする。

参考教科書での関連部分

①伊藤眞『民事訴訟法（第 4 版）』162～163、208～212 頁
②中野貞一郎ほか『新民事訴訟法講義（第 2 版補訂 2 版）』34～36、430～434 頁
③髙橋宏志『重点講義民事訴訟法上（第 2 版）』82～94 頁（第 3 講）
④新堂幸司『新民事訴訟法（第五版）』211～214、349～344 頁
⑤松本博之＝上野泰男『民事訴訟法（第 6 版）』172～174、528～535 頁

基本事項の解説

1　審判範囲の特定と処分権主義

(1)　処分権主義の意義と機能

　私人は、実体法上、自らの権利を自由に処分できる（私的自治）。民事訴訟では、原則的に当事者の意思が重視される。私人の自由な意思に基づき自由

な経済活動が保障されている近代社会においては、そこで生じた私人の権利・法律関係にめぐる紛争は、裁判の場でも私人による自由な処分を保障することが要請されるからである。そして、民事訴訟においては、通常、当事者が実体法上自由に処分しうる権利が争われており、それゆえ、私的自治に相応して、民事訴訟においても当事者の処分権が原則自由に認められている。この原則を「**処分権主義**」という。

これに対抗する概念が、「**職権（処分）主義**」である。これは、訴訟を職権によって開始し、訴訟対象は広範に裁判所によって決定されるとするものである。わが国では処分権主義が採用されており、処分権主義に違反した手続は無効となる。

処分権主義は、以下の三つの局面で現われる。

①**訴訟の開始**……訴えの提起、上訴の提起は当事者の自由に委ねられ、職権で訴訟が開始されることはない（**不告不理の原則**）。そして、これと併せて、当事者には「手続選択の自由」が保障される。訴訟手続以外の和解、調停、仲裁など、どの手続により自己の権利を保護するかは、当事者の自由に委ねられている。

②**訴訟対象の決定**……審理及び判決対象となる訴訟物の範囲については当事者が決定する。

③**訴訟の終了**……当事者は、**請求の放棄・認諾、訴えの取下げ、和解**によって訴訟物を処分でき、その結果、訴訟を終結させることができる。

このように、処分権主義は、民事訴訟において本質的な原則といえるが、公益性のある事件などでは例外が認められている。

例えば、まず、訴訟の開始に関しては、公益性の強い身分関係訴訟の場合に、公益を代表する検察官による訴え提起が認められる場合がある（民744条、人訴19条以下）。訴訟対象の決定に関しては、特殊な訴訟形態では処分権主義が制限されている。例えば、境界確定訴訟では、当事者が特定の境界線等を主張しても裁判所はそれに拘束されない。その他、離婚訴訟等における財産分与の申立て[1]、親権者指定の申立て[2]には、裁判所は拘束されないとするのが判例である。また、民訴法248条の規定は、同246条の例外となり、手続目的のために処分権主義を修正したものと位置づけることができよう。

---

1 最判昭和41年7月15日民集20巻6号1197頁。
2 東京地判昭和35年12月24日下民集11巻12号2765頁。

訴訟の終了に関しては、例えば、訴えの取下げにつき、相手方の利害調整や訴訟経済的観点から一定の制約が存する。前者の観点では、訴えの取下げにおける相手方の同意の必要（民訴261条）を、後者の観点では、終局判決後に訴えを取り下げた場合の再訴禁止（民訴262条2項）を挙げることができる。また、公益性の大きな人事訴訟事件では、請求の放棄・認諾が認められない場合がある（人訴37条1、3項、19条2項など参照。また同様に会社事件でも解釈論上処分権主義の制限を認める議論がある）。

(2) 申立事項と判決事項の一致（民訴246条）

この処分権主義の内容の一つに、当事者は審判の対象・限度を自由に決定できるという原則がある。これを規定するのが民訴法246条である。つまり、「裁判所は、当事者の申し立てた事項を越えて、またそれ以外の内容の本案判決をすることは許されない」のである。この「**申立事項と判決事項の一致**」という原則は、当事者にとって申立事項以外に、あるいはそれ以上に敗訴判決を受けないことを保障するものである。裁判所が申し立てていない事項について判決をすることは、この当事者の信頼を裏切る「**不意打ち判決**」となり、つまり、裁判を受ける権利の内容である審問請求権等の侵害となり、許されないのである。しかし、「申立事項と判決事項の一致」は常に要請されるものではない。両者の不一致が許容される場合もありうる。問題は、そのような不一致の許容はいかなる場合に生じうるか、そして、その場合に当事者意思の尊重はどのようになるのかが問われることになる（申立事項と判決事項の関係における論点及びその議論の詳細については、下村眞美「申立事項と判決事項」争点116頁以下など参照のこと）。

申立事項と判決事項の一致とはいかなる意味かである。一般には、(a) **量的一致**の要求、(b) **質的一致**の要求、(c) **権利保護方式の一致**の要求である。例外として、形式的形成訴訟の場合には、裁判所は申立てに拘束されない。また、原告の申し立てた訴訟物と異なる訴訟物について、裁判所が判決することは、当然民訴法246条違反となる。上記の (a) 〜 (c) についてであるが、(a) は、求めているものより大きなものを与えてはならないという意味で、下記に示すようにこの範囲で**一部認容**は許される[3]。(b) は、当事

---

3 なお、平成8年民事訴訟法改正で、損害賠償訴訟に関しては、損害額の認定が裁判所の裁量で認められることになった（民訴248条）。つまり、損害賠償訴訟における損害額の算定につい

者の要求が権利の存否の判断であるのに、裁判所が権利の限界を設定することができるかが問われる。そして、一部認容の限界については、原告の請求の意思解釈が行われている。質的な場合には、とくに一部認容の可否が問われる場合が多い。以下で、簡単な設例から申立事項と一部認容判決の関係をみる。(c) は、裁判所は求める判決の権利保護形式に拘束されるということである。例えば、給付の訴えに対して確認判決をすることは許されないのである。

2　申立事項と一部認容判決

一部認容判決につき次の問題を考えてみる。まず「裁判所は、100万円の代金請求に対して、200万円の請求を認容することはできるか」であるが、これは、上記 (a) の基準から明らかなように、求めているより大きなものを与えることになるので、許されない。逆に「裁判所は、100万円の代金請求に対して、50万円の請求を認容することはできるか」と問われれば、これはできるということになる。上記 (a)、(c) は問題なく、また (b) についても、100万円が認められなければ、認められる額 (50万円) についての請求認容判決を求めるとするのが原告の合理的意思であると考えるのである。これが量的な一部認容判決である。

次に、「裁判所は、家屋の全部明渡し請求に対して一部明渡しを命じることはできるか」についてはどうであろうか。判例は、上記 (a) 〜 (c) は問題なく、量的な一部認容として認める[4]。しかし、原告は家屋の全部の明渡しを求めているのであり、この点の意思が明確であれば、この判決では原告の目的は達成されない。それゆえ、原告の合理的意思を認めることができるか、という点から、判例の見解には疑問も提示されている。

また、「裁判所は正当事由を理由とする賃貸借契約の解約に基づく家屋の引渡請求に対して、立退料の支払いと引き換えに原告の請求を認容できるか」という問題はどうか。判例は、賃貸人が一定額の金員を立退料として支払う意思を表明し、かつそれと引き換えに家屋の引渡しを求めている場合に、とくに反対の意思が窺われない限り、これを認める[5]。

ては、申立事項と判決事項の一致は問われないことになったと言えるのである。
4　最判昭和30年5月24日民集9巻6号744頁。
5　最判昭和46年11月25日民集25巻8号1343頁＝百選76事件。この場合には、賃貸人は必ず

その他、無条件の給付請求に対して被告が「**留置権の抗弁**」[6]や「**同時履行の抗弁**」[7]を提出する場合や、建物収去土地明渡請求訴訟において被告が「**建物買取請求権**」を行使し、代金の提供があるまで建物の引渡しを拒む旨の抗弁を提出する場合[8]に、それらの抗弁が認められるときには、「**引換給付判決**」をすべきとするのが判例である。「**限定承認**」の抗弁の場合には、「**留保付判決**」がなされる[9]。また、遺留分権利者が遺留分減殺請求をして遺贈物の返還を請求する場合に、受遺者が民法1041条による価額弁償の意思表示をしたときには、「**条件付一部認容判決**」がなされる[10]。

このように、一部認容判決の場合には、申立事項に関する当事者の意思を斟酌する必要が出てくる。しかし、申立ての趣旨等が常に明確であるわけではない。その意思を善解して裁判所は判断することになろうが、不意打防止の観点からも「裁判所の求釈明」は不可欠な場合が少なくない。その意味では、「申立事項と判決事項の一致」と裁判所の適正な釈明権行使は密接な関係を有してくるのである[11]。

③ 債務不存在確認請求訴訟

訴訟物は、その申立てにおいて特定しなければならない。そして、金銭債権の給付請求訴訟では、当事者間の衡平上被告の防御的地位を保障する点などから、一定の金額を表示しないで訴訟を提起することは不適法とされるのが一般的である[12]。しかし、債務不存在確認訴訟では、債務の具体的発生原因とその債権額を明示する必要があるが、債権者の方で債務の総額を容易に知りうる関係から、その防御的地位を保障する意味は小さく、一定金額を表示しない訴えも適法ではないかという問題が生じる。また、一定額の債務は

しも申出額にこだわることなく、当該申出額と格段の相違がない一定の範囲内で裁判所が相当と認める立退料を提供する趣旨であるとその意思を解釈している。
6 最判昭和47年11月16日民集26巻9号1619頁。
7 大判明治44年12月11日民録17輯772頁。
8 最判昭和33年6月6日民集12巻9号1384頁。
9 大判昭和7年6月2日民集11号1099頁。
10 最判平成9年2月25日民集51巻2号448頁など。
11 釈明義務違反の例として、最判昭和58年10月25日判時1104号67頁、最判昭和61年5月30日民集40巻4号725頁などがある。
12 金銭債権の存在を確認する積極的確認訴訟においても一定金額を表示し、その範囲を明確にして申し立てることを要請するのが判例（最判昭和27年12月25日民集6巻12号1282頁）・通説である。

認めるがそれを超える債務は認めないなどという請求パターンもあり、一定金額の表示を訴えの適法性要件として捉える必要性が低い。そこで、そのような債務不存在確認訴訟は適法であるとする見解が多数であるが、適法であるとしても、その訴訟物の範囲とそれに関連して一部認容の可否との関係が問題となっているのである。以下、通説の立場で、債務不存在確認訴訟の基本的請求パターンを解説する。

(1) 全部債務不存在確認請求の場合

例えば、原告 X が、「被告 Y との間の 0 年 0 月 0 日付けの消費貸借契約に基づく原告 X の Y に対する 200 万円の債務が存在しないことを確認する。」と主張して、債務不存在確認訴訟を提起したとする。この場合、訴訟物は「200 万円の債務の不存在」である。裁判所が X の弁済額は 130 万円と認定したとすると、裁判所は、「70 万円を越えて債務は存在しない」との一部認容判決を下すことになる。そして、既判力は、「70 万円の債務の存在と 130 万円の債務不存在」に生じることになる。

(2) 債務の上限を示しての一部債務不存在請求の場合

例えば、原告 X が、「被告 Y との間の 0 年 0 月 0 日付けの消費貸借契約に基づく原告 X の Y に対する 200 万円の債務のうち 70 万円の債務は認めるが、70 万円を超える部分は存在しないことを確認する。」と主張して、債務不存在確認訴訟を提起したとする。この場合、訴訟物は「130 万円の債務の不存在」である。まず（A）裁判所が「X の債務額は 50 万円を超えて存在しない」と認定したとすると、裁判所の判決は、「70 万円を超えて債務は存在しない」との内容の判決を下すことになる。「50 万を超えて債務は存在しない」との判決を下すことは、原告に申立以上の利益を与えることになるので許されないのである。そして、既判力は、「130 万円の債務不存在」に生じることになる（20 万円の債務不存在と自認した 70 万中 50 万円の存在に既判力は生じないかが議論されている。通説・判例の立場では既判力生じない。しかし、例えば、新堂・341 頁は審理作業としては 200 万円全部が審理対象となっており、70 万円の存否につき紛争の余地を残すのは、紛争解決の実効性からも疑問として既判力を認める。また、最判平成 10 年 6 月 12 日民集 52 巻 4 号 1147 頁の立場からは、信義則による遮断も考えられるかもしれない。今後の議論展開が注目される）。これに対して、同じ事例

で、裁判所の認定額が異なる場合、つまり、(B) 裁判所が「Xの債務額は100万円を超えて存在しない」と認定したとすると、裁判所の判決は、「100万円を越えて債務は存在しない」との内容の判決を下すことになる。そして、既判力は、「30万円の債務の存在と100万円の債務不存在」に生じることになる。

(3) 債務の上限を示さない一部債務不存在請求の場合

原告Xが、「被告Yとの間の0年0月0日付けの消費貸借契約に基づく原告XのYに対する債務のうち70万円を超える部分は存在しないことを確認する。」と主張して、債務不存在確認訴訟を提起したとする。債務の全額（上限）を明示しないこの場合には、訴訟物は一定の金額以上の当該債権の不存在の主張を訴訟物とする見解もありうるが、判例[13]は、上記②の場合と同じく当該債務の全額から、その存在の自認する部分（ここでは70万円）を除いた債務の不存在を訴訟物とする。つまり、例えば、「債務の総額が200万円」で、裁判所が「Xの債務額は50万円を超えて存在しない」と認定したとすると、訴訟物は、「130万円の債務の不存在」となる。そして、裁判所の判決は、「70万円を超えて債務は存在しない」との内容の判決を下すことになる。既判力の範囲も、また認定が「100万円を超えて存在しない」という場合にも、②と同様である。なお、この場合に、「債務の総額が200万円」が請求原因の記載や相手方の主張等から明確にならない場合には、訴えは不適法却下となってくる。

４ 一時金賠償請求訴訟と定期金損害賠償

申立事項と判決事項との関係で判例において近時問題となっているものの一つに「一時金賠償を原告が求めているときに、裁判所は（職権で）定期金による賠償方法を認定しうるか」という問題がある[14]。

定期金賠償方式が論じられたのは、現行民法が損害賠償につき金銭賠償を原則とし（民417条、722条）、他方でその賠償方式や方法については、何ら規定していない結果、通説・実務が一貫して「**一時金賠償方式**」を採ってきた

---

[13] 最判昭和40年9月17日民集19巻6号1533頁＝百選77事件。
[14] 例えば、東京地判平成8年12月10日判時1589号81頁、東京高判平成15年7月29日判時1838号69頁など参照。

ことに起因する。つまり、「事故時に全損害が発生する」というドグマが実務・学説を支配しているのである。しかし、このドグマは、後遺症などの予測外治癒や、幼児被害者の逸失利益などについての将来損害の算定において、論理的亀裂が生じてくる。将来損害の算定は、将来の生存と収入というフィクションの上に立ち、しかも社会的、経済的変動という不確定要因の予測を放棄した形で決められていた。つまり、病気も、失業も、破産もない幸福な人生を擬制したうえで、算定されてきたのである[15]。こうしたフィクションのうえに成り立つ損害賠償額の認定は、その前提が崩れた場合には加害者側に多大な負担を強いることになる。とくに、一時金方式の場合に、平均余命までの損害を一時金として認める限り、その途中で患者が死亡した場合には、加害者は多大な負担を負うことになる。また、賠償額の過大性が判明しても、基準時後の新事実として既判力の拘束を排除することは難しく[16]、加害者の支払拒絶には至らない。そこで、当事者間の衡平を考慮して登場してきたのが、「定期金賠償方式」である[17]。しかし、この方式は、①貨幣価値の変動等の事情変更があった場合の対処方法がない点、②賠償義務者の資力悪化の危険を被害者に負わせることになる点で、実務で採用されることはほとんどなかったのである。最高裁昭和62年2月6日判決（判時1232号100頁）は、当事者の申立てのない場合に裁判所が定期金賠償方式の判決をすることはできないとした。しかし、平成8年民事訴訟法改正で状況は変化したのである。**民訴法117条による変更の訴え**の創設である。これは、定期金賠償を前提とした訴えであることから、手続法の側面から定期金賠償方式を承認したものと解せられる[18]。そして、この規定の創設によって、上述の①の問題は解消されることになったのである。また、②の履行確保の問題は、相手方が国や大企業の場合には問題とはならない。だとすれば、定期金賠償方式は、一時金賠償方式と並存する関係に立つことになる。そして、その結果、「一時金賠償を原告が求めているときに、裁判所は（職権で）定期金による賠償方法を認定しうるか」という問題が議論の対象となってきたのである。

---

[15] 倉田卓二・民事研修482号3頁以下など参照。
[16] 最判平成8年4月25日民集50巻5号1221頁、同平成11年12月20日民集53巻9号2038頁など参照。
[17] 倉田卓二『民事交通訴訟の課題』（日本評論社・1970）99頁以下など参照。
[18] 越山和広「定期金賠償と新民事訴訟法117条の変更の訴えについて」近法45巻2号96頁以下など参照。

⑤ 境界確定の訴えの当事者適格

境界確定訴訟とは、互いに隣接する土地の境界線について争いがある場合に、裁判所の判決によって境界線を創設的に確定する訴訟である。この訴訟で争いとなっている土地の境界線（境界）は、地番と地番との境界であって、地番で表示される一筆の土地は、私的所有の単位であり、取引の単位ともなる。しかし、他面で、境界は課税上の単位を画し、また行政区域の線引きとなることから、境界は、公法上の地番境界と理解されている（「筆界確定訴訟」とも称される）。それゆえ、通説・判例は、境界確定の訴えは所有権と無関係な隣接する土地の公法上の地番と地番との境界線を審理対象とするものであり、その性質は「**形式的形成訴訟**」と解する。つまり、通説・判例は、境界確定訴訟は、裁判所が境界を定めるに当たっては通常の訴訟とは異なり、当事者の申立てにも主張にも拘束されず、証明責任法理の適用もない、また控訴の場合にも不利益変更禁止原則の適用のない訴訟類型であって、その本質は非訟事件であると解するのである[19]。

この理解（通説・判例）によれば、土地の境界は公法上のものであるから、境界を定める当事者の合意[20]や時効取得[21]によって変動するものではないと考えることになる。他方で、通説・判例は、境界確定訴訟の当事者適格に関しては、相隣接する土地の各所有者のみが当事者適格を有すると解してきた[22]。しかし、例えば、係争地の時効取得が認められる場合には、隣接する両土地の境界が同一人の所有となったり、また隣接する両土地がすべて同一人の所有となる場合がでてくる。そのような場合には、通説・判例の見解によれば、相隣接する土地の各所有者であった者はもはや現在隣接する土地の各所有者といえず、当事者適格を失うのではないか、という問題が生じることになる。しかし、相隣接する土地の所有者の一方が係争地を時効取得しても、その土地の範囲は境界が明確にされることによって定まるものであるか

---

[19] 大判民連大正12年6月2日民集2巻345頁、最判昭和38年10月15日民集17巻9号1220頁参照。なお、境界確定訴訟をめぐる議論状況に関しては、伊東俊明「境界確定訴訟法」争点126頁以下など参照のこと。
[20] 最判昭和31年12月28日民集10巻12号1639頁。
[21] 最判昭和43年2月22日民集22巻2号270頁＝百選35頁。
[22] 最判昭和57年7月15日訟務月報29巻2号192頁＝金融・商事判例668号45頁参照。当事者適格については、下村眞美「境界確定訴訟の当事者適格」について、中野・古稀（上）239頁以下など参照。

ら、境界が確定されないままだと、登記の前提たる分筆ができず、第三者に対抗する登記を具備することができなくなるとの問題も生じてくる。そうすると、当事者適格を認めないと一概にいえるかどうかがまた問われることになる。

　こうした問題が生じるのは、通説・判例が境界確定の訴えを形式的形成訴訟とし、審理対象は公法上の境界である点を強調し、所有権確認訴訟とは厳格に切り離して理解する一方で、当事者適格については「相隣接する土地の各所有者」が当事者適格を有するとして、所有権との関連性を維持する点にある。境界確定の訴えの対象が公法上の境界であることを貫徹するならば、本来、境界確定は行政庁ないし国に対して申し立てるべきであり、公的機関で調査、判定し、公的形成行為として当事者を拘束すべきものであるといえよう[23]。それゆえ、当事者適格のみにつき所有権との関連性を維持することは論理的整合性に乏しいとの指摘もある[24]。しかし、それにもかかわらず、判例・通説が当事者適格の局面で所有権との関連性を維持する背景には、そもそも境界紛争のほとんどがその背後に所有権をめぐる紛争があり、紛争の解決には何らかの形で境界の確定を必要としている場合が多いという事情が存するのである（そして、このことが、境界確定の訴えの法的性質をめぐって様々な見解が生じる誘因となっているのである）。そこで、近時の学説の一部は、境界確定紛争の実質は所有権の範囲をめぐる紛争である点を正面から肯定し、理論構成する。そして、通説サイドからは、境界に接する土地の各所有者が当該確定につき最も密接にして強い利害関係を有する者と推定されるから、所有者に当事者適格を与えるのが適切であるとか[25]、当事者適格の局面での所有権との関連性維持は、形式的形成訴訟説に対する所有権確認の要素を捨象し紛争実態から遊離した形式的な裁判になるという非難の防波堤になる[26]といった反論がなされてきた。当事者適格が、誰に訴訟追行を委ね、誰に対して本案判決をすることが必要かつ有意義かの観点から決せられるべき問題と考えるならば、こうした紛争の実態からはどの説も紛争土地の所有者を当事者適格者とせざるを得ないのである。

---

[23]　鈴木（重）・新実務3・354頁。
[24]　林伸太郎「境界確定訴訟の特質」争点（第三版）155頁。
[25]　村松俊夫『境界確定の訴え』（有斐閣・1972）26頁など。
[26]　畑郁夫・民商91巻2号104頁。

第7章　演習問題

【演習問題1】　下記の【資料】訴状を読んで、以下の設問に答えなさい。

【資料】

訴　状

平成00年5月8日

000地方裁判所御中

原告訴訟代理人弁護士　　甲村一郎　印

〒000-1111　＋＋＋市＊＊＊町0001
　　　　　　　原告　　　　X1
〒000-1111　＋＋＋市＊＊＊町0001
　　　　　　　原告　　　　X2
〒000-1111　＋＋＋市＊＊＊町0001
　　　　　　　原告　　　　X3

〒000-1222　＊＊＊市＋＋町1000　Gビル4階
　　　　　　甲村一郎法律事務所（送達場所）
　　　　　　　　　　　（Tel 000000：Fax00000000）
　　　　　　　訴訟代理人弁護士　甲村一郎

〒000-3333　・・・市XX町0006
　　　　　　　被告　　　　Y

損害賠償請求事件
　　　訴訟物の価額　　　000万円
　　　貼用印紙額　　　00万000円

請求の趣旨

1　被告は、原告X1に対し金1億4386万3444円、同X2に対し金300万円、同X3に対し金200万円及びこれらに対する平成19年3月22日から支払済まで年五分の割合による各金員を支払え。
2　訴訟費用は被告の負担とする。
　　との判決並びに仮執行の宣言を求める。

請求の原因

1) 原告 X1 は、A 運送会社で働いていた。X2 は、X1 の長女であり、X3 は次女である。
2) 平成 19 年 3 月 22 日、X1 は、仕事が終わり、訴外 A の運転する通貨物自動車（《ナンバー略》）に乗り会社に戻る途中、同日午後 10 時 30 分ごろ、T 県 H 市《番地略》先路上で信号待ちのため停車していた。そこに、Y の運転する普通乗用自動車（《ナンバー略》）が停止中の被害車両に追突し、その反動で、被害車両が道路脇の生け垣、電柱等に衝突した。
3) 前記日時場所において、被告 Y は、泥酔状態で加害車両を運転したため、進路前方の安全確認義務を果たすことが出来ず、停止中の被害車両に追突したものである。
4) 原告 X1 は脳挫傷、右上腕骨々折、全身打撲の傷害を負い、次のとおり治療を受けた。

〔1〕 H 病院
平成 19 年 3 月 22 日通院（但し、同病院に救急搬送されて応急処置を施され、直ちに T 県救急医療センターに転送）

〔2〕 T 県救急医療センター
平成 19 年 3 月 23 日から同年 8 月 4 日まで 135 日間入院

〔3〕 ST 病院
平成 19 年 8 月 4 日から同年 10 月 24 日まで 82 日間入院

〔4〕 Q 病院
平成 19 年 10 月 24 日から平成 20 年 5 月 31 日まで 220 日間入院

〔5〕 上記治療のかいもなく、原告 X1 は脳挫傷後遺状態から回復せずに意識障害（失外套状態）が残存したまま平成 20 年 5 月 31 日に症状固定となり、後遺障害等級事前認定の結果、一級三号の認定がなされた。X1 は、その後も意識が回復しないまま、Q 病院に入院を継続中である。

5) X1 は、交通事故による脳挫傷後遺状態から回復せずに意識障害が残存したままのいわゆる植物状態に陥った。
6) 本件事故により X1 が被った損害は、次のとおりである。

(1) 入院雑費【56 万 8100 円】
本件事故時である平成 19 年 3 月 22 日から症状固定時である平成 20 年 5 月 31 日までの間の入院に要した雑費について、一日当たり 1300 円として入院 437 日分（退院日と入院日との重複を含む。）。

(2) 近親者の付添看護費（交通費を含む。）【131 万 1000 円】
前記 (1) の入院期間について、X1 が脳挫傷による意識障害という大怪我をしたことにより家族が毎日のように病院を訪れて身の回りの世話をしていたことに基づく近親者の付添看護費として交通費を含めて一日当たり 3000 円とし、入

院437日分（退院日と入院日との重複を含む。）
(3) 車椅子代【10万9450円】
ベッドメイキング、検査などで移動する場合に必要である経費。
(4) 介護費用【5263万7700円】
X1は、症状固定日の翌日である平成20年6月1日から通常の平均余命までの間、その介護費用として、少なくとも、毎月25万円を要する。
(5) 成年後見手続費用【10万5419円】
本件事故に基づく損害賠償請求をするために成年後見の申立てをした手続費用は本件事故と相当因果関係のある損害と認めるのが相当である。
(6) 休業損害【452万256円】
賃金センサス平成19年女子労働者学歴計40歳から44歳の年収金377万5500円を基礎に、症状固定日までの437日間について。
$3{,}775{,}500 \div 365 \times 437 = 4{,}520{,}256$
(7) 逸失利益【5321万1519円】
X1は、本件事故当時41歳、症状固定時42歳であったから、本件事故がなければ、42歳から67歳までの25年間就労可能であった。そこで、本件事故時の前記(6)の年収額377万5500円を基礎に、労働能力喪失率を100パーセントとしてライプニッツ方式により中間利息を控除して（41歳から67歳までのライプニッツ係数14.3751から、41歳から症状固定時年齢42歳までのライプニッツ係数0.9523を差し引いた13.4228を乗じる。）算定する。
$3{,}775{,}500 \times (1 - 0.2) \times 13.4228 = 40{,}542{,}225$
なお、X1の将来の生活に必要な費用については、植物状態の寝たきり者についても、でき得る限り良好な、一般人と同様の環境下での治療、介護を行うべきであり、X1が完全介護状態にあることを考慮して20パーセントの割合による生活費控除をするのが相当である。
(8) 入院慰謝料【370万円】
X1は、本件事故時である平成19年3月22日から症状固定時である平成20年5月31日までの間入院したところ、その精神的苦痛に対する慰謝料は370万円が相当である。
(9) 後遺障害慰謝料【2000万円】
X1は、本件事故によって回復不可能で後遺障害等級一級三号に該当する後遺障害を負い、意識のないままに残りの人生を寝たきりの状態で生きていかねばならないところ、その精神的苦痛に対する慰謝料は2000万円が相当である。
(10) 弁護士費用【770万円】
7) 原告X2の慰謝料【300万円】
X2は、被害者である原告X1の長女であり、本件事故当時、高校を卒業し、短大への進学が決まっており、入学金や授業料の半年分として合計約70万円を

支払済みであった。また、進学する短大の制服も購入し、四月からの短大生としての新しい生活を夢見ていた。しかるに、本件事故によって毎日を母親の付添看護に付きっ切りの生活に陥り、短大進学など叶わない状況になってしまった。しかも、母親の意識は事故後も回復せず、事故後既に三年を経過しようとしているが、この間、家族と共に母親の付添看護に努めてきており、母親の死亡に匹敵する精神的苦痛を被った。その精神的苦痛に対する慰謝料としては300万円が相当である。

8) 原告X3の慰謝料【200万円】

X3は、被害者であるX1の二女であり、本件事故当時、中学を卒業し、高校進学の目前であった。15歳という多感な時期に、たった一人の頼るべき母親が回復不能な意識喪失状態に陥り、事故後も現在に至るまで家族と共にその看護に努めてきており、母親の死亡に匹敵する精神的苦痛を被った。その精神的苦痛に対する慰謝料としては200万円が相当である。

9) よって、原告らは、被告に対して、自賠法3条及び不法行為責任に基づいて、X1に対して金1億4386万3444円、同X2に対し金300万円、同X3に対し金200万円及びこれらに対する平成19年3月22日から支払済みまで年五分の割合による各金員を支払うよう求めるものである。

証拠方法
別紙のとおり（略）

附属書類（略）

1　甲号証写し　　　各1通
2　戸籍謄本　　　　1通
3　委任状　　　　　1通

【設問1】

> 原告らの弁護士は、資料訴状に基づき訴訟を提起しようと考えている。この訴訟の準備にあたり、弁護士がなすべき作業としてどのようなことが考えられるか。
> また、当該訴状が送達され、それを受け取った被告側弁護士は、訴訟準備のためにどのような作業をなすべきかを考えよ。

【設問2】

教材訴状に基づき訴訟が開始され、裁判所は、以下のような主文の判決を下した。この判決の問題を指摘し、それについての意見を述べよ。

主　文

一　(1) 被告は、原告X1に対し、金4939万1908円及びこれに対する平成19年3月22日から支払済みに至るまで年五分の金員を支払え。
　　(2) 被告は、原告X1に対し、平成22年6月25日からその死亡又は原告X1が満八四歳に達するまでのいずれか早い方の時期に至るまでの間、1か月金25万円の金員を、毎月24日限り支払え。
二　原告らのその余の請求を棄却する。
三　訴訟費用は、これを10分し、その2を原告らの負担とし、その余は被告の負担とする。
四　この判決一項の(2)は、仮に執行することができる。

【設問3】

問題(2)の主文の判決が確定したとする。原告X1は、満84歳を過ぎても生き続けているが、被告側は判決を理由に、賠償金の支払いを拒んでいる。原告側としては、どのような手段を講ずるべきか。

【演習問題2】

隣接する甲地所有者Xと乙地所有者Yとの間で、その土地の境界線をめぐって争いが生じた。Xは、境界は図イ・ロ線と主張して、境界確定の訴えを提起した。Yは、境界は図ハ・ニ線を主張し、かつまた係争地（イロハニ）の時効取得を主張した。①Yの時効取得が認められる場合に、Xの当事者適格は認められるか。また、②Yが甲地を全部時効取得した場合には、Xの当事者適格は認められるか。

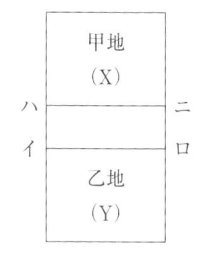

【演習問題3】 以下の【事実関係の概要】を読んで、下記の設問に答えよ。

【事実関係の概要】
1) Xは、土木工事等の請負を業とする会社であり、Yは、宅地等の造成を目的とする会社である。
2) Xは、平成18年5月頃、Yとの間で下記の内容の工事請負契約を締結した。
(一) 工事内容　倉敷市美観地区における道路壁面上下二段の石垣・石積工事（以下、本件工事という。）
(二) 工期　取決めなし
(三) 請負代金及び支払方法　請負代金額を2000万円とし、代金の半額は工事完成時に支払い、残りの半額は工事完成の1年後に支払う
3) その後、平成19年3月末に本件工事が完成し、工事物件はYに引き渡された。
4) Yは、平成19年5月中旬ころ上記の工事物件のうち上段石垣部分に二ヶ所の軽微な亀裂があることを発見したので、将来の紛争を避けるため、同月19日Xとの間で下記の内容の覚書（以下、本件覚書という）を取交して、その旨合意した。
(一) X・Yは、本件工事物件のうち上段石垣部分に二ヶ所の亀裂が存することを確認する。
(二) YはXに対し、本件覚書を手交した時から2年の間、本件工事の瑕疵の修補またはその修補に代えてもしくはその修補と共に損害の賠償を請求できる。
4) ところが、平成19年7月3日、上段石垣部分が上記の亀裂部分から高さ4メートル、巾約20メートルにわたって崩壊した。
5) 上記の崩壊は、Xの手抜き工事が原因となって、石積が土圧に耐えられず石積面に亀裂を生じ、それが拡大して惹起されたものである。
6) Xは、上記石垣の崩壊に対し、何ら適切な対応をしなかったため、Yは、次のとおりの損害を蒙った。
(一) 崩壊場所の取片つけに要した費用　80万円
(ⅰ) ブルドーザー・チャーター料　60万円（1万円／1時間×60時間）
(ⅱ) ユンボ・チャーター料　10万円（1万円／1時間×10時間）
(ⅲ) 人夫手当　10万円（1万円／1時間×10時間）
(二) 上記上段石垣工事費用相当額　420万円
　　　　　　　　　　合計　500万円
7) 本件現場は土圧と水圧が強く、上段石垣部分は崩壊部分において4メートルの高さがあったのであるから、基礎コンクリート土台の厚さは35ないし40センチメートル、裏込めの厚さは間知石の継目部分にそれが露出しない程度にコンクリートを充填し、さらに栗石を35ないし40センチメートル入れることが必要であ

ったにも拘らず、Xはいずれもこれに満たない手抜き工事をしたため、石垣壁面の排水作用が不十分となった。さらに、このXによる手抜き工事と注文者Yが大量の土砂を上段石垣上端部分に放下し、しかも、これをさらに廃棄するためにブルドーザーを上記の上端付近まで乗り入れて同所に重圧をかけたこととが重なって、本件上段石垣部分に土圧と水圧の負荷が加わり、そのため本件崩壊事故を生じさせたものである。すなわち、本件石垣の崩壊については、Yが本件石垣の上端部分の上に大量の土砂を落下させた上、右上端部分附近にブルドーザーを乗入れて、十数日間その地ならしをしていたことが3割程度寄与していたものと認められる。
8) 本件崩壊事故が、主として、石積の裏込めの栗石が不足していたこと、石垣の基礎工事が十分でなかったこと（基礎の厚さ不足）、コンクリート量の不足等Xの手抜き工事により、石積が水圧・土圧に耐えられなかったために生じたものであることは、鑑定人たる一級建築士Aの鑑定により明らかにされている。
9) Xの工事期間中本件現場には注文者Yの従業員BがY側の現場担当者として、頻繁に出向いていたが、同人は工事の進行状況を査閲することを主とし、作業方法については一般的な指示を与える程度で、本件工事の具体的な施工方法、仕様等の指示は、X側の現場監督Cがこれに当たっていた。
10) Yが工事の欠陥を指摘して残代金の支払いを拒んだため、平成20年4月20日、XはYに対して請負残代金及び遅延損害金の支払いを求めて訴訟を提起した。なお、Yは、Xに対し、修補を求める意思はなく、上記6)の損害の賠償を請求しようと考えている。

【設問】

Xが、Yを被告として、請負残代金6000万円の支払いを求める訴え（以下、本訴とする）を提起したとする。本訴において、Yは、工事の欠陥によって500万円の損害を被ったとして、その賠償を受けるまでは、請負残代金は支払わないと主張した。
1) Xの請求とYの主張が認められる場合に、裁判所は、どのような内容の判決を言い渡すべきであるか。
2) (1)で検討した判決が確定した後に、Yは、損害は1000万円であったとして、Xを被告として、1000万円の損害賠償を求める訴え（以下、後訴とする）を提起した。前訴の判決の効力は後訴に対して、どのように作用するか。

第8章　訴訟対象論・その3
—訴えの利益—

第8章の趣旨

　民事訴訟法に関する裁判例の蓄積が最も多い領域の一つが、訴えの利益をめぐる問題である。特に「確認の利益」に関する裁判例は膨大である。今回は、近時の最高裁判例を手がかりとして、主として、「確認の利益」をめぐる問題についての検討を行う。また、本章では、「将来の法律関係」を訴訟物とする訴えの利益（将来給付の訴えの利益と確認の利益）をめぐる問題にも焦点を合わせる。本章は、このような作業を通じて、確認の利益の意義・機能についての理解を深めるとともに、訴えの利益をめぐる議論全般についての基本的な理解を確立することを目的とするものである。

参考教科書での関連部分

①伊藤眞『民事訴訟法（第4版）』167～180頁
②中野貞一郎ほか『新民事訴訟法講義（第2版補訂2版）』132～147頁
③高橋宏志『重点講義民事訴訟法上（第2版）』338～397頁（第11講）
④新堂幸司『新民事訴訟法（第五版）』257～283頁
⑤松本博之＝上野泰男『民事訴訟法（第6版）』142～174頁

基本事項の解説

1　総　論

　訴えの利益は、本案判決をすることの必要性および実効性を、個別具体的な請求（訴訟物）との関係において判断するために設定された訴訟要件である。訴えの利益も訴訟要件であるため、それを欠く訴えは、不適法として却下される。なお、司法権（審判権）の限界に関する問題（第15章参照）も、（広義の）訴えの利益の問題ということができるが、本章では、狭義の訴えの利益に関する問題を取りあげる。また、二重起訴の禁止（民訴142条）に該当しないことや不起訴合意があることなどは、すべての類型の訴えにおいて共通する（広義の）訴えの利益といえるが、それらは、訴えの利益の問題としてではなく、各々独自の問題として別章で検討する。

2 給付の訴えの利益

(1) 現在の給付の訴え

現在の給付の訴えであるということで、訴えの利益が認められるのが原則である。被告が履行を拒絶したという事実などは、訴えの利益の有無とは無関係な事実である。例外的に、現在の給付の訴えについて、訴えの利益が問題となる局面として、確定した勝訴給付判決を有している原告が、時効中断のために訴え提起以外に適当な方法がない場合[1]や、判決原本を滅失して執行正本を得ることができない場合などがある。もっとも、前者については、給付の訴えではなく、確認の訴えでも足りるということもでき、検討を要する。また、強制執行をすることが事実上または法律上不可能ないし困難である請求権を訴訟物とする場合であっても、原則として、訴えの利益は認められると解されている。債務の問題と責任の問題とは区別されているからである[2]。

(2) 将来の給付の訴え

将来の給付の訴え（口頭弁論終結時に訴訟物である請求権の履行期が到来していない〔条件が成就していない〕にもかかわらず、給付の本案判決を求める訴え）は、あらかじめその請求をなす必要がある場合に限り認められる（民訴135条）。将来の給付の訴えの利益は、請求適格と訴えの利益とに区別して整理することができる。すなわち、「既に権利発生の基礎をなす事実上及び法律上の関係が存在し、ただ、これに基づく具体的な給付義務の成立が将来における一定の時期の到来や債権者において立証を必要としないか又は容易に立証しうる別の一定事実の発生にかかっている」[3]期限付請求権や条件付請求権を訴訟物とする訴えであり[4]、かつ、そのような請求権について「あらかじめその請求をする必要がある場合」[5]に、将来の給付の訴えの利益が認められること

---

[1] 大判昭和6年11月24日民集10巻1096頁。
[2] 伊藤・172頁、高橋上・345頁参照。なお、不動産登記法68条との関係で、登記名義人の一部の者に対する抹消登記手続請求訴訟の訴えの利益が問題となった事例として、最判昭和41年3月18日民集20巻3号464頁＝百選21事件がある。
[3] 最大判昭和56年12月16日民集35巻10号1369頁＝百選22事件参照。
[4] 条件付請求権であれば、常に請求適格が認められるわけではない。例えば、賃貸借契約継続中の敷金返還請求権は、条件が成就した場合の義務内容を予め一義的に確定することができないため、請求適格が認められるかは問題となる。
[5] 債務者が既に義務の存在または態様を争っている場合、および、債務の性質上履行期に少しで

になる[6]。

　将来の給付の訴えの利益は、継続的・反復的不法行為に基づく将来の損害賠償を求める訴えの適法性をめぐって議論が展開されている。判例によると、口頭弁論終結後に継続する不法占拠を理由とする賃料相当額の損害金の賠償を求める訴えは請求適格が肯定されるのに対して[7]、騒音被害に起因する将来の損害賠償を求める訴えは請求適格は否定される[8]。この違いが何に起因するかを、将来の給付の訴えを許容した場合に債務者（被告）が負担することになる責任（請求異議の訴えの起訴責任および「権利成立阻却事由」の主張・立証責任）の内容に着目して、検討する必要がある。また、（既判力の基準時である口頭弁論終結時と請求権の実体的な発生時期とにズレが生じることを前提として）将来給付判決の既判力が確定する権利義務関係は何であるかということに留意し、増額請求および減額請求の可否についての検討もなされる必要がある[9]。

3 確認の利益

　確認訴訟の対象（訴訟物）となりうるものは論理的には無限定であるため、確認訴訟では、訴えの利益（確認の利益）の有無の判断が必要不可欠となる。確認の利益の有無を判断する視点を、例えば、高橋上・358頁以下は、次のように3つに分類する。すなわち、①解決手段として確認の訴えを選ぶことの適否、②確認対象（訴訟物）としてどのようなものを選択するのかという視点、③解決すべき紛争の成熟性（即時確定の現実的必要）である。なお、このような視点は、あくまでも、分類の仕方の一つにすぎず、別の視点に立った分類もある。例えば、伊藤・174頁以下は、「権利保護の資格」と「権利保護の必要」という基準によって、確認の利益の有無を判断する[10]。いずれ

　　も遅れると債務の本旨に沿った給付にならない場合である。
6　伊藤・173頁以下、高橋上・349頁以下参照。なお、本来の給付の請求に併合（併合形態は単純併合）されて提起される本来の給付に代わる代償請求についても、一般に、将来給付の訴えの利益は肯定される。併合提起されていることが将来給付の訴えの利益を基礎づけているといえる。大連判昭和15年3月13日民集19巻530頁、最判昭和30年1月21日民集9巻1号22頁参照。保険会社に対する被保険者の保険金請求権の代位行使による請求に関する最判昭和57年9月28日民集36巻8号1652頁も参照。
7　最判昭和61年7月17日民集40巻5号941頁＝百選83事件参照。
8　前掲最大判昭和56年および最判平成19年5月29日判時1938号61頁。
9　増額請求については、前掲最判昭和61年を参照。
10　その他、新堂・270頁以下、山本弘ほか『民事訴訟法』（有斐閣、2009）81頁〔長谷部由起子〕は、方法選択の適否、対象選択の適否、即時確定の必要性、被告選択の適否という4つの視点

にしても、確認の利益の有無を判断する前提として、原告が呈示する請求の趣旨を解釈したうえで、その請求（訴訟物）の内容を特定することが必要となる。以下では、さしあたり、前述の①〜③の分類に従って、議論状況を整理しておく。

(1) ①訴え選択の適否について

給付の訴えが可能な請求権については、原則として、その請求権が存在することの確認を求める利益は否定されることになる。賃貸借契約継続中に敷金返還請求権の存在の確認を求める訴えを適法とした最判平成11年1月21日民集53巻1号1頁（百選27事件）は、その例外を認めた事例として位置づけることができる[11]。なお、本案判断の前提をなす手続問題[12]の確認を求める訴えに関する確認の利益も、①との関係で議論がある。

(2) ②確認対象の適格性について

②は、さらに、(a) 事実の確認は認められない、(b) 現在の法律関係の確認でなければならない、(c) 積極的確認でなければならない、という基準によって判断されるが、いずれの基準についても、立法および判例によって例外が認められており、それを絶対的な判断基準と捉えるべきではない。

(a)については、証書真否確認の訴えという事実の確認を許容する民訴134条によって、例外が認められている。(b)については、子の死亡後であっても親子関係の確認を許容する最大判昭和45年7月15日民集24巻7号861頁（百選（第3版）A11事件）および国籍訴訟に関する最大判昭和32年7月20日民集11巻7号1314頁[13]などがある。株主総会決議無効・不存在確認訴訟は、明文の規定（会830条）による例外といえる[14]。なお、最判昭和47年2月15日民集26巻1号30頁＝百選23事件は、遺言無効の確認を求める

に分類する。
[11] 賃貸借契約継続中の敷金返還請求権について、将来の給付の訴えの請求適格が否定されるという考え方が前提となっているといえるが、いかなる場合も将来の給付の訴えの請求適格が否定されるのか、また、肯定される場合があるとすると、どのような場合であるのかは、検討がなされるべき問題である。
[12] 訴訟要件の存否や中断の有無など。訴訟代理人の代理権の存否が問となった事例として、最判昭和30年5月20日民集9巻6号718頁＝百選（第3版）35事件がある。
[13] ただし直接に判示するのは、戸籍訂正の必要についてである。
[14] 最判昭和47年11月9日民集26巻9号1513頁＝百選A11事件参照。

請求の趣旨は、形式的には過去の法律関係であるが、実質的には現在の法律関係が存在しないことの確認を求める訴えであるとして、遺言無効確認の訴えを適法とした。遺言無効確認の訴えについては、請求の趣旨の解釈（善解したうえでの求釈明ないし判決釈明）という作業を介し、(b) の基準を充たす判断枠組みを採用しているといえる[15]。なお、被告の商標権不存在確認請求訴訟を適法とする最判昭和 39 年 11 月 26 日民集 18 巻 9 号 1992 頁や相続人地位不存在確認請求訴訟を適法とする最判平成 16 年 7 月 6 日民集 58 巻 5 号 1319 頁などは、(c) の例外を認める判例と位置づけることができる[16]。

(3) ③紛争の成熟性について

③については、(a) 現に原告の権利またはその法律上の地位に危険・不安が存在すること、(b) その危険・不安が被告の行為に起因すること、および、(c) その危険・不安を除去するために原告が請求として呈示する権利または法律関係の存在ないし不存在を確認する本案判決をすることが必要かつ適切であると認められる場合に、その存在が肯定される[17]。

即時確定の現実的必要性については、確認対象となる法律関係の成熟性をも考慮する判断枠組みにおいて、例えば、原告が請求の趣旨において呈示する請求（訴訟物）が、法的に保護に値するものであるか[18]、また、それが将来の法律関係である場合に現在それを確認する利益があるか[19] などの判断もなされることになる。それに対して、権利保護の資格と権利保護の必要という判断枠組みによると、法的に保護に値する請求であるかは、前者において考慮される。権利保護の必要では、原告が請求の趣旨で呈示する請求が訴訟物として適格があることを前提とした判断がなされることになる。

---

[15] 最判昭和 61 年 3 月 13 日民集 40 巻 2 号 389 頁 = 百選 24 事件は、遺産確認の訴えについても、同様の判断枠組みを採用する。

[16] 抵当権不存在確認請求訴訟を不適法とした大判昭和 8 年 11 月 7 日民集 12 巻 2691 頁については批判が多い。

[17] このような理解を前提とすると、③において、被告選択の適否の判断も同時になされているといえる。

[18] 裁判例においては、特に家事審判事件における前提問題をめぐって問題となっている。最大判昭和 41 年 3 月 2 日民集 20 巻 3 号 360 頁（相続権の存否について肯定）、最判平成 12 年 2 月 24 日民集 54 巻 2 号 523 頁 = 百選 25 事件。具体的相続分の数額等について否定）等参照。

[19] 相続人生存中の遺言無効確認の訴えについては、最判昭和 31 年 10 月 4 日民集 10 巻 10 号 1229 頁、最判平成 11 年 6 月 11 日家月 52 巻 1 号 81 頁（判時 1685 号 36 頁）= 百選 26 事件参照。

なお、不法行為に基づく損害賠償義務の不存在の確認を求める訴えについては、その攻撃的性格に鑑みて、即時確定の現実的必要性を厳格に（被害者とされる債務者にとって不当に不利益とならない方向で）解すべきではないかが問題となる[20]。

4 形成の利益

形成の訴えについては、法定の要件を充たす訴えであれば、原則として、訴えの利益が認められる。しかし、訴訟前または訴訟係属中の実体的な関係の変動によって、形成の訴えの対象である法律関係について形成判決をすることに意味があるといえるかが疑わしくなる場合がある。このような場合には、例外的に、形成の訴えの利益が認められるかが問題となる。具体的には、行政処分の取消しに関する最大判昭和28年12月23日民集7巻13号1561頁＝百選（第3版）37事件、後婚の取消しに関する最判昭和57年9月28日民集36巻8号1642頁、次にあげる一連の会社訴訟に関する事例である。会社訴訟に関して、最判昭和45年4月2日民集24巻4号223頁＝百選30事件は、株式会社の取締役等の役員を選任した株主総会決議取消訴訟の係属中に当該決議に基づいて選任された取締役等の役員の全員が任期満了によって退任した場合には、特別の事情のない限り、訴えの利益が消滅するとした[21]。それに対して、最判昭和58年6月7日民集37巻5号517頁は、ある計算期の計算書類等が適法に承認されなかったことを理由とする株主総会決議取消訴訟の係属中に、その後の各期の計算書類等が適法に承認された場合には、訴えの利益が消滅しないとした。原告株主の有する権利の内容（株主は「法律および定款に従った業務運営を求める権利」を有するか）や瑕疵の連鎖に関する実体法上の問題との関連で、検討されるべきである[22]。

---

[20] 東京高判平成4年7月29日判時1433号56頁＝百選（第3版）A13事件参照。

[21] 瑕疵ある決議と同一の内容の再決議がなされた場合の最判平成4年10月29日民集46巻7号2580頁も参照。

[22] 高橋上・388頁以下参照。

第8章　演習問題

【演習問題 1】　以下の【教材事例①②】をよく読んで、【設問】を検討しなさい。

【教材事例①】

1　Xは、Y1の養子で、Y1の唯一の推定相続人であり、Y2は、Y1のおいである。

2　Y1は、平成元年12月18日、奈良地方法務局所属公証人K作成同年第八四九号公正証書によって遺言（以下「本件遺言」という。）をした。本件遺言の内容は、Y1の所有する奈良市△△所在の土地建物の持分100分の55をY2に遺贈するというものである。本件遺言は、Y1の自宅で、夫A、証人B、C立会いのうえ、遺言者が遺言の趣旨を公証人Kに口授して作成されたとされている。

3　Y1（明治44年2月15日生）は、既に昭和63年ころから痴呆症状があらわれ、様子観察を受けていたが、夫A（明治44年8月5日生、平成2年11月28日死亡）の入院により、自分も平成元年4月13日から同年5月14日までN病院に入院し、その後夫の再入院により、平成2年2月28日アルツハイマー型老人性痴呆、白内障の診断を受けて、M病院に入院し、一時退院後、同年7月17日に再入院し、現在に至るまで同病院の治療を受けている。X（昭和14年2月11日生、Y1の養子、昭和17年10月31日養子縁組）は、平成3年3月26日に、Y1を禁治産者とし、Xを後見人とする旨の家事審判を申し立てたのに対し、Y2も、同年4月8日に、Y1を禁治産者とし、Y2を後見人とする旨の家事審判を申し立てたこと、そこで奈良家庭裁判所は、Y1の主治医であるM病院のS医師に対しY1の精神鑑定（判断力、責任能力、自己管理能力の有無）につき鑑定を命じたこと、同医師は、平成4年4月8日にY1に対し簡易知能評価テストを実施した結果、二五点満点中僅か五点に過ぎなかったことを踏まえ、アルツハイマー型老年痴呆であると診断し、判断力、責任能力及び自己管理能力はないとの鑑定意見を提出し、Y1が高年令であること、過去の入院歴、二年間にわたる経過観察が芳しいものでないこと等を総合して、回復は望めないと診察した。同家庭裁判所は右鑑定の結果に基づいて、日常生活での異常な行動はないものの、財産の管理等について合理的な判断をする能力は全くなく、その高齢からして病状が改善される見込みはないので心神喪失の常況にあると認定、判断し、平成5年3月15日に、「Y1を禁治産者とする。Y2をその後見人に選任する。」との審判をし、同審判は確定したことが認められる。

　Xは、Y1らに対し、本件遺言につき、Y1の意思能力を欠いた状態で、かつ、

公正証書遺言の方式に違反して作成されたと主張して、本件遺言が無効であることを確認する旨の判決を求めた。

【教材事例②】

1 甲は、昭和56年3月9日、丙から本件建物を賃料は月額10万円、期間は3年とする約定で借り受けた（以下「本件賃貸借契約」という）。
2 本件賃貸借契約の締結に当たり、甲は丙に対し、本件賃貸借契約より生じる債務を担保するために保証金として金400万円（以下「本件保証金」という）を交付したが、その際、甲と丙は、本件賃貸借契約の終了時にその二割を償却した残金320万円を返還することを合意した。
3 乙は、昭和57年2月2日、丙から本件建物の所有権を取得し、本件賃貸借契約上の賃貸人の地位を承継した。
4 乙は、平成5年6月22日、甲外二名に対して賃料増額の調停を申し立てているが、右調停手続において本件保証金差入れの事実を否定し、また、右事実が認められたとしても乙に返還義務はないと主張している。
5 そこで、甲は本件賃貸借契約の終了に先立ち、乙に対し、約定による償却分を差し引いた金320万円の保証金返還請求権が存在することの確認を求め、訴えを提起した。

【設問1】

　【教材事例①】および【教材事例②】において、それぞれ何が争点となるか。両者の相違点に留意して、検討しなさい。

【設問2】

　【教材事例①】および【教材事例②】と、下記の判例資料の事案とは、どのような点で違いがあるのか。また、下記判例資料の考え方によると、問題（1）で検討した争点は、どのように処理されることになるか。その処理の正当性に留意して、検討しなさい。

判例資料・最判昭和31年10月4日民集10巻10号1229頁

問題（3）
　【教材事例①②】の争点について、最高裁はどのような考え方に立っているか。また、その考え方は妥当なものであるか。学説・判例の状況を踏まえて、検討しなさい。

【演習問題2】 以下の【事実の概要】をよく読んで、【設問1〜4】を検討しなさい。

【事実の概要】

1 本件は、X（Y（国）が安保条約に基づき米軍の使用する施設及び区域としてアメリカ合衆国に提供したP飛行場の周辺に居住する者又は居住していた者若しくはその相続人で構成される基地反対運動団体の代表者）が、P飛行場を利用する米軍の航空機が発する騒音等により、受忍限度を超える被害を受けていると主張して、Yに対し、夜間の航空機の飛行の差止めや損害賠償等を求めた事件である。

2 原告であるXは、P飛行場の騒音に対する抗議活動等を目的として、P飛行場が存するA市の地域に居住する一定の資格を有する住民らによって構成される団体K会の構成員であって、かつ代表をつとめている。K会は、規約により代表の方法、総会の運営、財産の管理等団体としての主要な点が確定しており、組織を備え、多数決の原則が行われ、構成員の変更にかかわらず存続することが認められる。K会の代表者であるXは、本件訴えの提起に先立って、本件訴訟を追行することにつき、財産処分をするのに規約上必要とされる総会における議決による承認を得ている。

3 本件で問題となっているP飛行場をめぐる経緯は以下のとおりである。

1) P飛行場は、平成13年現在、東京都A市地域に所在し、長さ3350メートルの滑走路（これに接続して南側305メートル、北側約300メートルのオーバーラン部分が設けられている。）及び長さ約2000メートルの誘導路を有し、格納庫、整備工場等の附属施設のほか、在日アメリカ合衆国軍隊（以下「米軍」という。）司令部、アメリカ合衆国第5空軍司令部、同空軍第374空輸航空団等の各庁舎及び住宅等の支援施設が存在し、その総面積は約713万6000平方メートルである。

2) 昭和20年8月15日の終戦により、旧陸軍が解体され、同年9月、連合国軍を構成する米軍の進駐に伴い、P飛行場は、アメリカ合衆国陸軍に接収された。接収当時の規模は、滑走路の長さ約1300メートル、総面積約446万平方メートルであった。その後、P飛行場は、米軍によって整備され、当時の村山町の一字地名を採ってP飛行場と称されることとなり、昭和21年8月、新たに米軍の使用する飛行場として開設され、以後、アメリカ合衆国空軍によって管理、使用されている。昭和27年4月28日、平和条約が発効し、併せて締結された旧安保条約及び行政協定2条1項に基づいて、米軍の使用する施設及び区域として、アメリカ合衆国に対して提供された。そして、それ以後、アメリカ合衆国に提供される施設及び区域を決定し、あるいは返還を求めるについては、行政協定26条により日米両国代表者による合同委員会の協議を経て行われることとなった。その後、日米合同委員会の協議に従って、被告は、アメリカ合衆国に対し、数度にわたって施設及び区域の追加提供をし、以後今日に至るまで、米軍が飛行場として

これを管理、使用してきた。
3) P飛行場は、昭和15年4月、我が国の旧陸軍省が多摩飛行場として開設して以来、航空機の離着陸する飛行場として使用され、現在は、在日米軍司令部、アメリカ合衆国第5空軍司令部及び同空軍の一部が置かれ、C-130（プロペラ輸送機）、C-21（ジェット連絡機）、C-9（ジェット輸送機）及びUH-IN（ヘリコプター）が配備され、米軍の輸送中枢基地となっている。

なお、昭和58年以降、P飛行場においても、アメリカ合衆国海軍所属の航空母艦（平成3年8月以前は空母ミッドウェー、同年9月以降は空母インディペンデンス、平成10年8月以降は空母キティーホーク）が横須賀港から出航する直前の一定期間に、その艦載機による夜間離着陸訓練（通称「NLP（Night Landing Practice)」）が実施されている。

4) 夜間離着陸訓練の内容は、滑走路の一部を空母の着艦甲板に見立て、夜間、艦載機が地上の誘導ライト等を頼りに大きな推力を維持しつつ滑走路上に定められた基点に向けて滑走路に進入し、着地後、直ちに急上昇して復航することを数回繰り返すものである。

5) 昭和35年6月23日、安保条約の締結に伴い、地位協定が締結され、同日以降、P飛行場は、地位協定2条1項（a）、（b）に基づき、米軍に対して提供されることになって今日に至っているが、地位協定2条1項（a）、（b）、3条1項、6条1項からして、P飛行場における米軍機の保有及び運航権限は、すべて米軍の専権に属することになった。アメリカ合衆国は、安保条約及び地位協定2条1項（a）、（b）、3条1項に基づき、P飛行場を使用し、P飛行場内において、それらの運営、管理等のために必要なすべての措置を採る権限を有する。そして、米軍機の運航活動の変更内容について変更を求めるには、地位協定25条の定める日米合同委員会の協議によることとされている。

6) 航空法の制定と並行して、同日、航空法特例法が制定された。これによれば、航空法所定の事項のうち、次の事項は、米軍が使用する飛行場、米軍機ないし米軍機の運航に従事する者等に対して適用しないこととされた。

　　a　飛行場、航空保安施設の設置にかかる国土交通大臣（運輸大臣）の許可（航空法38条1項）
　　b　耐空証明を受けた航空機以外の供用禁止（同法11条）
　　c　航空機の運航従事者（操縦士、航空士、航空機関士、航空通信士及び航空整備士）の資格の技能証明（同法28条1、2項）
　　d　操縦教育の制限（同法34条2項）
　　e　外国航空機の航行の許可（同法126条2項）
　　f　外国航空機の国内使用の制限（同法127条）
　　g　軍需品輸送の禁止（同法128条）
　　h　各種証明書等の承認（同法131条）

i　航空機の運航に関する同法第6章の規定のうち、国土交通大臣（運輸大臣）の航空交通の指示（同法96条）、飛行計画及びその承認（同法97条）並びに到着の通知（同法98条）を除くその余の事項（適用留保事項は、航空特例法施行令によって指定されている。）

　なお、P飛行場周辺における米軍の航空機騒音の規制に関し、昭和39年4月17日の日米合同委員会において、諸種の規制措置を設けることが合意され、さらに、平成5年11月18日、同合意の一部改正により、「22時から6時までの間の時間における飛行及び地上における活動は、米軍の運用上の必要性に鑑み緊要と認められるものに制限される。夜間飛行訓練は、在日米軍の任務の達成及び乗組員の練度維持のために必要とされる最小限に制限し、司令官は、夜間飛行活動をできるだけ早く完了するようすべての努力を払う」こととされた。

7)　航空法の制定に伴い、我が国の領空を航行する航空機に対する航空交通管制は国土交通大臣（運輸大臣）の権限事項とされた（航空法94条ないし98条）。米軍機もその例外ではなく、航空法特例法も、我が国の領空における航空機航行の安全保持の観点から、航空交通管制は米軍機を適用除外としていない。

　しかしながら、米軍機に対する航空交通管制をすべて我が国の国土交通大臣（運輸大臣）の権限に服せしめるのでは、米軍機の運航に支障をきたす場合も生じるため、航空交通管制についても、地位協定6条1項（地位協定締結前は行政協定6条1項）により、地位協定2条（地位協定締結前は行政協定2条）に基づいて、アメリカ合衆国に対して提供された飛行場施設の隣接、近傍空域における航空交通管制業務は、同国（具体的には米軍）が行うことが日米合同委員会で合意されている。これによると、航空交通管制業務（航空路管制業務、飛行場管制業務、進入管制業務、ターミナル・レーダー管制業務及び着陸誘導管制業務）のうち、航空路管制業務を国土交通大臣（運輸大臣）が所管し、その余のP飛行場に関する管制業務については、米軍が行うこととされている。すなわち、米軍は、P飛行場内の離着陸管制、P飛行場の管制圏及び進入管制区内の航行については、米軍機のみならず、我が国の民間機も含めてすべてこれを管制し、これから離脱する場合又は航空路からP飛行場の進入管制区へ進入する場合には、国土交通省（運輸省）の航空路管制と管制の引継ぎを行うこととされている。

8)　現在、P飛行場として提供している施設及び区域の財産関係の主なものは財務省所管の普通財産が約608万7000平方メートル、内閣府（防衛施設庁）所管の行政財産が約2万6000平方メートル、国土交通省所管の行政財産が約96万平方メートル、東京都等の公有財産が約3万4000平方メートル、民有財産が約2万9000平方メートルでありその合計が約713万6000平方メートルとなっている。

4　P飛行場使用に伴って発生する航空機騒音等による被害について、これまでに、第1次ないし第7次訴訟まで提起されていて、いわゆる第5次訴訟の（K会に属する）原告らは、平成8年4月10日に、いわゆる第6次訴訟の（K会に属す

る）原告らは同9年2月14日に、いわゆる第7次訴訟の（K会に属する）原告らは同10年4月20日にそれぞれ訴え提起したものであるところ、それら原告らの被害及び損害賠償額は、昭和52年の調査に基づいて作成された騒音コンター（防衛施設庁が昭和54年8月31日、生活環境整備法施行令に基づき告示したコンター〔以下「告示コンター」という。〕）によって認定できる（本件損害賠償請求期間（平成5年～同16年）にK会構成員が受けた損害の実態をより正確に反映している平成10年作成コンターによって認定できる（両コンター間では、後者の方がWECPNL75以上の区域が告示コンターより狭まり、従って騒音被害地域の外縁の一部が、告示コンターにて第1審判決が認定した騒音被害が受認限度を超えるとした地域より外れることとなる。）。そして、K会の各居住地域においては、平成10年度の調査時以来口頭弁論終結日たる平成16年12月又は同17年3月まで騒音等の被害に変化がないことを認められる。殊にP飛行場の航空機の飛行コースの直下の地域では、告示コンターの調査時点である昭和52年以来30年近くにわたって激しい騒音等の被害が継続してきたことが認められる。

5　そこで、Xは、Yに対し、〔1〕人格権又は環境権に基づき、アメリカ合衆国をしてP飛行場において夜間（毎日午後9時から翌日午前7時まで）航空機の離発着をさせないこと（主位的請求）を求め、〔2〕民事特別法1条1項、同法2条1項、国家賠償法1条1項又は同法2条2項に基づき、訴え提起日から遡って3年間の騒音等による損害（慰謝料72万円、弁護士費用8万円）の賠償を求め、〔3〕民事特別法1条1項、同法2条1項、国家賠償法1条1項又は同法2条2項に基づき、将来分の損害として、訴状送達日の翌日から1か月当たり2万2000円（慰謝料2万円、弁護士費用2000円）の割合による賠償を求めた。

【民事特別法（日米地位協定の実施に伴う民事特別法）第2条】
第2条
　合衆国軍隊の占有し、所有し、又は管理する土地の工作物その他の物件の設置又は管理に瑕疵があつたために日本国内において他人に損害を生じたときは、国の占有し、所有し、又は管理する土地の工作物その他の物件の設置又は管理に瑕疵があつたために日本国内において他人に損害を生じた場合の例により、国がその損害を賠償する責に任ずる。

【設問1】

> 　上記の事件では、P飛行場に対する反対運動を行っている住民団体K会の代表者であるXが訴訟を提起し、追行しようとしている。Xの当事者適格に問題はないか。従来の判例・学説の議論を踏まえて、訴訟物に留意しつつ検討しなさい。

【設問2】

(1) Xの請求のうち〔3〕について、Yは、本案前の抗弁として、本件の将来請求の訴えの適格を欠くと主張してきた。Xの〔3〕請求は、適法であるか。

(2) Xの〔3〕の請求が、以下のような内容であった場合には、その適法性は認められるか。

「民事特別法1条1項、同法2条1項、国家賠償法1条1項又は同法2条2項に基づき、将来分の損害として、訴状送達日の翌日から1か月当たり2万2000円（慰謝料2万円、弁護士費用2000円）の割合による賠償請求権があることの確認を求める」

【設問3】

本件事案の損害賠償請求に関して、裁判所は、Xの申出に基づきSを証人として採用した。ところが、証人尋問に際して、裁判所はSに宣誓させないで尋問を行った。これに対して、XもYも異議を述べなかった。裁判所は、〔1〕夜間の航空機飛行差止請求を主張自体失当として棄却し、上記〔2〕及び〔3〕の損害賠償請求のうち、口頭弁論終結日（平成13年7月27日）までの損害の賠償請求については、Sの供述を採用して、民事特別法2条に基づき一部認容判決を下し、他方、口頭弁論終結日の翌日以降の損害についての賠償請求に係る訴えを却下したとする。Yは、控訴し、Sについての証人尋問は違法であるから、Sの供述を採用した判決は取り消されるべきであると主張した。Yの主張は認められるか。

【設問4】 ⇒第6章演習問題4参照

本件が、【設問3】での第1審判決内容で確定したとする。その後、Xは、本件訴訟が長期化し、別途調査費用が生じたため、請求〔2〕の残部として、弁護士費用等の追加費用について、損害賠償を求める後訴を提起した。Xの後訴は認められるか。

第9章 当事者論・その1
―当事者をめぐる諸問題―

第9章の趣旨

　民事訴訟の主体として、手続を遂行する者を当事者という。この当事者となりうる一般的資格、つまりその名において訴え、または訴えられうる一般的な資格を「**当事者能力**」という。いかなる者がこの当事者能力を有するかは、民法その他の法令に従って決定される（民訴28条）。つまり、実体法上権利能力を有する者は、すべて当事者能力を有するのである。自然人はすべて当然にこれを有するが、団体も法人格を有する限り、当事者能力を持つ。したがって、法人格のない団体は当事者能力を有しない。しかし、そのような団体も、社会において実在し、取引等の活動をしている以上、当然、様々な形で紛争の主体となる。紛争の主体であるにもかかわらず、訴訟の主体となりえないとすれば、かかる団体と紛争に陥った相手方は、団体を構成する多数の構成員を当事者として訴訟を提起せざるを得ない。しかし、それはあまりに煩雑であり、事実上裁判の道が閉ざされることもありうる。他方、かかる団体が訴訟を提起する場合にも、同様に煩雑さが伴うことになる。そこで、民訴法は、一定の要件の下、紛争の主体となる法人格のない団体にも当事者能力を認め、訴訟主体となる途を開いた（民訴29条）。問題は、法人格のない団体が当事者能力を有すると認められる要件は何かである。民訴法29条は、「法人でない社団又は財団で代表者又は管理人の定めがあるもの」としか規定していないため必ずしも明らかでない。これは、従前から民事訴訟法の基本問題の一つとされている。本章の演習では、この問題について検討し、当事者能力についての理解を確固たるものとすることを目的とする。

　また他方、当事者能力があるとしても、ある事件について当事者適格が認められなければ、当事者能力の肯定は無意味となる場合がある。当事者能力と当事者適格が交錯する場合である。かかる場合に、どのように考えるべきかも併せて、本章の演習で検討することにしたい。

　さらに、法人に対して訴えを提起する場合の手続を確認するとともに、その当事者となる代表者に代表権が欠缺する場合の問題について取り扱う。とくに、実体法上の表見法理が訴訟手続にも適用されるかという論点を通して、実体法上の表見法理の制度趣旨等を理解し、また訴訟上もその趣旨を尊重すべきか否かを通して、私法行為（取引行為）と訴訟行為の異同を明確に理解することをめざす。

参考教科書での関連部分

　①伊藤眞『民事訴訟法（第4版）』111〜124、142〜153頁

②中野貞一郎ほか『新民事訴訟法講義〔第2版補訂2版〕』119頁
③髙橋宏志『重点講義民事訴訟法上〔第2版〕』150〜234頁（第6〜8講）
④新堂幸司『新民事訴訟法〔第5版〕』130〜152、165〜199頁
⑤松本博之＝上野泰男『民事訴訟法〔第6版〕』93〜114、225〜231頁

基本事項の解説

1 当事者の確定

　民事訴訟手続において現実に誰が当事者の地位についているかを明らかにすることを**「当事者の確定」**という。民事訴訟における当事者の確定は、誰が当事者であるかによって、管轄（民訴4条）、裁判官の除斥原因（民訴23条）、当事者能力と訴訟能力（民訴28条）、当事者適格、手続の中断（民訴124条以下）、二重起訴禁止原則（民訴142条）、証人能力、判決効（民訴115条）等の点で、差が生じてくることから、必要とされる。

　当事者及び法定代理人は、訴状の必要的記載事項である（民訴133条2項1号）。これにより、ある訴訟の原告及び被告が誰であるかは、第一義的には訴状の記載によって判断することができる。しかし、現実の訴訟では、訴状に記載された当事者と実際に訴訟行為を行っている者とが一致せず、誰が当該訴訟の当事者であるのか一見明確でない状況が起こりうる。例えば、a．原告Xが被告Yを訴えたがYはすでに死亡しておりYの子ZがYとして実際の訴訟行為を行っている場合（**死者名義訴訟**）や、b．原告甲が被告乙を訴えたが実際に被告として訴訟行為を行っているのは丙であり、甲丙間で通謀して甲乙間の債務名義を得ようとしている場合（**氏名冒用訴訟**）である。このような場合、訴状の当事者欄に記された者を当事者として扱うのか（形式的表示説）、それとも実際に訴訟行為を行っている者を当事者として扱うのか（行動説）、あるいは原告が被告として扱おうとする者が当事者となるのか（意思説）、さらには訴訟の開始段階では訴状の当事者欄に記載された者を当事者として扱うが手続終了後は実際に当該手続において訴訟行為を行なってきた者を当事者として扱う見解（規範分離説）も登場し、学説は諸説入り乱れる状況となった。このように多様な学説が展開されることとなった背景には、当事者確定の基準に訴訟手続における当事者判別の基準をどうするかという問題だけでなく、当該手続の効力を訴状の当事者欄に記載された者に及

ぼすことが適切か否かという問題が併せて論じられることとなったことがある。後者の問題は判決効の人的範囲（いわゆる主観的範囲）の問題として論じるべきものであるから、訴訟手続の中で誰が当事者かという当事者確定の問題に限っていえばやはり基準の明確性から訴状の当事者欄の記載に拠るべきであろう。もっとも、訴訟において被告としたい取引上の相手方の呼称が当事者欄に記載すべき名称として適切でない場合（例：「○○商店」ではなくその個人事業主である者の氏名を記載すべき場合）や被告が団体であるが法人格を取得していない者である場合に被告欄に団体名を記載すべきかそれとも団体の代表者の氏名や構成員である他の者の氏名も併せて記載すべきか判断に困難を伴うことも少なくない。このようなことも考慮すると、当事者の確定は、訴状の当事者欄の記載だけでなく請求の趣旨及び原因等（場合により他の準備書面）も参考にして判断するのが適切と思われる（実質的表示説）。原告が訴訟の相手方とすべき者の記載を誤っていることに気付いた場合、裁判所は、訴状の記載の訂正を認めるべきである。もっとも、第三者の手続保障に影響が及ぶような場合には、実質的に当事者の変更として捉えるべき場合もある（任意的当事者変更）。任意的当事者変更の性質をどう捉えるかにもよるが、その実体を訴えの変更の一種であると解するならば、変更後の被告が変更前の結果を流用することについてこれを甘受すべき立場にあるか、またはそのことについて同意が得られる場合に限り、これが許されることになろう。

2　法人格のない団体の当事者能力—当事者能力と当事者適格の交錯—

　当事者能力の有無は実体法を基準に判断されるから、権利能力を有する自然人や法人には当然にこれが認められる（民訴28条）。他方、**法人格のない団体**（権利能力なき社団等）には権利能力が認められないので、訴訟法上、当然に当事者能力を有するものとして扱うことはできない。しかし、取引の実態から見て、取引の主体はその構成員ではなく団体自体であることもあり、このような場合、訴訟手続上も当該団体自体を当事者として扱うことが便宜である。そこで、民訴法29条は「法人でない社団又は財団で代表者又は管理人の定めがあるものは、その名において訴え、又は訴えられることができる。」と規定した。代表者・管理人の定めがあっても団体としての実体が無いものもありうるから、民訴法29条により当事者能力を付与しうる団体の

要件をどのように考えるべきか問題となる。最高裁は、民法上の組合についてその当事者能力を認めているが、その控訴審は同じ団体を権利能力なき社団と解した上で当事者能力を肯定している[1]。法人格の無い相手方を被告として提訴する際に原告の負担を軽減する民訴法29条の趣旨からはいずれでもよいと思われるところ、実質的に見てどのような団体であれば、当事者能力を認めるべきであろうか。このことについて、判例(最判昭和42年10月19日民集21巻8号2078頁＝百選8事件[2])は、①団体の構成員に入れ替わりがあっても団体としての独自性が維持されているなど団体が構成員から独立した存在であり(対内的独立性)、②多数決により団体の意思決定が行われるなど団体としての組織が整備されており(内部組織性)、③取引上独立した主体となっていて(対外的独立性)、④団体の独自の財産を備えていること(財産的独立性)があれば、当該団体に当事者能力が認められるとしていた。ところが、その後、ゴルフクラブ会員による預託金返還請求を巡って提起されたゴルフ場運営会社に対する経理書類謄本交付請求事件において、最高裁は、上記④の要件に関し、必ずしも固定資産ないし基本財産を有することは不可欠の要件ではないとして同要件を緩和した[3]。

　元来、当事者能力は、事件の種類や訴訟物の内容に関係なくその有無が判断できる一般的な訴訟要件であったはずであるのに、上記の判例は、法人格の無い団体に係る当事者能力の有無を判断する際に、事件との関係で団体の個別的事情を総合的に考慮してこれを行なっている。これは、当事者適格の有無の判断について訴訟物に係る権利義務の帰属主体であるか否かを中心に当該訴訟において訴訟手続上の権限を行使し判決の名宛人とすることの当否を判断して決定するのと似通った面を有する。つまり、法人格の無い団体の当事者能力は、事件ごとの個別的な訴訟要件として判断されているという点で、当事者適格の要件と似たような機能を担うようになってきたといえる。もっとも、権利義務の享有主体となり得ない者に当事者能力が認められないという意味では、団体の当事者能力が事件の内容によってその有無を左右されることはある意味当然のことであるともいえる。というのは、そもそも権利義務の享有主体として擬制されたものである法人は自然人の場合と異な

---

[1] 最判昭和37年12月18日民集16巻12号2422頁＝百選10事件。
[2] 最判昭和39年10月15日民集18巻8号1671頁参照。
[3] 最判平成14年6月7日民集56巻5号899頁＝百選(第3版)13事件。

り、その性質上享有することができない権利義務があるからである。たとえば、法人格のない団体に当事者能力を認めたとしても、具体的な事件の訴訟物が登記請求権である場合は、登記実務が法人格の無い団体名義での登記を認めていないことから、そのような団体を被告とする**登記請求訴訟**はできないこととなる[4]。このような場合に、訴えの適法性の判断を当事者能力の有無と当事者適格の有無とのいずれに係らしめるかについて再検討の余地が生じているように思われる。

3 和解における訴訟代理権の範囲

わが国の民事訴訟において訴訟代理人は不可欠ではなく、「**本人訴訟主義**」が採られている。しかし、当事者が個別的に授権して訴訟代理人を用いる場合は、訴訟代理人となりうる者を基本的に弁護士に限定している（**弁護士代理の原則**、民訴54条）[5]。民訴法55条は、同条2項が定める**特別授権事項**を除き、弁護士である訴訟代理人に包括的な代理権を付与するものとなっており、当事者はその範囲を制限することができない（同条3項）。実体法と異なり、訴訟法がこのように訴訟代理権の範囲を包括的なものとしているのは、訴訟手続の安定と明確化を図るためであり、かつ、専門家である弁護士に対する信頼に基づくものである。しかし、当事者である依頼人が専門家である弁護士に期待する内容が多様なものでありうること、サービスの提供者である弁護士が依頼人の意向を無視して訴訟物（場合により訴訟物の範囲に含まれない権利義務）の処分を自由に行うことの適否を考えれば、何らかの制約がありうると考えるのが自然であろう。このことは、とりわけ判決に代わって訴訟を終結させる訴訟上の和解の場面で問題となっている[6]。

判例[7]は、弁護士による**訴訟代理権の範囲**につき必ずしも一般的な基準を

---

[4] 判例（最判昭和47年6月2日民集26巻5号957頁＝百選9事件）によれば、法人格の無い団体が紛争主体である事件においても当該団体の代表者個人が当事者とならなければならない。学説上は、法人格の無い団体を当事者とした上で、請求の趣旨において特定人（普通は代表者）に登記を求める形を認めればよいという案が示されている（高橋上・176頁参照）。

[5] 簡易裁判所においては、認定司法書士も訴訟代理人となりうる。なお、法令に基づく訴訟委任の場合は、商法上の支配人や船長のように職務上の地位に基づいて弁護士でなくとも訴訟代理人となり得る。

[6] 訴訟代理人の和解権限の範囲をめぐる議論につき、垣内秀介「訴訟代理人の権限の範囲」争点68頁以下及びそこで引用されている文献参照。

[7] 最判昭和38年2月21日民集17巻1号182頁＝百選19事件、最判平成12年3月24日民集54巻3号1226頁など。

提示しているわけではないが、訴訟物の範囲を越える和解権限を認めている。学説は、訴訟代理権の範囲につき、①訴訟物の範囲に限定されるとする見解、②訴訟物の範囲を越えて一定の範囲を認める見解、③訴訟物の範囲を越えるか否かにかかわらずその範囲には限定がないとする見解に分かれてきた。そのほか、④訴訟代理権の範囲はその客観的範囲を予め限定するよりもむしろ当事者の意思に基づきその意思確認を行った上でなされたか否かで和解の効力が判断されるとする見解もある。当事者の意思によって事後的に和解の効力が左右されることは、相手方当事者の保護の見地から、また手続の安定を図るためにも望ましくないが、依頼人である当事者の利益保護及び自己決定権の保障といった観点からはある程度の個別的制限が認められてよいように思われる。訴訟代理人が当事者の意向に添えないならば辞任すればよいとか、反対に当事者がその意向を汲めない弁護士を解任すればよいとかいうことではなく、当事者の満足度を高めるサービスの質の向上のため、すべてお任せ以外の選択肢があってよいだろう。もっとも、相手方の保護、予測可能性、手続の安定を考えると、基本的に訴訟物の範囲では訴訟代理人の包括的代理権を認めるべきではなかろうか（弁護士の依頼人に対する報告義務や意向確認の必要性を否定するものではない）。訴訟上の和解の効力（民訴267条）を考え、和解成立過程における裁判所の関与の程度とも併せて検討してみてほしい。

4 実体法上の表見法理の適用可能性

　実体法上の**表見法理**（民37条2項、109条、112条、一般法人82条、197条、商9条、14条、24条など）は、訴訟法上もその適用があるのであろうか。法人には当事者能力が認められ、民事訴訟の当事者となり得る。しかし、法人そのものは権利義務の享有主体として擬制されたものであるから、法人が当事者となる訴訟で訴訟行為を現実に行うのはその代表者（または代表者に代わって行動する者）である。そこで、民訴法37条は**法人の代表者**を**法定代理人**に準じて扱っている。問題は、被告が法人である場合もその代表者によって訴訟が行われなければならないため、原告は被告である法人の代表者を特定しなければならないことである。法人の内部紛争の場合は別として、法人外の第三者が当該法人における真の代表者を確知することは困難であることも少なくない。訴訟に至る紛争の過程から、その特定が容易である場合も考えられる

が、実際の代表者と当該法人に係る登記簿上の代表者が一致しているとは限らない。すなわち、原告から見て被告法人の代表者の特定が容易でない場合、原告は登記簿上の記載から代表者を特定して訴状の被告欄にその名を記すのが一般的であるが、実際の代表者が替わっているのにそのことが登記簿に反映されていないこともある。判例は、取引行為でない訴訟に表見法理は適用されないので、原告が被告とする法人について真の代表者を示していない訴えは不適法であるとしている[8]。学説[9]は、その適用を認める積極説と認めない消極説に分かれている。積極説は、a. 登記に懈怠のある当事者が保護され、登記を信頼した原告が真の代表者をつきとめて提訴し直す負担を負うことは公平に反する、b. 登記の記載を基準に代表者を判断し訴訟手続に反映させるほうが手続の安定に資する、c. 取引に関連する権利義務が訴訟の対象となっている場合、実体法上の表見法理を訴訟上も適用ないし類推適用するのが自然であること等を根拠とする。他方、消極説は、a. 表見法理は取引の安全を確保するための制度であるから訴訟行為には適用されない、b. 訴訟は実体的真実に合致させるべきであり、真に当事者でない者を被告の代表者として訴訟が行われると被告の裁判を受ける権利を害する、c. 法人の代表者に代表権があることは職権調査事項であり、その欠缺は上告理由（民訴312条2項4号）及び再審事由（民訴338条1項3号）となる、d. 表見法理に拠れば相手方である原告の善意・悪意により代表権の有無が変わるので手続の安定を害すること等を根拠とする。なお、個々の事件において登記簿上の代表者と異なる真の法人代表者が訴訟行為を行うに至る事情が様々であることを顧慮すると、積極説・消極説のいずれかを原則としつつも実際には折衷的処理を行う余地があることも少なくないと思われる。

　実務的には、法人を被告として訴えを提起する場合、その訴状は当該法人の事務所や営業所に送達され（民訴103条1項但書）、多くの場合、その事実は当該法人の本社なり管理部門に伝わるはずである。このような場合、真の代表者が防禦の機会を与えられなかったと主張することは困難であろう。したがって、原告が被告とする法人の登記簿上の代表者に代表権限があるか否か

---

[8] 最判昭和45年12月15日民集24巻13号2072頁＝百選18事件ほかいくつかの最高裁判例がある。もっともこの昭和45年最判は、真の代表者を代表者としていない訴えであっても、これを直ちに却下するのではなく、第一審に差し戻して補正する機会を与えるべきとしている。

[9] 議論状況については名津井吉裕「訴訟行為」争点148頁以下、永井博史「訴訟行為と私法法規」争点（第3版）17頁以下など参照。

確信が持てない場合は、法人の本店所在地と代表者住所の双方に宛てて訴状及び第一回口頭弁論期日呼出状の送達（又は提訴の事実を通知したことの記録が残る方法での通知）を積極的に行っておくことが重要となる。

第9章　演習問題

【演習問題1】　以下の事例①、②をよく読んで、下記の設問に答えなさい。

【事例①】
　本件は、千葉県S町に所在するゴルフ場であるFカントリー倶楽部の会員によって組織されるXが、同ゴルフ場を経営するYの経理内容に不正があるとして、Yに対し、主位的には両者間で締結された協約書に定められた経理内容の調査権に基づき、予備的には商法282条2項（旧法）（株式会社の計算書類等の閲覧及び謄本交付請求権）の適用ないし類推適用により、別紙書類目録記載の書類及び帳簿の謄本の交付を求めた事案である。

1)　Xは、Yが経営する預託金会員制のゴルフ場である千葉県S町S703番地に所在するFカントリー倶楽部（以下「本件ゴルフ場」という。）の特別会員、正会員及び平日会員（以下、これらを総称して「会員」という。）をもって組織された、会員相互の親睦とクラブライフの向上を期することを目的とする団体である。Yは、ゴルフ場の建設、経営、ゴルフクラブの経営管理等を事業の目的として設立された株式会社である。

2)　Xは、Fカントリークラブ規則及び同細則（以下、それぞれ「X規則」又は「X細則」といい、両者を総称して「X規則等」という。）により、総会、理事会、各委員会が設置されており（X規則3ないし5章）、団体としての組織を備えているし、右総会や理事会等では多数決原理が取られている（同25、32条）。Xは、本件ゴルフ場の特別会員、正会員及び平日会員により構成されており（同6条）、右構成員の変更にかかわらず団体そのものは存続する。団体として備えるべき主要な要件は、組織における代表の方法（同30条）、総会の運営（同21条ないし26条）、財産の管理（X細則1条7号）等であるが、これらはX規則等の詳細な定めにより確定されている。

　しかし、年会費はすべての会員から直接Yに入金されるし、X規則等には収入の項も支出の項も財産管理の項もない。X規則の40条には、Xの会計業務はすべてYが行う旨規定されているし、本件協約書には、年会費、グリーンフィーその他の収入は一切Yの収入とし、Xの運営は、Yの収入をもって、Yがこれに当たる旨規定されている。

　なお、Xの会計には協賛金という金員があり、同じくクラブ活動費という項目がある。また、Xのクラブ対抗競技費用はXの予算に従ったものである。X規則22条4号は、Xの予算、決算の承認を会員総会の決議事項と明記し、クラ

ブの財産管理に会員の総意を反映させる手続が保障されている。X細則1条7号はXの具体的な財産管理の方法として、X理事会がXの財務に関する事項を財務委員会に分担処理させる旨の規定がある。Xは、右各規定に基づいて、前記の協賛金、クラブ活動費、クラブ対抗競技費用は財務委員会が受け入れて支出等の管理を行い、右管理を財務委員会が他の役員等第三者に委任している場合はその管理が適正に執行されているか否かを財務委員会が関係書類をチェックするなどして適宜監督する。また、クラブ対抗競技費用については、各年度の競技終了ごとに収支報告書を作成し、財務委員会のチェック・承認を経ているし、Xのクラブ活動費を含むXの予算・決算については、財務委員会が毎年8月末の決算日終了後にクラブ運営収支決算書を作成し、X監事の監査を受けるとともに、X各分科委員会の要望を聞き、当年度の実績等も加味した上で次年度のクラブ運営収支予算書を作成し、右決算書と予算書につき、X規則の定めどおり毎年11月末に開催される定時総会に付議し、その議決を得ている。

3) Xの会員代表とYの代表者は、昭和47年10月ころ、本件ゴルフ場の健全な経営と、Xのクラブの明朗な運営を図り、両者のより一層の発展を期することを目的として、協約書（以下「本件協約書」という。）を調印した。本件協約書は、昭和45、6年ころ、当時Y社の共同代表者の一人であった甲野太郎が本件ゴルフ場の会員の一部の預託金証書を不正に売却したことで刑事事件となったことが会員間で大問題となり、XがYから独立した対等の立場でYの経理内容の調査をすることによりYの経営をただすことを目的として、昭和47年10月、Xの会員代表とYの代表者が本件協約書の内容に合意して調印し、締結されたものである。

4) 本件協約書には、XはYの健全なる経営に協力する義務を負うこと（1条）、Yはその経営するゴルフ場においてXが社会通念上快適なプレーをなすことに支障を来さないようにする義務を負うこと（2条）が定められているほか、その3条において、Xは右1条及び2条の目的達成に必要な範囲内において、理事会の指示により財務委員会又はその補助者に限りYの経営内容を調査することができると定められている。

【事例②】

1) 訴外A連合会（以下単にAという）は、東京都新宿区○○町××番地にその事務所をおき、中国北方各省出身の留日華僑を会員とし、会員の愛国団結、大同合作、親睦和好、友愛互助を目的とする法人格なき社団であり、会員大会を最高機関として、これによつて理事ならびに監事数名を選出し、理事及び監事は理監事会を組織し、理監事会が会長1名、副会長2名を互選し、会長は会務全般を処理し、会を代表する地位にある。

2) 別紙物件目録（略）記載の土地（以下、本件土地という。）は、平成7年6月11日右連合会が当時の所有者から買受けたものであり、同目録記載の建物（以下、本件建物という。）は、同8年2月に右連合会が新築したものであつて、いずれもA会員の総有に属するものである。
3) しかしながら、Aには法人格がなく、不動産登記簿上所有者として登記することができないので、本件土地については、平成7年6月11日、前所有者から当時A会長であつた乙個人の名義に所有権移転登記がなされ、本件建物については、甲を債権者とし、乙を債務者とする東京地方裁判所平成12年（ヨ）第1866号不動産仮処分決定の執行に伴い、同12年4月15日職権で乙名義に所有権保存登記がなされた。
4) 乙は、平成8年7月15日のA第4回大会で理事に選出され、右大会によつて選出された理監事により構成された理監事会において再び会長に選ばれたが、同9年6月20日開催予定の第5回大会が一部会員及び非会員の妨害によつて流会した責を感じ、同月25日会長辞任の意向を表明した。そして同日、理監事会はこれを了承して新たに甲が会長に選任された。

さらに甲は、同17年6月15日に開かれた第5回大会において理事に選出され、右大会によつて選出された理監事により構成された第1回理監事会（同17年6月22日）において、再び会長に選任され、現にその地位にある者である。
5) 甲は、「本件土地、建物は本来Aのものであり、会員全部の総有に属するが、登記の便宜上、会長の地位にあつた乙個人の所有名義に登記されたものであるから、既にA会長の地位を失つた乙は現在その会長の職にある甲に対し、その所有権移転登記をなすべき義務がある」と主張して、乙に対し、本件土地及び建物につき、所有権移転登記手続を求め、訴えを提起した。

【設問1】

1) 法人に対する訴えを提起する場合には、どのような手続が必要か。またその手続の中で代表権の書面証明が要請されているが、それは何故に要請されるのか。また、民事訴訟法上、代表者はどのように取り扱われているか。
2) 登記簿上の代表者と真の代表者不一致の場合、登記簿上の代表者への訴状の送達はどのように評価されるか。例えば、真正の代表者が訴訟の提起も知らず、登記簿上の代表者も出席しないまま、原告勝訴の判決が登記簿上の代表者に送達され、上訴期間が経過した場合、判決は確定するのか。確定した場合に、被告とされた真正の代表者が採り得る手段は何か。

【設問2】

事例①において、Xは財産的基盤を欠き、民訴法29条にいう「法人でない社団」に該当せず、当事者能力がないとYは本案前の抗弁を主張した。以下の小問に答えたうえで、裁判所としてXの当事者能力を認めるべきか否かについて判断せよ。
1) X側弁護士として、Yの抗弁に対する反論を考えよ。
2) 判例（最判昭和37年12月18日民集16巻12号2422頁―判例資料②―）は、社団とまったく別個の概念である「民法上の組合」も民訴法29条により当事者能力を認めるが、事例①と比較して、妥当か。

【設問3】

下記の設問に答えよ。
1) 事例②において、権利能力なき社団の代表者が交替した場合における代表者個人名義の登記の移転登記手続を求める訴えを代表者である甲が提起することが認められるか。その判断の決め手となるポイントはどこにあるか。また、（登記請求権のない）権利能力なき社団が原告となって、代表者個人名義への所有権移転登記請求の訴えを提起することは可能か（大阪高判昭和48年11月16日高民集26巻5号475頁参照）。
2) 「法人でない団体」が当事者能力を認められても、当事者適格が認められなければ、本案判決を得ることはできないのか（仙台高判昭和46年3月24日判時629号51頁＝百選Ⅰ43事件））。逆に、例えば、法人格のない住民団体が主体となって締結した協定の効果をめぐる訴訟において、当該団体以外に当事者適格を有するものが発見できない場合に（東京地判昭和56年5月29日判時1007号23頁参照）、民訴法29条の「法人でない団体」に該当するか否かの判断基準として、訴訟物の内容などの実質的要因を考慮して、当事者能力を認めるべきか。

【参考判例】
判例資料①最判昭和39年10月15日民集18巻8号1671頁
判例資料②最判昭和37年12月18日民集16巻12号2422頁＝百選10事件
判例資料③最判昭和47年6月2日民集26巻5号957頁

演習問題　*181*

【演習問題2】　以下の【事実の概要】をよく読んで、下記の設問に答えなさい。

【事実の概要】
1) Y会社は、昭和42年8月24日臨時社員総会を開催し、従来の取締役は辞任し、選挙の結果あらたにAほか1名が取締役に選任された。
2) Yの臨時社員総会議事録その他の書類には、Yは、同臨時社員総会の結果、即日Aらより就任の承諾をえた旨その他の記載があり、その議事録の末尾に出席取締役としてAの記名押印がなされており、また、同日取締役の互選の結果、同人がYの代表取締役に選任され、同人の承諾をえた旨の記載がある。
3) Aは、当時他所で自動車運転手として勤務し、右の臨時社員総会に出席したこともなければ、Yの取締役および代表取締役に就任することを承諾したこともない。ただ、事後にその承諾を求められたことはあるが、同人はこれを拒絶したものであることが認められる。
4) Xは、Yを被告として売買代金請求の訴を提起した。Xは、訴状においてY会社の代表者を商業登記簿上の代表者であるAに送付した。
5) 訴状副本は、Y会社の本店宛に送達されたが、送達不能のため、改めてA個人の住所宛に送達された。
6) Aは、第一回口頭弁論期日において、「AはYの代表取締役に就任したこともなく、またその就任を承諾したこともないから、本件訴えは不適法である」と主張したが、他方、訴訟代理人を選任し、本件訴えに応訴した。
7) 第一審判決は、「会社が自己の代表者を定めることは会社の自治と責任に任せられて居り、登記によりこれを明らかにすることは法律の定めるところであるから、会社を相手方として訴を提起するには登記されている代表者をその代表者として表示すれば足りるのである。もし、その選任又は登記に欠陥があれば、被告会社（Y）において自ら登記を是正して応訴すればよいのである。」として、請求を認容した。
8) この判決に対して、Aは、Y会社代表取締役Aの名義で控訴を提起した。
9) 控訴審判決は、「Yの登記簿には、訴外Aが同会社の代表取締役として記載されているが、同人は、同会社の代表取締役ではなく、同会社の代表者としての資格を有するものではない。なんとなれば、Yの臨時社員総会議事録その他の書類には、Yは、昭和42年8月24日臨時社員総会を開催し、従来の取締役は辞任し、選挙の結果あらたにAほか1名が取締役に選任され、即日同人らより就任の承諾をえた旨その他の記載があり、その議事録の末尾に出席取締役としてAの記名押印がなされており、また、同日取締役の互選の結果、同人がYの代表取締役に選任され、同人の承諾をえた旨の記載があるが、Aは、当時他所で自動車運転手として勤務し、右の臨時社員総会に出席したこともなければ、Y

の取締役および代表取締役に就任することを承諾したこともない。ただ、事後にその承諾を求められたことはあるが、同人はこれを拒絶したものであることが認められる。そうだとすると、Aは、Yの代表取締役ではなく、同会社の代表者としての資格を有するものではないから、AをYの代表者として提起された本件訴は、不適法として却下を免れない」とする判決を下した。
10) そこで、Xは、民法109条、会社法354条の規定によりYについてAにその代表権限を肯認すべきであるとして、上告した。

【設 問】
> 本件事案で、Xは、表見法理を適用してY会社についてはAの代表権限を認めるべきだと主張している。訴訟手続において表見法理の適用を認めるべきか否かについて論ぜよ。

【演習問題3】
　Xは、Yに対する貸金の返還を求めるため、訴状に「被告Y」と記載して貸金返還請求訴訟を提起した。
1) Xからの貸金は、実はYの長男Zが自らの借金返済のためにYに相談もせず、Yの名をかたって申し込んだものであった。訴状の送達があり、Yと同居していたZが受け取った。ZがYの委任状等偽造し弁護士に訴訟委任して応訴した場合（被告冒用）、誰が当事者となるか。
　① 訴訟係属中に、Zの氏名冒用が発覚したとき、裁判所はどのような処理をなすべきか。その処理は、原告冒用の場合とで相違が生じるか。
　② X勝訴の判決が確定した後に、Zの氏名冒用が発覚した場合には、この判決の効力は、Yに及ぶか。
　③ 第一審判決はXの請求を認容した。Zは控訴したが、控訴手続中、YがZの氏名冒用に気づいた。Y及び裁判所はどのような対応をすべきか。また、YがZの訴訟行為を追認した場合には、Yについてその訴訟行為は効力を生じるか。
2) XのYに対する訴訟提起直前にYが死亡し、Zが相続した。訴え提起後にXがそのことに気づいたとする。
　① Xは、訴状における被告の表示をYからZに訂正する申立てをした。これに対して、ZがXの訴えは死者を被告とするもので不適法であるとの異議を申し立てた。裁判所はどのように処理すべきか。
　② Zが訴状を受けとり、Yの名で弁護士に訴訟委任して応訴した場合、X勝訴の判決の効力はZに及ぶか。

第10章　当事者論・その2
―当事者適格―

第10章の趣旨

　現代の民事訴訟において最も激しい議論が展開されているテーマの一つとして、当事者適格論を挙げることができよう。とくに、「訴訟担当」をめぐる議論は、一方で深化し、他方では錯綜をみせている状況がある。本章は、この「訴訟担当」をめぐる論点を最近の判例・学説の動向を通して検討する。そして、この作業を通じて、当事者適格の判定基準をにらみながら、訴訟担当の種類、各意義、機能についての認識を明確にし、さらに当事者適格に関する基礎理論についての認識を深めることを目的とする。この種の事案では、事実関係の解明も重要であり、事例の読み込みを通して、事実関係の分析能力を高めることを目指す。また、本章は共同訴訟における当事者適格の問題も取り扱う。なお、共同訴訟の解説は、第13章を参照のこと。

参考教科書での関連部分

①伊藤眞『民事訴訟法（第4版）』180～192頁
②中野貞一郎ほか『新民事訴訟法講義（第2版補訂2版）』147～159、547～550頁
③髙橋宏志『重点講義民事訴訟法上（第2版）』235～324頁（第9講）
④新堂幸司『新民事訴訟法（第五版）』283～306頁
⑤松本博之＝上野泰男『民事訴訟法（第6版）』236～248頁

基本事項の解説

1　当事者適格の意義

　当事者適格とは、訴訟対象となっている特定の権利・法律関係について当事者として訴訟を遂行し、本案判決を求めることができる資格をいう。当事者適格概念の意義は、当事者として誰に訴訟を遂行させ、その権利関係について本案判決で確定させる必要性（正当性）があるかを問う点にある。この資格を、当事者の権限からみた場合には、**訴訟遂行権**（訴訟追行権）ともいい、この当事者適格を有する者が「**正当な当事者**」ともいわれる。

2 当事者適格の判断基準

(1) 一般の場合

　正当な当事者となるのは、原則的には訴訟対象たる権利・法律関係についての法的利益の帰属主体である。例外的に、後順位抵当権者が先順位抵当権不存在確認訴訟を提起する場合など、訴訟対象の権利義務の主体でない者が当事者適格を有することもある（後順位抵当権者は他人間の権利関係を確定することによって順位上昇の法的利益を享受できることから、この場合には当事者適格が認められる）。訴訟類型により、当事者適格はその決まり方を異にする。給付の訴えにおいては、「自己の給付請求権を主張する者」が当事者適格を有する「正当な原告」となり、原告によって「義務者とされる者」が「正当な被告」となる。したがって、当事者適格が問題となることはほとんどない。確認の訴えの場合には、「確認の利益を有する者」が当事者適格を有する正当な原告となり、その「確認を必要ならしめている者」が正当な被告である。また、形成の訴えの場合には、当事者適格を誰に認めるかは、通常法文上明確に定められている。

(2) 特別の場合＝第三者の訴訟担当の場合

　上記の原則的な場合と異なり、特別の理由から、利益帰属主体（本人）に代わり、又はこれとならんで第三者が当事者適格を有する場合がある。これを「第三者の訴訟担当」という。第三者の訴訟担当には、法律上の規定により第三者が当然に訴訟遂行権を有する**「法定訴訟担当」**と本来の利益帰属主体の授権（意思）に基づき第三者に訴訟遂行権を認める**「任意的訴訟担当」**がある。さらに、前者はその実質的根拠により一般的には二つに大別される。すなわち、①**担当者のための法定訴訟担当**（管理処分権限が法律上権利帰属主体から奪われ、第三者に帰属していることから認められる場合）と、②**権利義務帰属主体のための法定訴訟担当**（ある職務を有することでその資格に基づき法律上第三者に訴訟遂行権が認められる場合）である。

(3) 当事者適格の一般的判断基準定立の試み

　訴訟担当を含めて当事者適格一般を判断するための統一的基準は、定まっていない状況である。特に、議論されていたのは給付訴訟における第三者の

訴訟担当を含めた当事者適格であり、従前から、以下のような考え方が提示されている[1]。

まず、「実体法上の権利義務の帰属者」が当事者適格を有する「正当な当事者」であるとの考え方である。この考え方では、第三者の訴訟担当を説明できないので、現在この見解を採るものはいない。次に、訴訟対象である権利・法律関係について「管理権」を有する者がその訴訟対象について訴訟遂行権を有するが、訴訟対象たる権利義務の帰属主体であってもその管理権を剥奪されたときは訴訟遂行権を有しないとする見解がある（**管理権者説**ないし**管理処分権説**）。これに対しては、実体法上の行為を念頭においた概念を何らの修正もなしに、訴訟の場に持ち込んだのは問題があるなどの批判がなされている。それらの問題意識を取り込んで主張されているのが「**訴訟結果利益説**（訴訟の結果にかかる重要な利益主体が正当な当事者との見解）」である。この説は、訴訟の結果により享受する利益が独立の訴訟を許容してでも保護すべき程度に重要な利益かどうかにより、重要な利益がある場合には、原則としてその利益を有する者が正当な当事者であるとする。そして重要な利益があるか否かは、実体法と社会通念によるべきとする。またどの程度までの利益に独立の訴訟を認めるかは、実体法と訴訟法双方の考慮によって判断されるべきで、管理処分権の有無もこの判断要素のひとつと考える[2]。この説に対しては、基準が抽象的で明確性が欠けるとの批判がある。その他、「環境利益などをめぐる紛争」において訴訟提起前に重要な解決行動を行った者（例えば、自然保護団体など）に紛争管理権の発生を認め、この者が当該利益の主体であるかどうかにかかわりなく、これらの者にまで当事者適格を拡張しようとする「**紛争管理権説**」も主張されていた[3]。もっとも、判例はこの見解を明確に否定した[4]。現在の学説の主流は、訴訟類型を通じての統一的な当事者適格基準の定立はやめている。とくに給付訴訟においては管理処分権と法的利益の両概念を併用し、当事者適格を説明する。つまり、一般の場合には、訴訟物たる権利関係の存否の確定について法律上の利害の対立する者

---

1 中野・論点Ｉ 93 頁以下の整理に基づく。
2 福永有利『民事訴訟当事者論』（有斐閣・2004）126 頁以下など参照。
3 伊藤眞『民事訴訟の当事者』（弘文堂・1978）118 頁以下。
4 最判昭和 60 年 12 月 20 日判時 586 号 64 頁＝百選（第 3 版）18 事件。紛争管理権説を唱えた伊藤眞教授は、その後任意的訴訟担当の要件として紛争管理権概念の活用をする形に見解を修正している。伊藤「紛争管理権再論」竜嵜還暦 203 頁。

を、当事者適格を有する当事者として、第三者の訴訟担当の場合には、管理処分権の有無で当事者適格を判断していこうとの立場である[5]。

3　第三者の訴訟担当

(1)　法定訴訟担当

利益の帰属主体の意思とは無関係に、法律が第三者に訴訟遂行権を付与する場合を法定訴訟担当という。これには、以下の類型に区分できよう[6]。

①　担当者のための法定訴訟担当

第三者が自己の利益または自分が代表するもの利益のために、訴訟物についての管理処分権限が認められ、それに基づく訴訟担当の場合である。つまり、管理処分権限が法律によって権利帰属主体から奪われ、第三者に帰属していることから認められる場合である。例えば、債権者代位訴訟における債権者（民423条）、取立訴訟における執行債権者（民執155・157条）、破産財団関係訴訟における破産管財人（破80条）、株主代表訴訟を提起した株主（会社847条）などである。

②　権利義務帰属主体のための法定訴訟担当

訴訟物たる権利義務の帰属主体による訴訟追行が不可能、困難又は不適当である場合に、その権利義務に関する紛争を解決する必要から、権利義務の帰属主体の利益を保護すべき職務にある者が訴訟を担当する場合である。つまり、ある職務を有することでその資格に基づき法律上第三者に訴訟遂行権が認められる場合である。例えば、人事訴訟における検察官・弁護士（人訴13条2、3項）などがこれに該当する。

法定訴訟担当をめぐっては、債権者代位訴訟、相続財産管理人の地位、遺言執行者の権限などが問題となっている[7]。

---

[5] これに対する批判は、中野・論点Ⅰ 98頁など参照。
[6] 新堂・291頁以下、高橋上・246頁以下など参照。なお、自己の権利の実現、保全のための訴訟担当者（債権者代位訴訟の債権者、債権質権者、代表訴訟の株主など）、財産管理人（破産管財人など）、職務上の当事者（相手方死亡後の人事訴訟における検察官）の三種に分類する考え方も有力である。
[7] 高権上・247頁以下、梅本吉彦「不右者財産管理人、相続財産管理人および遺言執行者」争点（第3版）80頁など参照。

(2) 任意的訴訟担当

本来の利益帰属主体の**授権**（意思）に基づき第三者に訴訟遂行権を認める場合を任意的訴訟担当という。任意的訴訟担当については、法律が明文をもって任意的訴訟担当を許容している場合がある（選定当事者制度（後述）（民訴30条）。マンションの管理費の滞納者に対してその支払いを求める訴訟を管理人が提起する場合（建物区分26条4項）、サービサー（債権回収11条1項）など）。

① 任意的訴訟担当の許容要件—判例の立場—

問題は、明文がない場合に、どこまで任意的訴訟担当が許されるかである[8]。任意的訴訟担当の場合は、「授権」が担当者に対してなされていることが前提であるが、その他の要件として、任意的訴訟担当の許容要件について言及した判例のリーディング・ケース[9]として、**最高裁昭和45年11月11日判決民集24巻12号1854頁＝百選19事件**がある。この判例は、以下のように、説示している。

「（民訴法47条（現行30条）は）任意的な訴訟信託が許容される原則的な場合を示すにとどまり、同条の手続による以外には、任意的訴訟信託は許されないと解すべきではない。すなわち、任意的訴訟信託は、民訴法が訴訟代理人を原則として弁護士に限り、また、信託法11条（現行10条）が訴訟行為を為さしめることを主たる目的とする信託を禁止している趣旨に照らし、一般に無制限にこれを許すことはできないが、当該訴訟信託がこのような制限を回避、潜脱するおそれがなく、かつこれを認める合理的必要がある場合には許容するに妨げないと解すべきである。

そして、民法上の組合において、組合契約に基づいて、業務執行組合員に自己の名で組合財産を管理し、組合財産に関する訴訟を追行する権限が授与されている場合には、単に訴訟追行権のみが授与されたものではなく、実体法上の管理権、対外的業務執行権とともに訴訟追行権が授与されているのであるから、業務執行組合員に対する組合員のこのような任意的訴訟信託は、弁護士代理の原則を回避し、または信託法11条（現行10条）の制限を潜脱するものとはいえず、特段の事情がないかぎり、合理的必要を欠くものとはいえないのであって、民訴法47条（現行30条）による選定手続によらなくても、これを許容して妨げないと解する。」

---

[8] 判例・学説の議論の詳細は、八田卓也「任意的訴訟担当」争点60頁など参照。

[9] 判例は、大審院時代には頼母子講の講元と組合の業務執行者については任意的訴訟担当を認めていたが、最高裁となってから後者については、選定当事者の手続によることを要求していた（最判昭和37年7月13日民集16巻8号1516頁。前者につき最判昭和35年6月28日民集14巻8号1558頁）。その後、本文引用の昭和45年判決で変更されたのである。

② 任意的訴訟担当の許容要件をめぐる学説の対立

　学説は、この昭和45年判決以前より、任意的訴訟担当を認める。従前、その基準として通説的地位にあったのが**正当業務説**である[10]。この見解は、権利の帰属主体が管理処分権を他人に授権するについて「正当な業務上の必要」があれば任意的訴訟担当を認める。例えば、頼母子講の世話人（講元）は正当な業務を有するとする。つまり、頼母子講の世話人（講元）が掛返金請求訴訟をする場合に、その掛返金請求訴訟は、世話人の正当な業務（掛け金、掛け戻し金の徴収）と密接不可分な関係にある訴訟といえるので、訴訟について訴訟追行権を授権されていれば、世話人は、適法に訴訟を行うことができるとするのである。しかし、労働組合の訴訟担当などはできないとする点から、その許容範囲が狭いとの批判があった。最高裁昭和45年判決については正当業務説に近い考えが示されたものとの評価もありうる。

　その後、近時有力に支持されているが**実質関係説**である[11]。この説は、訴訟担当者が他人の権利関係に関する訴訟の追行につき自己固有の利益（補助参加と同様に、訴訟の結果についての利害関係で足りる）を有する場合には、権利主体の授権がある限り、任意的訴訟担当を認める（**訴訟担当者のための訴訟担当**）。また、訴訟担当者が係争権利関係の発生・管理に現実に関与して、権利主体と同程度に知識を有する場合には、授権により任意的訴訟担当を認める（**権利主体のための訴訟担当**）。その他、緊急の必要がある場合にも任意的訴訟担当を認める。訴訟担当者のための訴訟担当の例としては、次の場合が挙げられている。Xが債務者Yに対する債権をAに譲渡し、A＝X間の合意で、Xが自己の名でYに対する取立訴訟を提起・追行することを約束した場合や、Xが家屋をAに譲渡し移転登記を了した後に、以前からその家屋を不法に占有しているYに対して、Aの同意をえて、所有権に基づく明渡請求訴訟をXが自己の名で訴求する場合などである。これに対して、権利主体のための訴訟担当の例としては、上述の頼母子講の世話人（講元）、労働組合、不動産の管理人（家賃等につき一切の包括的管理権を与えられ、現実に管理行為を行ってきたもの）がその賃貸借に関する訴訟をする場合などが挙げられている。この見解に対しては、訴訟担当分類が不明確である等の批判がなされている[12]。

10　兼子・体系161頁。
11　福永・前掲書294頁以下参照。

この両見解は、最高裁昭和45年判決に先立って展開されたものである。正当業務説は、任意的訴訟担当の範囲を限定するものであり、他方、実質関係説は、その拡大をめざしたものと評価できよう。最高裁昭和45年判決は、弁護士代理原則・訴訟信託禁止原則との関係性と合理的必要性を要件としたことで、その許容性の範囲を拡大する方向性が打ち出されることになった。しかし、この許容範囲の拡大は、権利主体から訴訟担当への訴訟主体の変更が手続中断・中止事由、訴訟費用負担の責任主体に関わり、また第三者であれば証人尋問の規定の適用であるが、訴訟担当となれば当事者尋問規定の適用となるなど、手続規律の変更をもたらし、その結果、実体関係と権利関係のズレがいたるところで露呈してくる[13]。そこで、当事者となる担当者に固有の利益が要求する見解が登場している[14]。他方、被担当者の利益保護の観点を重視する見解も登場している[15]。いずれにせよ、判例のいう「合理的必要性」をどう説明していくかに関わるものであり、その判断は、当事者適格の捉え方、当事者利益の保護要因等をどう考えるかによる。それゆえ、論者により重点の置き方が異なり、議論は錯綜していると言えよう。

(3) 選定当事者（民訴30条）
① 選定当事者制度の意義と機能
選定当事者とは、共同の利益に関して共同して訴訟をしようとする多数の者の中から選ばれ、総員のためにこれに代わり当事者となるものをいう（民訴30条）。選定当事者制度は、この代表者（選定当事者）に訴訟追行権を授与し、この者が全員のために当事者として訴訟を追行しうることとして、訴訟の単純化、簡易化を図った制度である。そして、これは任意的訴訟担当の一つである。

② 選定の要件―共同の利益―
選定の要件としては、以下の3つをあげることができる。
(1) 原告又は被告となるべき者が多数存在すること
(2) 多数者が共同の利益を有すること

---

12 木川・重要問題上71頁以下、中野・論点 I 122頁以下など。
13 中野・論点 I 120頁以下参照。この結果は、相手方当事者の不利益にもなりうるとする（同121頁）。
14 木川・重要問題上72頁、中野・論点 I 121頁。
15 山本克己「民法上の組合の訴訟上の地位（1）」法教286号79頁。

判例は、共同の利益を有する多数者とは、お互いに共同訴訟人となりうる関係を有し、かつ主要な攻撃防御方法を共通にするものを意味すると解する[16]。

(3) 選定当事者は、共同の利益を有する者の中から選定されること
③ 選定の方法

選定は、自己の利益についての訴訟追行権を授与する行為である。選定行為には、訴訟能力が要求される。また、この選定は、個別的かつ無条件でなければならない。方式の定めはないが、通常は書面でなされる。選定は訴訟係属中でも可能である（民訴30条3項、144条）。

④ 選定当事者の地位

選定当事者は、選定者総員及び自己の訴訟追行権を有する。選定当事者の受けた判決は、選定者全員に及ぶ（民訴115条1項2号）。選定当事者の訴訟行為は、制限されない。訴訟上の和解を制限しても無効とするのが判例である[17]。

⑤ 団体訴訟の創設

近時、消費者団体訴訟制度の創設を盛り込んだ消費者契約法改正法が平成18年5月31日に成立し、平成19年6月7日から施行された（消費者契約法12条以下）。

この詳細については、ジュリスト1320号「特集・消費者団体訴訟制度の創設」などを参考のこと。

---

[16] 最判昭和33年4月17日民集12巻6号873頁＝百選（第3版）16事件など参照。
[17] 最判昭和43年8月27日判時534号48頁＝百選A5事件。

第10章　演習問題

【演習問題1】　下記の【事例】①～⑤を読んで、以下の設問に答えなさい。

【事例①】
　X及びY等は訴外9名と共に平成16年8月頃O農産加工組合と称する農産物の加工販売を業とする組合を設立し、Yは同組合長として同組合の主たる取引先であつた九州H製鉄所方面を担当尽力したが、翌平成17年6月頃事業不振のため組合は解散した。Xは、その清算人に選任せられ、その名において裁判上裁判外の行為をなす権限を授与されていた。清算中であるところ右期間中における組合とYとの計算関係は、別紙計算書に記載の通り、組合がYから受入れるべき金額が金500万円、組合がYに支払うべき金額が金参300万円となり、従って差引金200万円をYから支払を受けねばならない。そこで、XはYに対して差引金の支払を求め、訴えを提起した。

【事例②】
　Yは、昭和46年秋、B市の一部海域を埋め立てて、出力50万キロワット二基の発電機を備える重油専焼式のB火力発電所を建設する計画を立て、右発電所の建設用地として、B市のH明神地区の公有水面約三九万平方メートルの埋立につき、福岡県知事の埋立免許を得て、昭和50年10月3日現在既に第一工区の埋立を完了し、第二工区も完了に近く、全体の三分の二の埋立を終え、出力50万キロワットの火力発電所一号機の建設を完成し、現在操業中である。Xら7名は、B市住民であり、漁業者でも農業者でもないが、後記の漁業被害、農業被害は、直ちにXらの生活環境に悪影響を与えるから、これらに言及する必要があり、また、今後豊前平野に流入してくる人々のためにも現在の環境を守り抜く必要があるとして、B平野、B海の地域の環境保持を目的とし、地域の代表としてYに対し、環境権に基づき前記の操業差止及び原状回復を求める訴えを提起した。Xらの被害の主張は以下のものである。

　①右埋立工事に際し、採取土砂等がB海を広範囲にわたり汚濁して、海底の生態系を変え、貝類を死滅させる等の被害を発生させ、更に、海底に沈でんしていた有害物質を再溶出して赤潮を発生させること、②埋立自体によって、M海水浴場、潮干狩の場、散策の場、水鳥の採餌場が失われること、③火力発電所の操業によって、硫黄酸化物及び窒素酸化物が排出され、ばいじん等も加わって複合大気汚染が発生するため、呼吸器疾患その他の健康被害が生じ、米作や果樹園芸の収量低減・

品質低下を招き、のりの生育を妨げ、特別天然記念物チクシシャクナゲ等学術上貴重な植物百数十種の成長を阻害し、また、温排水によって海の生態系を混乱させ、更に、タンカーで運ばれてくる重油の一部がB海を汚染し油臭魚を発生させることなど各種の公害の発生が予測され又は現実化され、YがB市その他の関係市町及び関係漁協と締結した環境保全協定によっても、設置予定の排煙脱硫装置の処理能力等にかんがみ、公害を防止しうるとはいえないこと。

【事例③】
　Aマンションの管理組合法人Xは、平成5年に設立された。Aマンションにおいては、Xの設立前から各区分所有者において支払うべき管理費等の額が定められていた。区分所有者であるYは、Xの設立の前後を通じて所定の管理費等を支払わなかった。そこで、Xは、管理規約などに基づき、Yに対し、マンションの管理費、修繕積立金等の支払を請求するために訴えを提起した。

【事例④】
　X1～X10は、繊維製品の販売を営む業者である。X1らは、訴外株式会社Aに対して、繊維製品を販売し、それぞれその売掛代金債権を有していた。ところが、A会社は、営業不振により債務超過に陥り、不渡り手形を出すに至り、休業した。その後、X1らとA社の取締役をしていたY1及びY2が残債務について協議し、Y1らは、当該各債務について連帯保証を承諾する旨の誓約書をX2～X10の代理人であるX1の代表取締役Bに差し入れた。そこで、X1～X10は、X1を原告となるべき者に選定し、Y1に対する保証債務の履行を請求する訴えを提起した。

【事例⑤】
　Xは、訴外A村との契約により、村所有地の大理石を採取する債権を取得し、採掘に着手したところ、Yらが妨害し、A村はその排除を行わなかった。そこで、Xはその採取権保全のために、A村を代位して所有権に基づく妨害排除請求訴訟をYらに対して提起した。その後、A村が、Yらに土地明渡訴訟を提起した。

【設問1】
> 上記事例①～⑤において、各事例の原告Xの原告適格が問題となる。なぜ、原告適格が問題となるか。その際、各事例では、どのような違い又は共通点があるかを考慮して答えよ。

【設問 2】

判例資料（最高裁昭和 45 年判決）の理論構成に基づく場合に、事例①～⑤におけるＸの原告適格の有無は、どのような結論になるか。また、その結論は、正当といえるか。下記の小問を検討したうえで、考察せよ。

(小問)
1) なぜ任意的訴訟担当は、無条件に許されないのか。
2) 事例①において、組合に当事者能力を認める場合には、訴訟担当は必要ないといえるか。
3) 事例①～④において、提起した訴訟が不適法と判断される場合、不適法にならないためには、どのような形で、訴えを提起すればよいか。

【設問 3】

事例①～⑤において、Ｘの原告適格の有無は、どのように判断すればよいか。判例と学説の議論を検討したうえで、答えよ。

【判例資料】　最判昭和 45 年 11 月 11 日民集 24 巻 12 号 1854 頁

【演習問題 2】　下記の【事例】を読んで、以下の設問に答えなさい。

【事例】

　Ｘは、弁護士Ｚの事務所を訪れ、以下のような内容の相談を行った。
(1)　私の父Ａは、平成 19 年 3 月 14 日死亡しました。私は、Ａの長女です。母ＢとＹ、Ｃ及びＤの兄弟がいます。兄のＣ（長男）は、小さな会社を創りましたが、資金調達がうまくいかず、父に頼んで父の知り合いから借金をしてました。しかし、借金の返済が滞っていました。にもかかわらず、会社を維持するため、その後も資金調達に奔走していましたが、すでに社会的信用を失っていたために、資金調達はうまくいきませんでした。父も母も知り合いの人からいろいろ言われましたし、兄には早く借金を返すように強く言っていました。兄も、もう父母には頼れないと思い、私のところに泣きついてきました。夫と相談し、夫が今回だけは兄さんを助けてあげようというものですから、夫が借金の名義人になり、それを兄に融通しました。ところが、兄は会社を潰し、自らも夜逃げをして、いまは所在不明です。私たち夫婦は、兄の代わりに、毎月借金を返済しています。
(2)　次男のＤは、高校を卒業後、Ａ商店の店員として勤めてましたが、今は奥さ

んの親類の経営するコンビニの店長として働いています。三男のYは、都内の専門学校へ入学しましたが、程なく傷害事件を起こし、有罪判決を受けました。これを境に音信不通になり、両親宅にまったく寄り付かなくなりました。

(3) 父は、次男のDが男手として一番信用できましたので、先々のことを考え、Dのために家を建て替え、二世帯住宅を造り、そこに住むことを提案いたしました。私もそれに賛成しました。そこで、建築代金はD名義で融資を受け、D名義で登記して、現在まで問題もなく、父母とD家族は共同生活を続けていました。

(4) 平成17年9月に、父が脳梗塞で倒れました。たまたま、そのときYの所在がわかりましたので、私が連絡したところ、15年ぶりに舞い戻ってきました。ところが、家が新築されていることをみて、自分のいない間に事が進み、そこに疑いの目を抱き、なぜ無断に家を建てたのかと、再三再四文句をいいにくるようになりました。Dがいないときに、家にやってきて、Dの妻に暴行をはたらき、Dの妻は一時は失明も心配される怪我をしました。また、建物の扉をけり破ったりして、灯油を撒き散らし、警官が呼ばれる騒ぎも起こしました。父は、半身不随になりましたが、意識ははっきりしていたので、私も含め、Dもいっしょに、遺言で財産関係をはっきりさせていたほうがいいのではないかと言いましたところ、父もそうしようということになりました。父は、母と相談したうえで、知り合いのF夫婦に立会人になってもらって遺言状を作成しました。遺言書は、Dに頼まれ、私の方で保管することにしました。その後も、Yの暴力は止みませんでしたので、D家族は自宅外で生活するようになり、父母も暴力を逃れるため、別にアパートを借りて生活するようになりました。そのせいで、父は体調を崩し、亡くなってしまいました。

(5) Cはもちろんのことも、父の葬儀には出席しませんでした。その後、母が久しぶりに家に帰ると、Yはまた包丁を振りまわし、扉をたたくなどしたため、警察をまた呼ぶことになりました。警察署での事情聴取後、引受人として私が呼ばれ、話し合いになりました。一旦、家に帰ったのですが、話し合いの際に、遺言状があることをつい口走ってしまい、家に帰ってとたん、Yは遺言状の話は聞いていないといって、激昂し、家の中をメチャクチャに壊し始め、自分に遺言状をみせろ言って来ました。私は、怖くなって、Dが持っていると嘘をつきました。Yは、電話でDに問いただしたのですが、Dは、私に迷惑がかかると悪いと思い、自分が持っていると答えてくれました。

(6) Yは、直ちにD宅に向かいましたので、私は、Dに電話をかけ、車で自宅に戻り、遺言状をもってD宅に馳せつけました。まだ、Yが来ていなかったので、YにはコピーをみせるようにDに言い、私はYの来る前に帰りました。

(7) Dは、下手に小細工したら、また暴れると思い、Yには原本を見せました。Yは、中身を読み、効力がどのくらいあるのか調べたいといって無理やり、遺

言状を持って帰りました。Dは、Yが興奮してこともあり、やむなくそれに従いました。ところが、それ以降、Yは遺言状を返していません。それどころか、たびたび、私やDに嫌がらせの電話をかけてきます。Dといっしょに意見しようと訪ねましたが、Yは取り合いません。Dは、新建物へ戻りましたが、Dの奥さんは暴力事件が頭からはなれず、ついにはD夫婦は離婚することになりました。
(8) Dは、遺言状どおりに相続したいを考え、遺産調停の申立てをしましたが、Yは無断欠席など誠実に対応しませんでした。遺産分割審判に移っても、態度はかわりません。それどころか、深夜に脅迫電話をよこすようになりました。
(9) このままでは、落ち着いて生活できません。遺言状どおりに遺産を分割して、はやく落ち着いた生活を取り戻したいのですが、どうすればいいのでしょうか。

【設　問】

問題（1）
　教材事例の相談において、弁護士Zは、Xの意向に沿うためにYに対して訴訟を提起しようと考えている。その請求の趣旨、原因としては、どのような構成をとるべきか考えよ。

問題（2）
　下記の問題に答えよ。
①教材事例において、Yは、AとDの二世帯共同住居の建物については、実際はAがその費用を出したもので、税金対策のために、D名義になっているに過ぎないとして、当該建物がAの遺産に属することの確認を求める訴えを提起した。（イ）かかる訴えの適法性について論ぜよ。また、（ロ）適法性が認められるとして、その訴訟形態はどのようなものとなるか。（ハ）Yは、遺産確認の訴えを提起するに際して、Cは所在不明であったので、Cに対する訴えを取り下げた。かかる取下げは、可能か。
②他方、YがXに対して遺言無効確認の訴えを提起しようとする場合、その訴えの確認の利益は認められるか。また、Xの弁護士がB、C、Dを被告としない本件訴えは不適法であると主張する。Xの主張は認められるか、根拠を挙げて論ぜよ。
③Yの遺産確認の訴えにおいて、第1審ではYの勝訴判決が下されたとする。Xは、これ以上もめごとにまき込まれたくないとして、控訴を断念したが、Dは納得がいかないとして、単独で控訴した。この場合の各当事者の訴訟上の地位はどのような関係になるか。

【参考判例】
【参考判例①】 最高裁昭和61年3月13日民集40巻2号389頁
【参考判例②】 最高裁平成元年3月28日民集43巻3号167頁
【参考判例③】 最高裁平成7年3月7日民集49巻3号893頁
【参考判例④】 最高裁平成12年2月24日民集54巻2号523頁

【演習問題3】 下記の事例A、事例Bにおいて、遺言執行者X、Sは当事者適格を有するか。

【事例A】
　Aは、B(夫)との間にY1ら7名の子をもうけたが、Bと長男は先に死亡した。Aは、農業を継いだY1にその所有する土地①、②、③全部を相続させる旨の遺言公正証書を平成2年3月に作成した(旧遺言)。その四ヵ月後、Aは、前遺言を全部取り消し、以下の内容の遺言公正証書を作成し直した。すなわち、1) 当該土地①を、Y1を除く5名の子に各5分の1ずつ相続させる、2) ②、③の土地は、Y1とその子Y2に各2分の1の割合で相続させる、3) その余の財産は、相続人全員に平等に相続させる、4) 遺言執行者として弁護士Xを指定する、旨の遺言である。平成15年、Aが死亡し、相続が開始した。しかし、Y1は、旧遺言に基づき、①〜③の土地について相続を原因とする自己への所有権移転登記手続を行った。そこで、Xは、不実の登記をしたとして、Y1に対して所有権移転登記手続を請求する訴訟を提起した。

【事例B】
　亡き甲の相続人は、O、P、Q、Rの4名であった。甲は、遺言公正証書を作成し、その内容は以下のものであった。1) 本件土地①の持分2分の1を、O、Qそれぞれに相続させる、2) ②の土地は、Pに相続させる、3) 預貯金のうち2000万円をRに相続させる、4) 預貯金の残高は、遺言執行者の責任において相続税等の支払いに充当する、4) 遺言執行者として弁護士Sを指定する、旨の遺言である。本件土地①は、Qが占有していた。Qは、①上の建物を生前贈与され、その際、甲との間で建物所有のため土地①について賃貸借契約を締結したと主張して、Qは、Sを相手として本件土地①賃借権確認訴訟を提起した。

第 11 章　訴訟参加論・その 1
―補助参加と訴訟告知―

第 11 章の趣旨

　本章では、第三者が係属する他人間の訴訟に参加する形態の中で最も利用されている「補助参加」に関する問題についての検討を行う。補助参加に関する問題は多岐にわたるが、裁判実務と学説において最も議論されてきたものの一つは、補助参加の利益と参加的効力に関する問題である。本章では、これらの問題に関する裁判例を素材として、検討を行うこととする。

　本章の目的は、補助参加の要件の一つである補助参加の利益に関する判例・学説における議論状況を的確に理解するとともに、補助参加と密接に関連する制度である訴訟告知における参加的効力の規律内容を検討することにある。本章の検討を通して、民事訴訟における第三者の訴訟参加の意義・機能・要件等についての知見を深めることとする。

参考教科書での関連部分

①伊藤眞『民事訴訟法（第 4 版）』631〜646 頁
②中野貞一郎ほか『新民事訴訟法講義（第 2 版補訂 2 版）』550〜570 頁
③高橋宏志『重点講義民事訴訟法下（補訂第 2 版）』325〜389 頁
④新堂幸司『新民事訴訟法（第五版）』802〜823 頁
⑤松本博之＝上野泰男『民事訴訟法（第 6 版）』720〜732 頁

基本事項の解説

1　補助参加の意義・手続

　補助参加とは、訴訟の結果について利害関係を有する第三者が、当事者の一方を補助するため、その訴訟に参加する手続である（民訴 42 条）。この第三者はあくまでも補助参加人であり、訴訟の当事者となるわけではない。補助参加の申出は、参加の趣旨と参加の理由を明らかにして、補助参加により訴訟行為をなすべき裁判所にしなければならない（民訴 43 条 1 項）。補助参加の申出は、補助参加人としてすることができる訴訟行為とともにすることができるため（民訴 43 条 2 項）、例えば、控訴の提起、再審の訴えの提起、和解

無効に基づく期日指定申立てなどとともに（民訴45条1項）、補助参加の申出をすることができる。補助参加の申出に対して、既存訴訟の当事者（被参加人ないしその相手方当事者あるいはその両者）が異議を述べたときには、裁判所は、補助参加の許否（補助参加の理由の有無）について決定で裁判をしなければならない（民訴44条1項）。当事者が異議を述べないときには、補助参加の利益の有無は問題とはならない。

2 補助参加人の地位・権限

(1) 独立性

補助参加人は当事者ではないが、補助参加人に対して期日呼出状などは送達されることになり、補助参加人は自己の名と費用で訴訟行為をすることになる。また、次に述べる従属性の範囲内であれば、被参加人の同意を得ることなく、独自に訴訟行為をすることができる。このような意味において、補助参加人の地位は独立性を有している[1]。

(2) 従属性

補助参加人の地位は、次のような意味において従属性を有する（民訴45条）。すなわち、①参加の時の訴訟状態に拘束される（例えば、補助参加人は被参加人がした自白の拘束力を受ける）、②訴訟自体を処分あるいは変更する訴訟行為（訴えの取下げや訴えの変更など）をすることはできない、③被参加人の行為と抵触する訴訟行為をすることはできない（例えば、被参加人が自白する場合に補助参加人が否認しても否認の効果が生じない）[2]、④被参加人に不利な訴訟行為（補助参加人が単独でする自白など）をすることはできない[3]。

(3) 共同訴訟的補助参加

判決効の拡張を受ける第三者が係属する訴訟について当事者適格を有しない場合には（当事者適格を有する場合には、共同訴訟参加（民訴52条）をすることが

---

1 補助参加人の上訴期間は独自に計算すべきであるかは議論がある。補助参加人の独立性を強化すべきであるという議論については、新堂幸司「参加的効力の拡張と補助参加人の従属性」同『訴訟物と争点効（上）』（有斐閣・1988）227頁以下および高橋下・331頁以下参照。
2 抵触があった場合には、被参加人は参加の効力を受けないという規律（民訴46条2号）によって、補助参加人を保護している。
3 ②と一部重なりうる。④の規律は、補助参加人が不利な訴訟行為をした期日に被参加人が欠席

できる)、その者は補助参加する以外に参加する方法はない[4]。このような補助参加人には、判決効の拡張を受けることを理由に、通常の補助参加人よりも強い(従属性が弛緩された)地位が認められるべきである[5]。このような補助参加は、「共同訴訟的補助参加」とされ[6]、共同訴訟的補助参加人は、手続上、通常の補助参加人と比べて、必要的共同訴訟参加人に近い地位(民訴40条参照)が認められる。すなわち、共同訴訟的補助参加人は被参加人と抵触する訴訟行為をすることができ、上訴期間や手続の中断・中止事由も独立に計算ないし判断されることになる。もっとも、あくまでも補助参加人であるため、訴訟自体を処分する訴訟行為をすることはできない。議論があるのは、被参加人の訴訟処分行為を共同訴訟的補助参加人が阻止できるか、および、参加の時点の訴訟状態に拘束されるかである[7]。共同訴訟的補助参加人の当事者適格が否定される根拠に着目して、個別具体的に訴訟行為の有効性を判断する作業が必要となる。

3 補助参加の利益

保証債務履行請求訴訟において主債務者が被告である保証人に補助参加する場合は、典型的に補助参加の利益が認められる場合であるとされるが、補助参加の利益の有無の判断基準は必ずしも明確ではない。補助参加の利益の有無は、次のように、3つの段階に区別したうえで、判断することが有益である[8]。すなわち、①係属する訴訟の判決の何が補助参加人の法的地位(ないし法的利益)に影響を及ぼすのか[9]、②補助参加人の法的地位(ないし法的利益)は、どのようなものであるか[10]、③係属する訴訟の判決と補助参加人の法的

した場合に意味を有する。
[4] 独立当事者参加の可能性については別論である。
[5] 具体的には、株主総会決議取消訴訟の被告である会社側に取締役が補助参加する場合や遺言執行者を当事者とする訴訟に相続人が補助参加する場合等である。
[6] 明文による規律としては人訴15条、判例は最判昭和63年2月25日民集42巻2号120頁=百選(第3版)A41事件を参照。
[7] 高橋下・368頁以下。
[8] 本章では、笠井正俊「補助参加の利益に関する覚書」井上治典先生追悼『民事紛争と手続理論の現在』(法律文化社・2008) 215頁が採用する基準を手がかりとする。
[9] 「訴訟の結果」とは訴訟物に限定されるか、それとも理由中の判断までも含むかという議論と関連する。
[10] 「経済的な利益」と「法律上の利益」との区別が問題となる。名古屋高決昭和43年9月30日高民集21巻4号460頁を参照。

地位（ないし法的利益）とは、どのような関係にあるか[11]である。判例[12]は、係属する「当該訴訟の判決が参加人の私法上又は公法上の法的地位又は法的利益に影響を及ぼす場合をいう」とするが、①について、訴訟物に限定する趣旨であるかは必ずしも明らかではない[13]。また、③における「関係」をどのように理解するかが、当事者の一方と同様の地位あるいは境遇にある者がする補助参加の利益の有無の判断に影響を及ぼすことになる[14]。

以上の判断枠組みによって、補助参加人ごとに、補助参加の利益の有無を検討する必要がある[15]。

4 補助参加人に対する判決の効力

補助参加に係る訴訟の判決の効力は、補助参加人に対しても及ぶ（民訴46条）。この効力は、敗訴の責任の共同負担という思考に基づくものであり、既判力とは異なる特殊な効力（参加的効力）と捉えるのが、判例・学説における一般的な理解である[16]。以下の点において、参加的効力は既判力と異なるとされる。すなわち、①被参加人敗訴の場合にのみ生じる点、②判決理由中の判断にも生じる点、③効力の発生について、民訴46条の除外事由がある点、④当事者の援用が必要となる点である。近時は、補助参加人と被参加人の相手方との間にも、何らかの判決効を及ぼすべきであるという議論が有力である[17]。

---

[11] 事実上の関係を含むとして、どのような関係であるかが問題となる。
[12] 最判平成13年1月30日民集55巻1号30頁＝百選（第3版）A40事件および最判平成14年1月22日判時1776号67頁＝百選105事件を参照。
[13] 最判昭和51年3月30日判時814号112頁＝百選A33事件および東京高決平成2年1月16日判タ754号220頁＝百選（第3版）106事件。なお、東京高裁平成2年決定については、高橋下・348頁以下の分析を参照。
[14] 当事者と補助参加の申出をする者との間の実体的法律関係の結び付きの強さが、補助参加の有無を判断するための重要な要素となりうる。大決昭和8年9月9日民集12巻2294頁、大決昭和7年2月12日民集11巻119頁、東京高決昭和49年4月17日下民集25巻1〜4号309頁、東京高決平成20年4月30日判時2005号16頁＝百選103事件）等参照。
[15] そのような作業をする前提として、例えば、保証債務履行請求訴訟の被告である保証人に主債務者が補助参加する場合と主債務履行請求訴訟の被告である主債務者に保証人が補助参加する場合とで、それぞれ、どのような根拠で補助参加の利益が認められるのかを整合的に説明できる必要がある。
[16] 最判昭和45年10月22日民集24巻11号1583頁＝百選104事件参照。
[17] 高橋下・359頁以下。

5　訴訟告知

　訴訟告知とは、訴訟の係属中に、当事者（および訴訟告知を受けた者）から訴訟参加（補助参加に限らない。共同訴訟参加や独立当事者参加も含む）をすることができる第三者に対して、訴訟係属している旨を法定の方式で通知することをいう（民訴53条）。なお、訴訟告知をしなければならない場合もある（会849条3項）。

　被告知者は訴訟に参加しなくても、参加することができた時に参加したものとみなされるため（民訴53条4項）、被告知者が補助参加の利益を有する場合には、条文上は、その者が参加的効力を受けることになる。しかし、被告知者が告知者側に補助参加することが期待できない場合もあり、このような場合には、被告知者に参加的効力を及ぼすべきではないとして、民訴法53条4項を制限的に解すべきであるという議論がなされている[18]。訴訟告知による参加的効力の及ぶ主観的範囲を、告知者と被告知者との間に告知者の敗訴が原因となる求償・賠償関係がある場合[19]に限定する見解が有力である[20]。なお、事実上の択一的関係にある者に対する訴訟告知の参加的効力が問題となった事例として、最判平成14年1月22日判時1776号67頁（＝百選105事件）がある[21]。

補論　同時審判申出共同訴訟⇒第13章参照

　通常共同訴訟においても、各共同訴訟人間に対する請求が実体法的に択一的関係にある場合には、弁論の分離や一部判決をすることは適切ではない。このような場合には、原告は、実体法的に併存しえないいずれかの請求について勝訴判決を得る機会が保障されるべきである。このような考え方に基づ

---

[18] 参加的効力の発生を許容した仙台高判昭和55年1月28日高民集33巻1号1頁には対しては批判が多い。なお、東京高判昭和60年6月25日判時1160号93頁は、前訴で重要となった争点について訴訟告知による参加的効力を否定した。

[19] 参加（協力）すべき実体的法律関係がある場合ということもできる。例えば、保証人に対する主債務者、買主に対する売主のような関係である。

[20] もっとも、訴訟告知を受けた主債務者が、自分が主債務者でないと認識する場合に、その者に参加的効力を及ぼしてよいかは別途問題となりうる。

[21] 直接には被告知者に補助参加の利益が認められないとして、訴訟告知の参加的効力を否定した事案であるが（補助参加の利益を否定した点は問題となりうる）、傍論で、訴訟告知の参加的効力が生じるのは、判決主文を導き出すために必要な主要事実の認定と法律判断であり、間接事実等には生じないとして、訴訟告知の参加的効力の客観的範囲を明らかにした。

いて、平成8年改正によって導入されたのが、「同時審判申出共同訴訟」（民訴41条）である。

同時審判申出共同訴訟と主観的予備的併合とは、次の点で異なる。すなわち、①単純併合であるため、同一手続内において矛盾主張をすることが認められる、②弁論および判決の分離の禁止以外は、通常共同訴訟の規律（民訴39条）が適用される[22]、③控訴の局面において、統一的な解決が保障されていない（民訴41条3項）という点である。

同時審判申出共同訴訟に関しては、原告が複数である場合にも民訴41条を類推適用することができるか、当事者が事実上の択一関係にある場合にも利用することができるか[23]、同時審判申出共同訴訟が導入されたことによって、主観的予備的併合という併合形態は不要となったのか[24]などということが解釈論として問題となりうる。

---

[22] 主観的予備的併合における訴訟行為の規律について定見はないが、民訴40条の準用を主張する見解が有力である。
[23] 訴訟告知に関する先述の最判平14年の事案が参考となる。
[24] 主観的予備的併合を一般的に不適法とした最判昭和43年3月8日民集22巻3号551頁＝百選A31事件に対しては批判が多い。主観的予備的併合をめぐる問題については、高橋下・295頁以下を参照。

第 11 章　演習問題

【演習問題1】　以下の【判例資料】を読んで、【設問】を検討しなさい。

【判例資料】　最決平成 13 年 2 月 22 日判時 1745 号 144 頁
〔事実の概要〕
　Y は、X 会社の K 工場に勤務していた A の妻である。A は、K 工場での長時間労働による過労により死亡したとして、Y は、T 県労働基準監督署長 Z に対して労災保険法に基づき遺族補償給付等の請求をした。しかし、不支給の決定が下された。そこで、Y は、この処分の取消しを求める行政訴訟を提起した。X は、次の点を主張して Z 側への補助参加の申出をした。すなわち、本案訴訟において過労死の業務起因性が肯定されると、①Y から労働基準法に基づく災害補償又は完全配慮義務違反に基づいて損害賠償訴訟を提起された場合に自己に不利益な判断がなされる可能性があること、②労働保険の保険料の徴収等に関する法（以下「徴収法」）12 条 3 項所定のいわゆるリメット制により次年度以降の保険料が増額される可能性があることの二点である。Y は、これに対して異議を述べた。
　原決定は、X の申出を却下し、原決定も X の抗告を以下の理由で却下した。まず、①につき、業務起因性が肯定されたとしても、これによって当然に安全配慮義務違反等を理由とする損害賠償請求訴訟における相当因果関係が肯定されるものではない上、後訴における抗告人の責任の有無、賠償額の範囲は、使用者の故意又は過失・過失相殺等の判断が後訴における判断に事実上不利益な影響を及ぼす可能性があることをもって抗告人が本案訴訟の結果について法律上の利益関係を有するということはできない、とした。また、②については、徴収法一二条三項は本案訴訟の結果により当然保険料が増額されることを定めたものではないから、保険料増額の可能性があることをもって抗告人が本案訴訟の結果について法律上の利害関係を有するということはできない、とした。これに対して、X が許可抗告。
〔決定要旨〕　破棄・差戻し
　本件決定は、上記①、②の参加理由に関する原審の決定を判断し、まず、①に関する部分については、次のように原決定を是認した。
　「(1) 労基法八四条によると、労災保険法に基づいて労基法の災害補償に相当する給付が行われるべきものである場合においては、使用者は補償の責を免れるものとされているから、本案訴訟において本件処分が取り消され、相手方に対して労災保険法に基づく遺族補償給付等を支給する旨の処分がなされた場合には、使用者である抗告人 X は、労基法に基づく遺族補償給付当の支払義務を免れることとなる。

そうすると、本案訴訟において被参加人となる Z が敗訴したとしても、X が相手方 Y から労基法に基づく災害補償請求訴訟を提起されて敗訴される可能性はないから、この点に関して X の補助参加の利益を肯定することはできない。また、本案訴訟における業務起因性についての判断は、判決理由中の判断であって、労災保険法に基づく保険給付（以下「労災保険給付」という。）の不支給決定取消訴訟と安全配慮義務違反に基づく損害賠償請求訴訟とでは、審判の対象及び内容と異なるのであるから、X が本案訴訟の結果について法律上の利害関係を有するということはできない。原決定中、X の上記主張を排斥した部分は、これと同旨をいうものとして、是認する事ができる。……」

そして、原審の②についての判断は是認できないとして、以下のように判示する。

「(2) 徴収法 12 条 3 項によると、同項各号所定の一定規模以上の事案については、当該事業の基準日以前三年間における「業務災害に係る保険料の額に第一種調整率を乗じて得た額」に対する「業務災害に関する保険給付額に業務災害に関する特別支給金の額を加えた額から労災保険法 16 条の 6 第 1 項 2 号に規定する遺族補償一時金及び特定疾病にかかった者に係る給付金等を減じた額」の割合が一六〇分の八五を超え又は一〇〇分の七五以下となる場合には、労災保険率を一定範囲内で引き上げ又は引き下げるものとされている。そうすると、徴収法 12 条 3 項各号所定の一定規模以上の事業においては、労災保険給付の不支給決定の取消決定が確定すると、行政事件訴訟法 33 条の定める取消判決の拘束力により労災保険給付の支給決定がされて保険給付が行われ、次々年度以降の保険料が増額される可能性があるから、当該事業の事業主は、労働基準監督署長の敗訴を防ぐことに法律上の利害関係を有し、これを補助するために労災保険給付の不支給決定の取消訴訟に参加をすることが許されると解するのが相当である。」

【設問 1】

> 【判例資料】において補助参加の利益の有無について、決め手となったのはどのような点であるか。それは、従来の通説・判例（最判昭和 39 年 1 月 23 日裁集民 71 号 271 頁）との関係で、どのように位置づけることができるか。

【設問 2】

最決平成 13 年 1 月 30 日民集 55 巻 1 号 30 頁は、A 会社の株主である X が、A の取締役 Y らがその忠実義務に違反し、粉飾決算のうえで法人税の過払いや株主利益配当などをして、A に損害を与えたとして、商法 267 条（現行会社 847 条）に基づき 2 億 3000 万の損害賠償を請求する株主代表訴訟を提起した訴訟で、取締役会の意思決定の違法性が争われたことから、A が Y らを補助するために訴訟参加を申し立てた事案である。「取締役会の意思決定の違法を原因とする、株式会社の取締役に対する損害賠償請求が認められれば、その取締役会の意思決定を前提として形成された株式会社の私法上又は公法上の法的地位又は法的利益に影響を及ぼすおそれがあるというべきであり、株式会社は、取締役の敗訴を防ぐことに法律上の利害関係を有するということができる」として、株主代表訴訟における被告取締役側への A 会社の補助参加を認めた。この事案における補助参加の利益は何であり、それは、【判例資料】と比較して、どのような点が違うのか。また、補助参加の利益の有無の判断基準は、同一のものといえるか。

【設問 3】

【判例資料】における補助参加の利益の判断について、労災補償制度の特殊性が考慮されているか。考慮されているとすれば、どのような点であるか。問題 (2) の最高裁平成 13 年決定の場合は、株主代表訴訟の特質が、補助参加の利益の判断に影響を与えているか。与えているとすると、どのような点であるか。

【演習問題 2】

下記の事例における Z1～Z4 に補助参加の利益が認められるかを検討しなさい。

【事例①】

X は、A 薬品が M 病の原因であるとして、A 薬品を製造・販売もしくは製造承認した点を違法である旨を主張し、Y を被告として、損害賠償を求める訴えを提起した。この X＝Y 間の訴訟に、別訴において X から A 薬品を投与したことに基づく損害賠償を求められている Z1 病院が補助参加の申出をした。その理由は、A 薬品が M 病の原因であるかどうかについての X＝Y 間の訴訟の判断は、X＝Z1 間の

訴訟に必然的に影響をもたらす関係にあるとする点にある。

【事例②】

　Z2 の運転する自動車がある交差点で、P の運転する自動車と衝突し、そのあおりで付近を通行中の Q に P の車が衝突し瀕死の重傷を負わせた。Q が P、Z2 を共同被告として損害賠償請求訴訟を提起した。第一審において、P に対する請求については P には過失なしとして棄却され、Z2 に対する請求のみが認容された。Z2 に対する請求認容判決は、Z2 の控訴がなく確定した。Q が P に対する請求棄却判決に控訴しないでいたところ、Z2 がこれを不満として Q 側に補助参加の申出をするとともに、PQ 間の判決に対して控訴を提起した。

【事例③】

　乙は、甲より保証債務履行請求の訴えを提起されたが、乙は所在不明で訴訟は公示送達により進行中である。この訴訟に、乙の妻 Z3 が、「Z3 は乙から扶養を受けている者であり、乙が将来死亡宣告を受けた場合には相続人となるべきものであるから、本件訴訟の勝敗は Z3 の財産上の地位に影響を及ぼす」という旨の主張をして、補助参加の申出を行っている。

【事例④】

　S 病院に勤務する Z4 医師の手術を受けた K は、手術後、後遺障害が残り、Z4 の手術・治療ミスを理由に S を被告として損害賠償請求訴訟を提起した。S と Z4 との間には、勤務医の手術・治療行為によって S が患者との間にいかなる責任を負っても、S は勤務医に求償を含む一切の責任追及や不利益待遇は行わない旨の特約があった。Z4 は、自らの行為が訴訟で問われている以上、反論したいと考え、S 側への補助参加の申出を行った。

【演習問題3】　以下の【教材事例】を読んで、【設問】を検討しなさい。

【教材事例】

　本件土地に関する所有権は、A にあった。その後、A から B、B から C に順次所有権は移転し、その旨の登記がなされた。A の相続人である X1、X2、X3 は、A から B への本件土地の譲渡事実はないとして、C を被告として本件土地の共有持分権の確認及び共有持分権移転登記手続を求めて訴えを提起した。

　この訴訟において、AB 間の売買契約を仲介した不動産業者 Y に本件土地の売却について代理権があったか否かが争点となっている。この X1 ら＝C 間訴訟において、X1 らは Y への損害賠償請求権を保全しておくために、Y に訴訟告知を行っ

た。X1らからの異議が出ず、YはＹ被告Ｃ側に補助参加した。

【設問1】

　Ｃは、Yに代理権があったと主張し、かりにこの主張が認められないとしても表見代理は成立すると主張した。裁判所は、「代理権を授与したまで認定することは困難であるが、表見代理は認められるとして、X1の請求を棄却した。X1らは控訴せず、判決は確定した。
　その後、X1らは、Yに対して無権代理を原因とする不法行為に基づく損害賠償請求訴訟を提起した（後訴）。
　後訴において、Yは、本件土地の売却につき代理権が与えられていた旨を主張したが、X1らは、前訴（上記のX1ら＝Ｃ間訴訟）の補助参加の効力によりYは前訴判決の判断と矛盾する判決はできないと主張し、もはやYは代理権があったという主張は許されないと主張した。後訴裁判所はどのような判断をすべきであるか。

【設問2】

　上記のX1ら＝Ｃ間訴訟（前訴）において、X1らはYへの損害賠償請求権を保全しておくために、Yに訴訟告知を行ったが、Yは補助参加をすることなく、X1らの請求が棄却され、その後、X1らは、Yに対して無権代理を原因とする不法行為による損害賠償請求訴訟を提起したとする（後訴）。この後訴において、Yは、本件土地の売却につき代理権が与えられていた旨を主張することはできるか。

【設問3】

　家具販売等を業務とする会社Ｘは、建築業者Ａからの注文により家具等の商品を納入したが、代金の支払いがないとして、Ｚを相手に納入商品の売買代金500万円の支払いを求める訴訟を提起した（前訴）。前訴において、Ａは、これらの家具等の一部（本件商品）はＡが建築したカラオケボックスの施主であるYが購入したものであると主張したので、ＸはYに訴訟告知をしたが、Yは補助参加しなかった。Ｘ＝Ａ間の訴訟では、Ａが本件商品を購入したのではなく、Yが購入したものであるとしてＸの請求は棄却され、判決は確定した。そこで、ＸはYを相手に本件商品の売買代金支払請求訴訟を提起した（後訴）。後訴において、Yは、Ｘ＝Ａ訴訟における理由中の判断と異なり、本件商品を購入していないとの主張をすることは許されるか。

第12章　訴訟参加論・その2
―独立当事者参加―

第12章の趣旨

　今回は、第三者が訴訟に参加する形態の中で、日本独自の参加制度である独立当事者参加制度について分析、検討する。独立当事者参加をめぐってもさまざまな問題が存するが、実務・理論上激しく議論されてきた独立当事者参加の要件を中心にしつつ、上訴との関係など若干の派生問題に関しても扱う。これにより、複合的な問題が生じる場合の分析能力を涵養することを目的とする。

参考教科書での関連部分

①伊藤眞『民事訴訟法（第4版）』647～658頁
②中野貞一郎ほか『新民事訴訟法講義（第2版補訂2版）』571～579頁
③高橋宏志『重点講義民事訴訟法下〔補訂第2版〕』391頁（第7講）
④新堂幸司『新民事訴訟法（第五版）』823～843頁
⑤松本博之＝上野泰男『民事訴訟法（第6版）』704～719頁

基本事項の解説

1　独立当事者参加の意義

　独立当事者参加とは、他人間の訴訟（本訴）係属中、第三者が、本訴当事者の双方又は一方を相手方とする請求を定立し、原告でも被告でもない第三の当事者（独立当事者参加人）として訴訟行為を行い裁判所に対し三者間で相互に統一的な矛盾のない審判を求める訴訟参加形態のことである（民訴47条）。たとえば、ある土地を自己の所有地であると主張するXが同土地をやはり自己の所有地であると主張するYを被告として土地所有権確認請求訴訟（本訴）を提起していたところ、Zが、同土地はXのものでもYのものでもなく自己の所有地であると主張してXとYとをそれぞれ相手方として土地所有権確認請求訴訟を行う場合である。

　参加人が独立の当事者として他人間の訴訟に介入する点で本訴当事者のいずれかに従たる当事者として関与する補助参加（民訴42条）と異なる。また、第三者が本訴原告・本訴被告のいずれにも与せず独立の立場で当事者となる

点で共同訴訟参加（民訴52条）とも異なる。旧法が大正15年改正でこの制度を導入してから現行の民訴法47条が成立するまで、条文上、独立当事者参加人は本訴原告・本訴被告の双方に対して請求を定立することが必要であったが（旧民訴70条）、現行法はこれを一方に対する請求のみで行えるようにした（いわゆる**片面的参加**の許容）[1]。

旧法下では、三者間の紛争を統一的に解決するものであることから、独立当事者参加訴訟は二当事者対立構造を基本とする民事訴訟制度の例外であるとして、その三面訴訟性が強調されてきた。しかし、独立当事者参加は第三者が本訴係属後に本訴当事者に訴訟上の申立を追加する形でなされるものであり、最初から本訴の係属なしに**三面訴訟**を許容する制度とはなっていないこと、現行法が片面的参加を許容したこと等の理由から、近時は二当事者対立構造の訴訟形態を組み合わせたものとしてその三面訴訟性を緩和する理解が有力になっている[2]。すなわち、独立当事者参加とは、本訴当事者間の訴訟遂行を牽制することにより本訴当事者間で自己に不利益な判決が生じることを防ごうとする制度であるとする見解が勢力を増しているようにみえる。

②　独立当事者参加の要件と手続

独立当事者参加が認められる場合として、詐害防止参加と権利主張参加の2態様がある。

まず、**詐害防止参加**は、訴訟の結果によって参加人の権利が害される場合に認められる（民訴47条1項前段）。「参加人の権利が害される場合」について、参加人に本訴判決の判決効が及ぶ場合に限るのか（判決効説［兼子］）、それとも、本訴原告・被告間で馴合訴訟が行われ本訴当事者が詐害的な訴訟遂行を行なったりあるいは本訴当事者の詐害意思が客観的に認められたりする場合もこれに該当するのか（詐害意思説［多数説］）見解は分かれる。

つぎに、**権利主張参加**は、独立当事者参加人が、訴訟の目的たる権利関係の全部又は一部が自己に帰属すると主張する場合で参加人の請求が本訴請求と論理的に両立し得ない場合に認められる（民訴47条1項後段）。独立当事者

---

[1] 旧法下の判例（最判昭和42年9月27日民集21巻7号1925頁＝百選Ⅱ147事件）は片面的参加を否定していたが、学説上、多くの批判があった。旧法下の解釈論としては、予てより準独立当事者参加として片面的参加を認める有力説があった。

[2] 高橋下・393頁

参加の形態としては、前段の詐害防止参加よりもこの参加形態のほうが多く用いられている。もっとも、参加人たる第三者からすれば、自己の権利であると考えているものを他人間の訴訟で他人が自己の権利として認めさせようとしていること自体、明らかな詐害的行為であり、それを阻止するために自己の権利を訴訟上主張することは最も直接的な詐害防止となる。その意味で、前段の詐害防止参加と後段の権利主張参加に異質性はなく、連続的なものとして理解することができる。なお、この参加形式は、権利承継人による訴訟参加の場合にも用いられる（**参加承継**、民訴49条）。

独立当事者として参加申出を行おうとする者は、補助参加の場合に準じてその申出手続を行う（民訴47条4項、43条）。そして、独立当事者参加が認められた場合、その後の審理手続には必要的共同訴訟に係る民訴法40条1項ないし3項が準用される（民訴47条4項前段）[3]。すなわち、原告・被告・独立当事者参加人の三者間で判決の合一確定が図られることとなる。しかし、第三者Zが、X・Yを共同被告として提訴した場合、あるいはX・Yが共同原告となってZを訴えた場合、このような訴訟は一般に通常共同訴訟であり、必要的共同訴訟の特則である民訴法40条が適用されるわけではない。したがって、独立当事者参加の形態をとるとなぜ民訴法40条が準用されることになるのか考えてみる必要があろう。片面的参加が許容された現行法の下ではなおさらである。

なお、独立当事者参加がなされた場合、従前の当事者（本訴原告又は本訴被告）は、相手方の承諾を得て訴訟から脱退することができる（**訴訟脱退**、民訴48条）。この場合、判決は脱退した当事者に対してもその効力を有する（民訴48条後段）。

③ 独立当事者参加と上訴

独立当事者参加は、控訴審においてこれを行うこともできる。

上告審からの独立当事者参加が許されるかについて、判例は旧法下のものであるがこれを消極に解している[4]。学説は、消極説と積極説に二分される。消極説は、上告審では事実審理がなされないことや補助参加を認めれば十分であること等をその根拠として挙げる。積極説は、上告審においても本訴当

---

[3] 旧法下で片面的参加を認める有力説も40条の準用まで認めるものは少なかった。
[4] 最判昭和44年7月15日民集23巻8号1532頁＝百選Ⅱ176事件

事者による詐害的行為の可能性があることや差戻審が生じれば事実審理の可能性があることをその理由とする。上告審での独立当事者参加を不適法としつつ、その参加申立が却下される前に上告審裁判所が事実審への差戻しを行うとその瑕疵が治癒され、結果的に上告審からの独立当事者参加が認められることとなるとする折衷説もある。

　問題となるのは、独立当事者参加訴訟において敗訴した当事者のうち一部の当事者のみが上訴した場合、上訴していない当事者を上訴審においてどのように扱うかである。参加人Zが敗訴し上訴しない場合は、本訴当事者X・Y間の訴訟が残るだけであるから、通常の二当事者対立構造に戻る。しかし、参加人Zの本訴当事者X・Yに対する請求がいずれも認容され、本訴当事者の一方Xのみが上訴したが他の本訴当事者Yも参加人Zも上訴せず附帯上訴もしていない場合、上訴審における審理及び判決の範囲が問題となる。この場合について、判例は、控訴審がXの本訴請求を認容すべきと判断した場合、X・Y間の請求を認容するだけでなく、控訴のないZ・Y間の請求（第一審ではZの請求が認容されている）をも棄却する取扱いをしている[5]。その理由として、三者間で合一確定の必要がある場合は、Xのみの控訴により原審判決の確定が全体として遮断され、Yの控訴又は附帯控訴がなくても合一確定に必要な限度で原審判決をZに不利益に変更することが許されることを挙げている。すなわち、Yの控訴がないにもかかわらずY・Z間の権利義務の存在ないし法律関係が控訴審における審判の対象とされ、控訴審判決はYにとって利益に変更されており、Zにとっては不利益に変更されていることになる。これは、独立当事者参加訴訟が、上訴審の審理範囲を定めた民訴法296条、及び上訴審における判決変更の限度について定めた民訴法304条の例外として扱われることを示す。判決によって矛盾のない法律関係を確定するという実体法的視点からその結論が妥当であるとしても、上訴審における不意打ち防止や攻撃防御の機会の保障という観点からは、検討すべき点が残されているということができる。

---

[5] 最判昭和48年7月20日民集27巻7号863頁＝百選107事件

第 12 章　演習問題

【演習問題 1】　以下の事例を読み、下記の設問に答えよ。

【事例①】
1) Ｘは、Ａ市宅地 357.02 平方メートルをＺから建物所有の目的で賃借している。Ｙは右土地の北西隅 20.22 平方メートルの地上に本件乙建物部分を所有し、その敷地として右 20.22 平方メートル（本件土地）を占有している。右乙建物部分の南側に接続する本件甲建物部分はＸの所有である。
2) Ｘは、Ｙの要請によりＹに対しＸ所有の建物のうち 1 階西北隅に位していた奥座敷部分 5 坪余（以下「本件旧建物部分」という。）を改造のうえ権利金 30 万円を徴して賃貸することになりかけたところ、Ｙは、右賃借部分を使用してバーを経営する計画を立てていたため、交渉の結果、本件旧建物部分の改造は、ＸにおいてこれをするよりむしろＹにおいて自由にこれをするのが適当であるということになった。ところが、たまたまＹは、当時右権利金を一時に支払うことができない事情にあったため、Ｘに対し右権利金の差入れにかえ本件旧建物部分を自己の費用でもってバーに改築したうえこれをＸに無償譲渡しＸからこれを賃借することにしてもらいたい旨申し入れ、Ｘは、これを承諾した。そして、Ｙは、右約定に基づき本件旧建物部分の改築として本件乙建物部分を建築し、これに伴いＸは、平成 11 年 9 月中Ｙに対し本件乙建物部分および本件甲建物部分からなる本件建物を期間 3 年、賃料 1 箇月金 10 万円の約定で賃貸した。
3) ところで、Ｘは、平成 15 年 9 月ころＹに対し前記家賃の増額を申入れたところ、Ｙは、Ｘから賃借したのは本件建物ではなく、その敷地であり、本件乙建物部分等は自己の所有に属している旨主張し抗争するに至った。
4) Ｙのこのような言動は、たとえ本件乙建物部分がＹの所有に属するとしても、賃貸人であるＸに対する著しい背信行為であるということは動かし難い真実であって、ＸとしてはこのようなＹとはもはや従来の賃貸借関係を継続することができず、平成 16 年 5 月 10 日付、翌日 11 日到達の書面をもってＹに対しＹの右背信行為を理由に本件建物についての賃貸借契約を解除する旨の意思表示をした。
5) Ｘは、Ｙに対し本件建物賃貸借契約解除に伴う原状回復義務の履行としてＸ所有の本件甲建物部分の明渡しおよび右原状回復義務不履行に基づく損害賠償として賃貸借契約解除の翌日である平成 16 年 5 月 12 日から右明渡し済みまで本件甲建物部分の賃料相当額に該る 1 箇月金 3 万円の割合による金員の支払を求める

とともに、Xが本件土地につき有する賃借権を保全するため、賃貸人であるZのYに対する本件土地所有権に基づく明渡請求権を代位行使し、Yに対し本件乙建物部分収去による本件土地の明渡しを求め訴えを提起した。
6) この訴訟の係属中、本件土地を含む土地の所有であるZは、「Xは、Zの承諾がないのにYに対し本件土地を建物所有の目的で転貸し、Yは、本件乙建物部分を建築所有し、その敷地として本件土地を占有使用している。XY間の本件土地転貸借を承諾できないので、かねてXに対しYによる本件土地の占有使用を直ちに中止させるよう再三要求していたが、Xにおいてこれを実現しないので、平成17年6月13日付、同月17日到達の書面をもってXに対し本件土地の無断転貸を理由に該土地部分の賃貸借契約を解除する旨の意思表示をした。ところが、Xは、Yに対する本件土地転貸を否定し、Zのした本件土地賃貸借契約解除の効力を争い、本件土地につき依然として賃借権を有する旨主張しているので、Xとの間においてXが本件土地につき賃借権を有しないことの確認を求め、またYに対しては本件土地所有権に基づき本件乙建物部分収去による本件土地の明渡しを求めるため民事訴訟法第47条により参加する。」と主張し、独立当事者参加の申立てを行った。

【事例②】
1) Xは、Yに対し、売買契約に基づく本件土地（一）、（二）の所有権移転登記手続及び不法行為に基づく損害賠償を求める本訴を提起した。その主張の骨子は、次のとおりである。
　　① Xは、Yから、平成12年12月9日、本件土地（一）、（二）及び本件土地（一）の上に存する本件建物を代金合計1700万円で買い受けた（以下、この売買を「本件売買契約」という。）、
　　② Xは、平成14年ころ、本件土地（二）の上に建物を建築する目的で3000万円相当の木材を購入したが、Yが建築を妨害したため、建築に着手することができず、右木材が朽廃し、3000万円の損害を被った。
2) 第一審裁判所は、本件売買契約の成否などの争点につき審理を遂げた上、平成16年12月13日、本件売買契約の成立が認められるとして、本件土地（一）、（二）につきXの所有権移転登記手続請求を認容したが、Yの建築妨害の事実は認めるに足りないとして、Xの損害賠償請求を棄却する旨の判決をした。
3) Yが控訴の申立てをして、係属中の平成17年12月1日、Zは、Yに対し本件土地（一）、（二）につき所有権移転請求権保全の仮登記に基づく本登記手続を、Xに対し右本登記手続の承諾をそれぞれ求めて、民訴法47条による参加の申出（以下「本件参加の申出」という。）をした。
　　その主張の骨子は、次のとおりである。
　　① A信用組合は、Yに対し、平成13年4月5日、5000万円を貸し付け、そ

の担保として本件土地（一）につき代物弁済予約をして、同月13日、所有権移転請求権保全の仮登記を経由した。
② Zは、A信用組合に対し、平成16年6月25日、Yの残債務相当額を支払って、A信用組合から貸金債権及び仮登記担保権の譲渡を受け、同年8月14日、右仮登記の移転付記登記を経由した。
③ Zは、Yとの間で、平成14年10月26日、本件土地（一）、（二）を代金1600万円で買い受けることとする旨の売買の一方の予約をし、平成14年11月13日、本件土地（二）につき所有権移転請求権保全の仮登記を経由した。
④ Zは、Yに対し、平成16年6月24日、本件土地（一）につき代物弁済の予約完結の意思表示をし、本件土地（二）につき売買の予約完結の意思表示をした。
⑤ Zは、X及びYに対し、平成17年12月2日、本件参加の申出書によって本件土地（一）につき清算金がない旨の通知をした。
⑥ なお、Xは、平成17年3月23日、本件土地、（一）、（二）につき処分禁止の仮処分登記を経由した。

【設問1】

> 事例①、②において、Zの独立当事者参加は認められるか。各事例のZの立場に立って、申出を根拠づけなさい。

【設問2】

> 事例①において、YがZの独立当事者参加は、債権者代位訴訟の場合には管理処分権が奪われているので認められないと主張している。裁判所は、Yの主張をどのように判断すべきか。

【演習問題2】

甲は乙に対し売買に基づく本件土地の所有権移転登記手続を請求し、訴訟を提起した。この訴訟に、丙は甲に対しては売買を原因とする本件土地の所有権移転登記手続を、乙に対しては本件土地の所有権確認を各請求し、訴訟に参加した。これに対して、乙は甲及び丙の両名を反訴被告として、本件土地の所有権確認及び明渡しを請求する反訴を提起した。

(i) 丙の参加後の口頭弁論において、甲と乙との間で「本件土地が乙の所有に属することを認める。解決金として、乙は甲に対して1000万円の支払義務があることを認める」との和解が成立した。かかる和解は有効か。その場合

に、裁判所はどのような措置をすべきか。
(2) 丙の参加後の口頭弁論において、甲は乙に対する本件訴訟を取り下げる旨の書面を提出した。乙は、取下げに同意したが、丙は異議を述べた。甲の取下げは効力を有するか。また、甲は、請求の放棄をして、訴訟から脱退することはできるか。

【演習問題3】
　Xは、Yを被告として、売買を原因とする本件土地の所有権移転登記手続を求める訴え（以下、XY訴訟とする）を提起した。XY訴訟が第一審に係属中に、Zが、Yに対しては売買を原因とする本件土地の所有権移転登記手続を、Xに対しては本件土地の所有権確認を求めて、XY訴訟に参加した。第一審は、XのYに対する請求を棄却し、ZのYに対する請求とXに対する請求を認容した。
(1) Xのみが控訴を提起したとする。控訴審が、ZY間の売買契約は無効であり、本件土地の所有者はXである、との判断に達した場合に、ZY請求を認容から棄却に変更することは認められるか。
(2) Yのみが控訴を提起したとする。控訴審が、ZY間の売買契約は無効であり、本件土地の所有者はXである、との判断に達した場合に、ZX請求を認容から棄却に変更することは認められるか。また、XY請求を棄却から認容に変更することは認められるか。

第13章　共同訴訟論
—共同訴訟—

第13章の趣旨

　共同訴訟関係をめぐる議論は、戦後の民事訴訟法学において最も発展した分野である。その中で、紛争解決理念の洗礼を最も受けたのが通常共同訴訟、必要的共同訴訟である。今回は、判例を題材にして、この通常共同訴訟及び必要的共同訴訟論についての理解を深め、そして理論的問題点が正確に認識できているかを問う。判例・学説の整理等、その作業は大変であるが、実務上の最重要課題でもあり、この整理と理解は民事訴訟法の理解にとって不可欠である。また、本章では判例理論をきちんと読み込めるかを中心にみていく。

参考教科書での関連部分

①伊藤眞『民事訴訟法（第4版）』608〜630頁
②中野貞一郎ほか『新民事訴訟法講義（第2版補訂2版）』526〜547頁
③高橋宏志『重点講義民事訴訟法下（補訂第2版）』221〜294頁（第3講）
④新堂幸司『新民事訴訟法（第五版）』771〜797頁
⑤松本博之＝上野泰男『民事訴訟法（第6版）』438〜672頁

基本事項の解説

1　多数当事者訴訟の特質

　民事訴訟においては、原告・被告の**二当事者対立構造**が基本的訴訟形態である。しかし、訴訟おいては、訴訟対象に利害関係を有するのは原告・被告の二当事者に限定されるわけではなく、複数の当事者が登場することがある。こうした訴訟を「**多数当事者訴訟**」という。これには、二つの訴訟形態がある。すなわち、一つの訴訟手続に複数の原告または被告が関与する訴訟形態である「**共同訴訟**」（必要的共同訴訟、通常共同訴訟など）と、他人間に係属している訴訟に利害関係を有する第三者が参入してくる訴訟形態である「**訴訟参加**」（独立当事者参加、補助参加など）である[1]。

1　近時の議論状況につき、共同訴訟については、上田徹一郎＝井上治典編・注釈民訴法（2）(1993) 1頁以下（上田徹一郎）、訴訟参加については、同92頁以下（井上治典）参照。なお、

多数当事者訴訟に共通する特質（機能）としては、以下の2点を挙げることができる。

①訴訟経済性
②紛争の統一的・一回的解決性

つまり、①は、多数当事者間での争訟が同一手続で行われることにより、攻撃防御方法も、期日、記録も共通し、審判の重複を回避することができる点である。それゆえ、裁判所、当事者にとって、時間・労力・費用のコストを節減できるメリットがある。②は、一つの手続と判決がなされることから、統一的な紛争の処理が可能となり、とくに、必要的共同訴訟、独立当事者参加などの場合には合一確定による判決の矛盾回避が期待される。ただ、これらの機能は、共同訴訟、訴訟参加の種類により、その重視される特質が異なってくる。

2　戦後民訴法学における多数当事者訴訟理論の進展

多数当事者訴訟の分野における研究は、戦後の民事訴訟法学において最も進展したものである。この進展には、相互に関連してくるが、主として二つの要因があったと考える。一つは、訴訟理念的側面である。つまり、戦後の民訴法学を席巻していった**紛争解決理念**の浸透と、これにあるときは鋭く対立し、あるときは接近して融合した**手続保障理念**の発展である。換言すると、多数当事者訴訟の特質から明らかなように、紛争解決理念にとって、多数当事者訴訟論はその重要性を強調できる格好の題材であったのである。固有必要的共同訴訟等の必要的共同訴訟の拡大、訴えの主観的予備的併合及び主観的追加的併合の肯定などは、まさに紛争の一回的・統一的解決というこの理念を背景に展開していったのである。しかし、多数当事者訴訟におけるこうした紛争解決理念の強調が利害関係人に広く判決効を及ぼすことになることから、反面で、判決が及ぼされる利害関係人への配慮が考慮されることになった。そこで台頭してきたのが手続保障理念である。つまり、簡潔に言えば、利害関係人への手続保障がなされるならば、多数当事者訴訟における紛争の一回的解決が認められるという論理が構成されてきたのである。多数

後述の現代型訴訟の登場を契機に、集団またはその構成員の権利・利益が追求される場合の訴訟を「集団訴訟」とし、共同訴訟、代表訴訟、団体訴訟の三つのパターンがあるとの主張もなされている。谷口安平「集団訴訟の諸問題」新・実務民訴3（1982）157頁。

当事者訴訟においては、両理念は、対立しつつ接近、融和し、この分野の研究を進展させていったといえる。

そして、この進展のもう一つの要因は、訴訟現象的側面で、従来想定されていなかった紛争形態の登場、いわゆる**現代型訴訟**の登場である[2]。この現代型訴訟、例えば、公害訴訟、薬害訴訟、環境訴訟などの訴訟では、異なる地域でそれぞれ多数の人々が訴訟に関与し、手続自体が複雑となる。また、原因事実、因果関係などの複雑さによる係争事実の把握の困難さあるいは従来の法カタログにない紛争のために生じる適用法規範の不明確さなどのため、審理自体も困難となる。こうした従来の手続では処理がむずかしい多数当事者の紛争について、民訴法学は、立法論も含め、その解釈論の中での処理を試み、それが多数当事者訴訟論を進展させた一要因となったのである。そして、その理論の進展は、裁判へのアクセスの局面、審理過程の局面及び判決・執行の局面に大別してまとめることができよう。**アクセス面**では、当事者適格論でめざましい進展が見られる（⇒第10章参照）。現代型訴訟では、係争利益が広範囲に拡散し、また個人の利益よりも環境といったような集団的な利益が問題となる。しかし、従来の民訴法は個人の実体的利益を基準として管轄、当事者適格等のアクセス面を考慮していた。その結果、きわめて多くの者が各自個別に訴訟を提起すると、事実認定、法判断・解釈、賠償額等でばらつきを生じ、また訴訟経済的でない。そこで、立法論上、アメリカ法の**クラス・アクション**やドイツ法の**団体訴訟**の導入が議論された[3]。また、係争利益主体でなくとも、訴訟前の紛争処理行動と関連させて、そこで重要な役割を果たしてきた団体や個人にも当事者適格を認める**紛争管理権論**の提唱もなされたりした[4]。**審理の局面**では、当事者の証拠収集権限の弱さがとくに議論され、文書提出命令の拡張論、証明妨害、証明責任の分配、表見証明、鑑定などの証明論、証明責任を負わない当事者の事案解明義務論などが展開された。また、**判決・執行面**では、裁判による法形成、政策形成が議論

---

[2] 現代型訴訟の特質としては、当事者の互換性の喪失、係争利益の集団化ないし拡散化、法適用作業の裁量化、裁判の長期化などが挙げられている。詳細は、徳田和幸「現代型訴訟の役割と特質」民訴法の争点（第3版）24頁以下及びそこに掲げられた文献参照。

[3] 谷口・前掲論文57頁、上原敏夫『クラスアクション・団体訴訟の研究』（2001）など参照。なお、消費者団体訴訟制度の創設を盛り込んだ消費者契約法改正法が平成18年5月31日に成立し、平成19年6月7日から施行された（消費者契約法12条以下）。この詳細については、ジュリスト1320号「特集・消費者団体訴訟制度の創設」など参照。

[4] 伊藤眞・民事訴訟の当事者90頁。⇒第10章参照。

され[5]、和解的解決の重要性も考慮された[6]。さらには、差止訴訟における強制執行の方法などが議論の対象とされた[7]。こうした議論を受け、多数当事者訴訟をめぐり直接又は間接的にいくつかの立法的解決も試みられている。まず、平成8年の民訴法改正（平成8年法律第109号）では、アクセス面における選定当事者制度の改正（民訴30条3項）、同時審判申出共同訴訟の創設（民訴41条）、審理面における大規模訴訟に関する特則の創設（民訴268条、269条）がなされた。そして、当事者照会の創設（民訴163条以下）、文書提出命令の一般義務化（民訴220条）などは、一般訴訟だけではなく、多数当事者訴訟においてはとくに重要となってこよう。判決の側面では、損害額の裁量認定が認められるに至っている（民訴248条）。そして、専門訴訟関係を中心に改正がなされた平成15年民事訴訟法改正（平成15年法律第108号）では、提訴前の情報収集手段の拡充（民訴132条の2～132条の9）、計画審理（民訴147条の2、147条の3、157条の2）、専門委員制創設（民訴92条の2～92条の7）など多数当事者訴訟への対応の進展が見て取れるのである。

3 共同訴訟

多数当事者訴訟形態として、まず挙げられるのが「**共同訴訟**」である。これは、複数の当事者が最初から訴えを提起し、又は提起される訴訟形態である。共同訴訟は、一般には、**通常共同訴訟**と**必要的共同訴訟**に分けられる。後者は、さらに、**固有必要的共同訴訟**と**類似必要的共同訴訟**に分けられる。

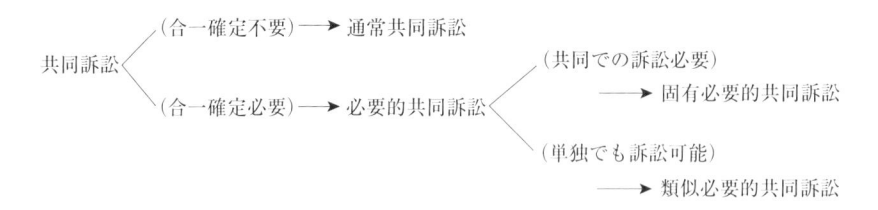

```
                 (合一確定不要) ─→ 通常共同訴訟
                                              (共同での訴訟必要)
共同訴訟 ─┤                                        ─→ 固有必要的共同訴訟
                 (合一確定必要) ─→ 必要的共同訴訟
                                              (単独でも訴訟可能)
                                                    ─→ 類似必要的共同訴訟
```

(1) 通常共同訴訟

通常共同訴訟とは、各共同訴訟人と相手方との間の請求相互間に一定の関

---

5 例えば、田中成明『現代社会と裁判』（有斐閣・1996）など参照。
6 松野信夫「和解勧告に関する一考察―水俣病訴訟をめぐって」判タ792号（1992）52頁以下など参照。
7 川嶋四郎「差止訴訟における強制執行の意義と役割」ジュリ971号（1991）260頁など参照。

連性があることから便宜上共同訴訟となるものをいう。通常共同訴訟は、個別的、相対的に処理されるべき数個の事件が、一個の訴訟手続に併合されているにすぎない。それゆえ、訴えの一般的訴訟要件のほか、訴えの客観的併合の要件を具備することがまず必要である。そして、これを認めるために固有の要件として、請求と各共同訴訟人との間の関係に一定の関連性を必要とする。法は、その要件として、以下の三つの要件を掲げ、そのいずれかに該当することを要求している（民訴38条）。

- ①**権利義務の共通性**（請求の内容をなす権利・義務が各共同訴訟人間と相手方との間で共通の場合である。例えば、数人に対する同一物の所有権確認請求などがこれに当たる）
- ②**原因の共通性**（請求の内容をなす権利・義務が同一の事実上及び法律上の原因に基づく場合である。同一の交通事故に基づく数人の被害者の損害賠償請求などがこれに当たる）
- ③**請求の同種性**（請求の内容をなす権利・義務が同種でかつ同一の事実上及び法律上の原因に基づく場合である。数件の各借家人に対する各家賃請求などがこれに当たる）

通常共同訴訟は、個別的、相対的に解決される数個の事件が1つの訴訟手続に併合されているにすぎない。つまり、一個一個独立した訴訟の束が通常共同訴訟である。その特質から、通常共同訴訟は審理方式について独自の原則を有する。まずその一つが**共同訴訟人独立の原則**である（民訴39条）。この共同訴訟人独立の原則とは、共同訴訟人の一人の訴訟行為またはこれに対する相手方の訴訟行為は、他の共同訴訟人に影響を及ぼさず、また共同訴訟人の一人につき中断事由などが生じても他の者に影響を与えないという原則である。それゆえ、共同訴訟人の一人のなした事実主張は、その共同訴訟人に関する訴訟についてのみ判決の基礎となり、他の共同訴訟人または相手方が援用しない限り、他の共同訴訟人に関する判決の基礎にすることはできない。しかし、共同訴訟では、全員に共通の期日で弁論及び証拠調べがなされる以上、裁判官の事実認定も、それに基づく判決も事実上統一的になる。そして、このことは、共同訴訟として併合審判されることにより、裁判所の事実認定に関して一定の効果を生じる。つまり、共同訴訟人独立の原則の緩和ないし制限が一定程度認められることになるのである。従前、この観点で議論となっているのが、以下の三点である。すなわち、

①**弁論の全趣旨による事実認定の問題**（一人の共同訴訟人の訴訟行為を弁論の全趣旨として他の共同訴訟人との関係で事実認定の資料とすることができるかという問題）、

②**証拠共通の原則**（共同訴訟人の一人により提出された証拠が他の共同訴訟人と相手方との関係においても共通の証拠として認定資料に供することができるとする）を共同訴訟人間で認めることができるか否かの問題、

③共同訴訟人間で**主張共通の原則**が適用されるか否かの問題（つまり、共同訴訟人の一人のした主張は、他の共同訴訟人がこれと抵触する行為を積極的にしない限りで、その主張が他の共同訴訟人に利益なものである限り、その者にも効力が生じるとする取り扱いを認めるか否かの問題）

である。

判例[8]・通説は、証拠共通の原則に関しては自由心証主義の下では客観的に一つの事実についての裁判所の心証は一つしかないことなどを根拠に認めてきた。しかし、事実主張の局面では、自由心証主義の機能する余地はなく、弁論主義・共同訴訟人の原則が厳格に適用されるとして、共同訴訟人の一人のなした主張が他の共同訴訟人のために効力が生じることはないとするのが、従前の判例[9]・通説である。しかし、この判例・通説の考え方に対して、近時の学説においては主張共通の原則の適用を肯定的に解する見解も多く主張されている。

肯定説の議論の出発点は、共同訴訟人独立の原則を厳格に適用すると、共同訴訟として同一の手続内で審理する実益、すなわち、訴訟経済と判決内容の統一＝矛盾抵触防止という実益はなくなるのではないかという点にある。この通常共同訴訟の実益の確保という観点から主張されたのが、「**当然の補助参加」の理論**[10]である。これは、若干別の角度からとはなるが、共同訴訟人間に補助参加の利害関係が認められるべき場合を特別扱いにして、かかる場合には、補助参加の申出をしなくても共同訴訟人は相互に補助参加したものと擬制し、できるだけ訴訟資料提出の統一性を図り、統一的な審判を保障しようという考えである。この考えでは、共同訴訟人の一人のなした訴訟行

---

[8] 最判昭和45年1月23日判時589号50頁。もっとも、弁論主義の第三テーゼ（第1章参照）との関係などの点で証拠共通の原則を認める点についても議論があるところである。高橋下・251頁以下など参照。

[9] 最判昭和43年9月12日民集22巻9号1896頁＝百選96事件。

[10] 兼子・体系399頁など。

為は他の共同訴訟人との抵触行為がないかぎり、同時に他の者の訴訟についてもその補助参加人としてしたものと認められることになる[11]。

また、共同訴訟論の再構成によりかかる実益の確保をめざす考えもある。すなわち、連帯債務など実体法上論理的にのみ合一確定の必要が認められる場合には、必要的共同訴訟に準じて扱うという**準必要的共同訴訟論**[12]である。

これらの議論を前提に、より一般的に主張共通の原則を認める議論を展開したのが新堂説[13]である。新堂説は、証拠共通の原則が一般感覚により認められるのであれば、主張も証拠の申出もともに勝訴を目指して行われる攻撃防御方法の提出行為であり、ともに弁論主義の建前から当事者によって行われねばならないとされるものであるならば、さらに主張共通の原則を認めるのが一般感覚に合致するとする。そして、共同訴訟人独立の原則は、各共同訴訟人が他の共同訴訟人の制約を受けないで積極的な訴訟の追行をすることができるというにとどまり、共通の争点や事実についての他の共同訴訟人の訴訟行為にかかわらず、これに反する訴訟追行をしていく自由と権能が各共同訴訟人に残されていることでこの原則の目的は十分に達せられているとする。そして、各人に与えられた権能を行使しなかった場合の訴訟上の取扱いは、もはや共同訴訟人独立の原則とは関係ないとして、共同訴訟の実益や当事者の衡平（相手方がとくに不利益な扱いを受けるわけではない）から主張共通の原則を認めようとする考えである。

この肯定説に対しては、通常共同訴訟において一部の共同訴訟人のした攻撃防御方法が当然に他の共同訴訟人のそれとなるものとするいわれはないなどの批判がある[14]。また、通常共同訴訟が相対的に解決できる個別訴訟の集まりにすぎないこと、民訴法39条は訴訟行為だけでなく共同訴訟人の一人について生じた事項も他の共同訴訟人に影響を及ぼさないとしていること、

---

11 この見解に対しては、どのような場合に当然の補助参加関係を認めるかにつき明確な基準を欠き訴訟手続を混乱させるおそれがあること、必ずしも常に共同訴訟人間の歩調が合っていたとはいえないから、参加的効力がどの程度まで認められるか判定が困難であることなどを理由に強い批判がある。なお、最高裁は明確にこの理論を否定している（前掲注9・最高裁昭和43年判決）。
12 この理論については中村英郎『民事訴訟におけるローマ法理とゲルマン法理』（成文堂・1977）207頁など参照。
13 新堂・争点効下33頁、70頁以下など参照。ドイツ法では通説である。
14 塚原・判タ447号24頁など。

共同訴訟人が積極的に主張しないことも共同訴訟人独立の原則の枠内で考えられること、主張共通を認めると相手方に不意打ちになるおそれがあること、訴訟資料の統一や手続進行の統一を図ることは必要的共同訴訟でなされていることなどからすれば、通常共同訴訟において一般的に主張共通を認めることは解釈論としてはやや無理があるとの批判もある[15]。

(2)　必要的共同訴訟
①　必要的共同訴訟の種類

共同訴訟のうち、請求について共同訴訟人の全員につき合一にのみ確定されねばならない場合を**必要的共同訴訟**という。「**合一にのみ確定される**」とは、判決内容が矛盾なく統一的に確保されることをいう。この必要的共同訴訟には、二つの形態がある。一つは、**固有必要的共同訴訟**で、もう一つは**類似必要的共同訴訟**である。

②　固有必要的共同訴訟
1)　訴訟共同の必要と固有必要的共同訴訟の弾力化

固有必要的共同訴訟は、合一確定を必要とするだけでなく、共同訴訟人全員が共に訴えを提起し、又は全員に対して訴えを提起するのでなければ(関係者全員が当事者となっていなければ、当事者適格を満たさないことになる)、訴えは不適法となる(「**訴訟共同の必要**」)。例えば、遺産相続人が数名ある場合の相続財産に関する訴訟などがこれに当たる(民898条)。この訴訟は、全員が共同してのみ訴訟遂行権(追行権)を有する点、すなわち、「訴訟共同の必要」性に特質がある。共同訴訟人全員が共に訴えを提起するのでなければ、訴えは不適法却下となるのである。この「訴訟共同の必要」という要件の存在が固有必要的共同訴訟の枠組みを決定づけているのである。しかし、当事者適格論で論じられるこの要件を厳格に解すれば、固有必要的共同訴訟の範囲は極

---

[15] 注釈・民訴法(2)(徳田)72頁など参照。しかし、主張と証拠の峻別が流動的、相対的であり、かつ通常共同訴訟の範囲が拡張している状況から、全面的に主張共通の原則を認めることは問題があるが、肯定説の主張も傾聴すべき点もあるとして、一定の範囲では主張共通の原則を認める見解も主張されている。例えば、紛争の実態及び証拠調べを含めた訴訟手続の経過から、主張を共通にすると取り扱ったほうが当事者間の公平がはかられる場合に限って認めるとする考え(中野ほか・民訴法講義451頁(井上))、共同訴訟人の一人が主張する事実が他の共同訴訟人にも有利に働く場合に、他の共同訴訟人がそれを前提とする申立や主張をなしている場合には、訴訟行為の解釈として援用があったものと扱うことを認める考え(伊藤・583頁)などが主張されている。

めて縮小される。そして、それは、必要的共同訴訟のメルクマールである合一確定の有する機能である紛争解決機能（かつそれは戦後の民訴法学を支配する理念でもあった）を縮減していくことにもなる。そこで、近時の議論は、「**固有必要的共同訴訟の枠組みの弾力化**」を図る方向にある[16]。この弾力化に際し、従前の通説・判例は、訴訟への道を保障することを中心に置き、個別訴訟を認める方向で、つまり、通常共同訴訟の範囲を拡張することでこれに対処しようとする[17]（なお、共同所有関係をめぐる訴訟については争いがある[18]）。他方、合一確定からは必ずしも訴訟共同の必要は出てこないとの見解も主張されている[19]。とくに、問題となったのは、固有必要的共同訴訟において一部の者が訴え提起を拒む場合である。このことは、固有必要的共同訴訟では当事者適格が欠けることとなり、他の者の権利行使を妨げることにつながる。そこで、一部の者の拒絶により、他の共有者の訴訟の途が閉ざされてよいのかという問題が生じるのである[20]。下記における訴訟政策説の登場は、この問題を契機としたものであって、固有必要的共同訴訟の弾力化の方向にある。そして、この見解は、紛争解決の一回性、統一性を強調して、訴訟政策的判断（紛争解決の実効性、訴訟経済、矛盾判決回避、紛争関係者間の利害得喪などを衡量）から固有必要的共同訴訟の範囲を決定していこうとするものである。

2) 固有必要的共同訴訟の判断基準

ある訴えが固有必要的共同訴訟であるか否か、換言すれば、どのような紛争を固有必要的共同訴訟の扱いとするかについての判断基準としては、以下の見解がある。判例は、かつては下記イ）の見解を採っていたが[21]、近時はロ）の見解を採用したと見られる判例[22]もあり、未だ錯綜した様相を呈して

---

16 議論の詳細については、徳田和幸『複雑訴訟の基礎理論』（信山社・2008）3頁以下など参照。
17 例えば、最判昭和43年3月15日民集22巻3号607頁＝百選100事件、最判昭和46年10月7日民集25巻7号885頁＝百選A32事件など参照。
18 中野ほか・前掲書531頁以下など参照。
19 高田裕成「いわゆる『訴訟共同の必要』についての覚え書」三ヶ月古稀中175頁。
20 類似の問題は、当事者の一部が所在不明の場合にも生じる。不在者の場合には、民法上財産管理人制度が存在する（民25条以下）。つまり、原告らは、不在者のために裁判所に管理人を選任してもらい、これを共同訴訟人として訴訟を遂行すれば、固有必要的共同訴訟の要件を充足することになる。
21 前掲・昭和46年判決等。
22 例えば、最判平成16年7月6日裁時1367号3頁など参照。相続関係訴訟では、相続人間の紛争解決という要請が前面に出ており、この観点から固有必要的共同訴訟か否かを判断している。その意味で、相続関係訴訟においては、判例は訴訟政策説を採っていくものと思われる。

いると言えよう。

(イ) **従前の通説（実体法説・管理権説）**……この見解は、判断基準を訴訟物たる権利関係の実体法的性格にもとめ、その基準からみて各人につき判決が区々になることが法的に許されない場合に、固有必要的共同訴訟となるとする。以下の場合には、固有必要的共同訴訟に該当すると考える。

1) 訴訟物である権利の管理処分権が数人に合有的にまたは総有的に帰属し、単独ではその権利の行使・処分ができない場合
2) 他人間の権利関係の変動を生じさせる形成の訴え

(ロ) **訴訟政策説（利益考量説）**……近時有力に主張され、相続関係訴訟などで判例が採用している。この見解は、紛争解決の一回性、統一性を強調して、訴訟政策的判断（紛争解決の実効性、訴訟経済、矛盾判決回避、紛争関係者間の利害得喪などを衡量）から固有必要的共同訴訟の範囲を決定していこうとする[23]。

3) **提訴拒絶者がいる場合の措置**

この点をめぐっては従来から議論は対立しており、大別して四つの見解に分けることができよう[24]。第一説は、非同調者の利害は相手方の利害と共通するとして、非同調者を被告にして訴えることができるとする見解である[25]。第二説は、非同調者には訴訟参加の機会を与えれば足りるとして、非同調者への訴訟告知による処理を主張する見解である[26]。第三は、選定当事者制度を利用しようとする見解である。これは、さらに二つに分けることができる。一つ（第三説）は、提訴者が多数であるなど残りの者が他の者を適切に代表している場合に、提訴者が全員のために訴訟遂行ができるとする見解である[27]。他（第四説）は、非同調者に対する訴訟信託確認請求（訴訟協力請求）をし、その判決を受け、提訴予定者が選定当事者として訴訟を遂行できるとする見解である[28]。

近時の学説では、非同調者の手続保障とその者を含めての合一確定の要請

---

[23] 小島武司『訴訟制度改革の理論』（弘文堂・1977）124頁、新堂・773頁など。
[24] なお、平成8年の現行民事訴訟法の立法過程においては、共同提訴拒絶者への参加命令制度が呈示されていたが、立法化されなかった。それゆえ、この議論は、依然残っているのである。
[25] 新堂・779頁、高橋下・242頁、小島・前掲書124頁など。高橋下・242頁は、この場合、三面訴訟となると解する。
[26] 山本克己「遺産確認の訴えに関する若干の問題」判タ652号28頁など。
[27] 小島・前掲書127頁参照。
[28] 木川・重要問題下584頁。

に応えうることから、第一説が有力である。判例も、最高裁平成11年11月9日判決[29]が共有地の境界確定訴訟において共同提訴拒絶者を被告に回して訴えを提起することを認めた。その後、最高裁平成20年7月17日判決[30]でも、入会権確認訴訟において提訴拒絶者を被告に回すことを認めている[31]。ただ、いずれの判例も個別訴訟の特性を前提としており、判例が一般的に第一説を採るのか明確ではない。この説に対しては、被告間における判決効をどう捉えるか問題であり、また一人が他の複数の者の反対を押し切って、それらの者を被告として訴えることが許されるかとの疑問も呈示されている。さらに、原告となった者の死亡等により、被告に回された共有者が原告の地位を承継するという問題等も生じないわけではない。共同提訴許否の理由も様々であるにもかかわらず、非同調者の処分権を制限し、一律に被告とする第一説は、問題はなくはないのである。それゆえ、この問題をめぐる議論の対立は続くと思われる。

③　類似必要的共同訴訟

類似必要的共同訴訟は、共同訴訟人たるべき者の個々を当事者とする訴えを不適法としないが、数名の者が訴え又は訴えられた場合には、合一確定を法律上保障すべき場合をいう。類似必要的共同訴訟であるか否かの判断基準について、通説は、「訴訟物たる権利関係の性質から確定判決の効力が他の訴訟追行権者に拡張される場合であるか否か」が基準となるとする。例えば、会社設立無効の訴え（会828条）を、社員の一部が提起する場合などである。

④　必要的共同訴訟の審理の特色

必要的共同訴訟においては、合一確定の必要からその審理方法が特別の規律を必要としてくる。

まずその特質として挙げられるのが、**訴訟行為についての規律**である。つまり、共同訴訟人の一人のなした訴訟行為は全員について有利である限りで全員につき効力を生じる（民訴40条1項）。例えば、固有必要的共同訴訟で

---

[29]　最判平成11年11月9日民集53巻8号1421頁。
[30]　最判平成20年7月17日民集62巻7号1994頁＝百選98事件。
[31]　なお、最判平成6年5月31日民集48巻4号1065頁＝百選11事件は、入会権の確認請求訴訟で、入会権者が入会団体を形成しそれが権利能力なき社団に当たるときは、その団体に当事者適格を認め、さらに必要な授権を得た代表者のみでも訴訟を追行できるとし、弾力的な方向性を示している。もっとも、この判決自体の評価は未だ定まってはいない。

は、一人でも相手方の主張を争えば、全員が争ったことになり、訴えの取下げは全員の同意を必要とする[32]。請求の放棄・認諾、自白などのように不利な行為は、全員がしなければ効力を生じないのである。また、共同訴訟人の一人に対する相手方の訴訟行為は、その有利、不利にも関わらず全員に効力を生じる（民訴40条2項）。

次に、**訴訟行為の統一**を挙げることができる。つまり、共同訴訟人の一人に中断、中止の事由を生じると、手続は全員につき停止される（民訴40条3項）。なお、固有必要的共同訴訟では、判決に対して一人が上訴すれば、全員に対する判決の確定が遮断され、全訴訟が移審して、全員が上訴人の地位につく。

(3) 同時審判申出共同訴訟

従前、例えば、土地の工作物の瑕疵に基づく賠償請求（民717条）を主位的に占有者に、予備的に所有者に請求する場合など、共同訴訟人の又はこれに対する各請求がその実体法上の理由で両立しえない関係にある場合に、原告側がどちらか一方の認容を優先して申し立てて、それが認容されることを解除条件として審判を要求する訴訟形態である**訴えの主観的予備的併合**の許否が争われてきた。審理の重複を回避でき、紛争解決の一回性に資することから考案されたが、予備的被告の地位の不安定さから否定説が多かった。判例は否定説をとる[33]。しかし、現行民事訴訟法は、この問題を考慮し、原告が共同被告に対して実体法上両立しない複数の請求権を有するときは、原告側の便宜を考慮し、原告の申出があれば、弁論及び裁判の分離をしないで裁判する**同時審判申出共同訴訟**を新たに認めた（民訴41条）。これにより、主観的予備的併合を認める目的は達成されることになった。また、予備的被告という不安定な地位もなくなった。この申出は、事実審の口頭弁論終結時までにすることができる（民訴41条2項）。なお、同時審判の申出は、原告が複数の被告に対してなしうるのみである。

---

[32] 最判平成6年1月25日民集48巻1号41頁参照。訴えの取下げの場合には、固有必要的共同訴訟か類似必要的共同訴訟かで規律が分かれる。前者では、訴えが一人につき取り下げられると全員が当事者となる前提が崩れることから、取下げは許されないが、後者では訴訟共同の要請はないので、一人による又は一人に対する訴えの取下げは適法となる。高橋下・227頁以下など参照。

[33] 最判昭和43年3月8日民集22巻3号551頁＝百選A31事件。

(4) 訴えの主観的追加的併合

訴訟係属中に原告・被告の当事者が第三者に対する訴えを追加的に併合提起したり（引込み型）、第三者が自ら当事者として訴訟に加入すること（参加型）で、共同訴訟形態が採られることがある。これを訴えの主観的追加的併合という[34]。明文化されているものとして、共同訴訟参加（民訴52条）、独立当事者参加（民訴47条）、参加承継（民訴49条、50条前段）・引受承継（民訴50条、51条後段）などがある（その他、行政事件訴訟法18条、19条など）。問題は、明文がない場合にもこの併合形態を認めていいかである。例えば、固有必要的共同訴訟の共同被告となるものを追加する場合などが論点となっている[35]。

---

[34] 田邊誠「主観的追加的併合」争点78頁など参照。
[35] 谷口安平「主観的追加的併合」中野古稀上531頁以下など参照。

第13章　演習問題

【演習問題1】　下記の【事例】を読んで、以下の設問に答えなさい

【事例】
　昭和34年6月、Aの死亡により、その妻Yと子B、C、D、Eが相続した。その後、Bが死亡し、その妻X1、子X2～9がBを相続した。本件土地は、自創法16条による政府売り渡しにより、昭和38年1月付けで、Y名義の所有権保存登記がなされている。ところが、X1らは、本件土地は、Aの所有していた土地が昭和19年12月に国によって買収され、その代替地としてAに売り渡されたものであり、Aが死亡していたので、便宜上Y名義で所有権保存登記がなされたものであり、Aの遺産に属するものであるとして、Yに対して本件土地がAの遺産であることの確認と法定相続分に応じた各共有持ち分の移転登記手続を求める訴えを提起した。
　この訴訟で、X1らは、他の相続人C、D、Eを被告としなかった。第一審は、本件土地はYが売り渡しを受けたものであるとして、X1らの各請求を棄却した。X1ら控訴。控訴審は、右請求のうち遺産確認の訴えは、その財産についての共同所有関係を審判の対象とするものであるから、共同訴訟人の全員につき合一に確定すべき固有必要的共同訴訟と解すべきであり、本件遺産確認の訴えは、Aの共同相続人全員によって訴訟追行されていないから不適法であるとして、当該部分の訴えを却下し、その余の部分については第一審判決を支持し、控訴を棄却した。
　これに対して、X1らは上告。X1らは、それ以外の共同相続人C、D、EはYに加担して行動しているので、やむなくX1らのみが提訴するに至ったものであり、これは保存行為であるから、共有者（共同相続人）全員でなくとも当然許されることであると主張した。

【設問1】

> 下記の小問を検討したうえで、次の問いに答えよ。最高裁（最判昭和61年3月13日民集40巻2号389頁）は、上記事例と同様の事案において遺産確認の訴えを固有必要的共同訴訟としたが、その根拠はどこにあるか。この最高裁昭和61年判決は、従来の固有必要的共同訴訟の成否についての議論において、どのように位置づけができるか。上記事例において、この最高裁昭和61年判決に基づく帰結は適切かについて論ぜよ。

(小問)
1) 固有必要的共同訴訟は、だれのどのような利益を保護するための制度か。なぜ、共同での提起、訴訟遂行が要請されてくるのか。
2) 固有必要的共同訴訟の判断基準である管理権説による場合に、上記事例は固有必要的共同訴訟といえるか。また、訴訟政策説による場合はどうか。
3) X1らの「提訴は保存行為である」と主張はどのような根拠に基づくものであるか。

【設問2】
　上記事例において、Xらが法定相続分に応じた各共有持ち分の移転登記手続を求める訴えのみを提起した場合、それは適法か。その訴訟は、固有必要的共同訴訟といえるか。また、抹消登記請求の場合はどうか。固有必要的共同訴訟でないとするならば、その理由はどこにあるか。また、かかる訴えで、XらとYらとの間の紛争は解決できるか。

【設問3】
　最判昭和56年9月11日民集35巻6号1013頁は、相続分・遺産分割の方法を指定した遺言の効力が争われた事件であるが、法定相続人たる子ども9名のうちで、財産を与えられなかった5名中の2名が原告となり、財産を与えられた4名全員を被告とした訴訟を固有必要的共同訴訟にあたらないとした。この判例と【設問1】に挙げた最高裁昭和61年判決との間にはどのような違いがあるのか。何故、前者では固有必要的共同訴訟とされず、後者では固有必要的共同訴訟とされたのか。

【設問4】
　X1らのうち1名が提訴を拒絶する場合に、X側はどのようにすればよいか。

【演習問題2】
1)　Xは、その所有する土地に建物を所有していたYの各相続人である、Y1、Y3に対して建物退去敷地明渡しの訴えを、Y2に対しては賃料相当額の支払いを求めて提起した。この訴訟で、Y1、Y3は、その土地賃借権の証明のために、Y2が建物所有権の取得以降自分たちが賃料相当額をXに払い続けていたことを主張し、Xはこれを争わなかった。また、Y2は、占有権限や賃料支払いの主

張・立証を行っていない。かかる場合に、裁判所は、X：Y1、Y3 間だけでなく、X：Y2 間でも賃料相当額の支払いの自白を認め、X の各請求を棄却することができるか。
2) 上記 1) と異なり、X は、Y を被告として、X 所有の土地上に権限なくして建物を立て、土地を不法に占有しているとして、建物収去土地明渡しを求める訴えを提起したとする。第一審は、X の請求を認容した。しかし、控訴審に係属中に、Y が死亡し、その相続人である Y1～Y3 が訴訟を受継したとする。Y1 は訴訟を追行する意思がなかったため、口頭弁論期日において、請求を認諾する旨の意思表示をした。かかる場合に、Y1 の請求の認諾は認められるか。
3) X は、Y に対して X 所有の土地上に権限なくして建物を立て所有しているとして、建物収去土地明渡訴訟を提起した。係属中、Y が死亡し、Y1～3 が訴訟を受継した。Y の相続人のひとり Y4 が口頭弁論終結後に受継を申し立てたが、裁判所は弁論を再開せず、X 勝訴の判決を下した。Y1 らは、本件は固有必要的共同訴訟であり、Y4 の受継を認めるか、さもなくば訴えを却下すべきであったと主張し、上訴した。Y1 らの主張は認められるか。

【演習問題 3】
1) 東京都 T 市は、同市の土地を Y に売り渡した。しかし、T 市住民である X1 ら 15 名は、当該売買価格が不当に低廉で適正な価格による譲渡ではなく、当該売買契約は、地方自治法 237 条 2 項等に反する無効な契約であると主張して、地方自治法 242 条ノ 2 第 1 項 4 号に基づき、T 市に代位して、Y に対して、T 市が本件土地の所有権を有する旨の確認と登記移転手続を求めて住民訴訟を提起した。X らの請求は、原審において棄却された。そこで、X らは上告した。ところが、X らのうちの X6 ら 10 名が控訴の意思がなく、X1 ら五名のみが控訴した。控訴裁判所は、X1 ら 5 名のみを判決の名宛人として控訴を棄却した。この控訴裁判所の処理は適法か。また、X6 らが控訴後、控訴を取り下げた場合には、いかに処理すべきか。
2) A 株式の株主 X1～X4 は、有価証券売買で生じた損失を A 社が大口顧客に対して事後的に補填したことについて、当時の A 社の代表取締役である Y には、取締役としての義務違反があり、会社に損害を生じさせたと主張して、Y を被告として、株主代表訴訟を提起した。第一審で、X らの請求を棄却する判決がなされた。それに対して、X1 は控訴したが、X2～X4 は控訴せずに、控訴期間が経過した。X1 の控訴は、適法であるか。適法であるとした場合に、控訴審において、X2～X4 は、どのような地位に立つか。

第14章　上訴論
―控訴の利益と不利益変更禁止原則―

第14章の趣旨

「上訴」とは終局判決に対する不服の申立てである。本章では、上訴のうち、特に、第一審判決に対する不服申立てである「控訴」をめぐる問題を扱う。具体的には、控訴を提起するための要件とされる「控訴の利益」に関する問題、および、控訴に関する審理原則である「不利益変更禁止（利益変更禁止）の原則」をめぐる問題についての検討を行うこととする。検討の対象としては、判決理由中の判断であっても例外的に既判力が生じる「訴訟上の相殺の抗弁」が問題となる局面に照準を合わせることとする。

本章は、控訴をめぐる様々な規律についての基礎的な理解と、訴訟上の相殺の抗弁の特殊性についての知見を深めることを目的とするものである。

参考教科書での関連部分

①伊藤眞『民事訴訟法（第4版）』675～694頁
②中野貞一郎ほか『新民事訴訟法講義（第2版補訂2版）』591～614頁
③高橋宏志『重点講義民事訴訟法下（補訂第2版）』458～548頁（第12講）
④新堂幸司『新民事訴訟法（第五版）』877～904頁
⑤松本博之＝上野泰男『民事訴訟法（第6版）』741～793頁

基本事項の解説

1　控訴の意義・効果

上訴とは、未確定の原裁判の取消しまたは変更を上級裁判所に対して求める訴訟行為であり、その効果として、確定遮断効（民訴116条2項）と上級審への移審効が生じる。現行法において上訴の性質を有するものとしては、控訴（民訴281条）、上告（民訴311条）、抗告（民訴328条）、再抗告（民訴330条）、許可抗告（民訴337条）などがある。なお、上告受理申立て（民訴318条）は、当然には移審効を有するものではないが、確定遮断効が生じるという意味において上訴に位置づけることができる

確定遮断効と移審効は、訴えの客観的併合の場合には、上訴人の不服申立

てがその一部に係る場合であっても、請求全部について生じる。いわゆる**「上訴不可分の原則」**である。また、訴えの主観的併合の場合には、通常共同訴訟の規律（民訴39条）が適用されるものについては、上訴不可分の原則は適用されない。本章では、以下、控訴に限って、その規律内容をめぐる議論を整理する。

控訴とは、第一審の終局判決に対する第二審への不服申立てである。控訴は、判決書等の送達を受けた日から2週間の不変期間内に提起しなければならない（民訴285条）。控訴の理由は、事実認定の不当および法令違反の双方を含む点で、上告（上告受理申立て）とは異なる。控訴状には、当事者の表示のほか、原判決に対する控訴であることを記載しなければならない（民訴286条2項）[1]。

第一審判決によって不利益を受けた当事者のみが控訴を提起する権能（控訴権）を有する[2]。原判決に対して不服を申し立てる利益（控訴の利益）があることが、控訴権の発生要件として要求される[3]。

2　控訴の利益

通説・判例は、第一審における本案の申立てと判決主文とを比較して、判決主文で与えられたものの方が少ない場合に、控訴の利益を認めるという考え方（**形式的不服説**）に立つ。もっとも、形式的不服説それ自身が、次のような例外を認めている。例えば、予備的相殺の抗弁が認められて請求棄却判決を得た被告が控訴する場合[4]や離婚訴訟において請求棄却判決を得た被告が自ら離婚の反訴を提起するために控訴する場合[5]などである。その他、一部請求の残額請求（請求の拡張）のために控訴が認められるかも問題となる[6]。

形式的不服説に対しては、控訴の利益は、判決主文ではなく、原判決がそ

1　不服の範囲や不服の理由は任意的記載事項にとどまる。立法論ではあるが、サンクションを伴う控訴理由書の提出義務の導入が唱えられている。民訴規則182条は訓示規定である。
2　控訴権の放棄および不控訴の合意については、高橋下・501頁以下、伊藤・679頁以下を参照。
3　控訴の取下げについては、伊藤・682頁以下を参照。
4　相殺に供した自働債権の不存在について、民訴114条2項によって既判力が生じるからである。
5　人訴25条によって別訴が禁止されるからである。なお、形式的不服説に立つ伊藤説は、控訴の利益を否定する。
6　名古屋高金沢支部判平成元年1月30日判時1308号125頁＝百選A39事件を参照。期限未到来を理由とする請求棄却判決に対して、被告に控訴の利益が認められるかも問題となる。

のまま確定したとすると生じる判決効の内容との関係で判断されるべきとする新実体法説からの批判がなされている[7]。

なお、被告が請求棄却判決を求めたのに対して、原判決が訴え却下判決をしたときには、被告に控訴の利益が認められる[8]。これは、一般に被告が請求棄却を求める申立権を有するという考え方に基づくものである。他方、被告が訴え却下判決を求めたのに対して、原判決が請求棄却判決をしたときには、被告に控訴の利益を認めないのが通説的な理解である。被告には訴え却下判決を求める申立権を有しないという考え方に基づくものであるが、これに対しては批判がなされている[9]。

③ 附帯控訴

附帯控訴とは、控訴人の不服の主張によって限定されている審判の対象を拡張し、原判決を自己に有利に変更することを求める被控訴人による不服申立てである（民訴293条）。機能的には、後述する不利益更禁止の原則を破るためのものである[10]。附帯控訴は、控訴によって開始された手続を利用する不服申立てであるため、控訴が取り下げられ場合や却下された場合には、その効力を失う（民訴293条2項本文）。ただし、附帯控訴であっても控訴の要件を備える場合には、独立の控訴としての効力が認められる（民訴293条2項但書）。

④ 控訴審の構造

控訴審の審判の対象は、控訴の適否と第一審判決に対する当事者の不服申立て（第一審判決の取消しとその変更の申立て）である。控訴審は審判に必要な範囲で自ら事実認定を行う。控訴審における事実認定の基礎となる資料は、第一審において提出された資料に控訴審で新たに提出された資料を加えたもの

---

[7] 学説の議論状況については、高橋下・490頁以下を参照。また、控訴の利益をめぐる議論を理解を深めるためには、通説に対する根本的な問題提起をする、井上治典「従来の『控訴の利益』論批判」判タ565号18頁が有益である。
[8] 最判昭和40年3月19日民集19巻2号484頁。
[9] 伊藤・678頁以下。
[10] なお、附帯控訴の法的性質をめぐっては議論がある。とりわけ、附帯控訴についても、控訴と同様に、不服の利益が必要であるかが問題となるが（最判昭和32年12月13日民集11巻13号2143頁参照）、個別的な解釈論の帰結にとって、あまり本質的な議論ではないとされる。高橋下・503頁以下および上野泰男「附帯控訴と不服の要否」民訴雑誌30号1頁を参照。

である[11]。いわゆる「**続審制**」である[12]。続審制のもとでは、第一審と控訴審を通じて口頭弁論は一体とみなされることになるため、控訴審の第一回口頭弁論期日において提出された攻撃防御方法であっても、時機に後れたものとして却下されうる[13]。

5 不利益変更禁止の原則

(1) 総　論

控訴審が審判できるのは、控訴または附帯控訴によってされた不服申立ての範囲に限定される（民訴304条）[14]。控訴人の立場からみると、相手方が控訴ないし附帯控訴しない限り、第一審判決が自己に不利益に変更されることはなく、最悪の場合であっても、控訴棄却の判決がなされるにとどまることを意味する。これが「**不利益変更禁止の原則**」である。他方、控訴人が不服を申し立てなかった部分については、第一審判決を控訴人に有利に変更することもできない。これが「**利益変更禁止の原則**」である[15]。不利益変更禁止の原則が妥当するのは、当事者の申立てに裁判所が拘束される事項に限られる。従って、職権調査事項である訴訟要件、処分権主義が適用されないとする筆界（境界）確定訴訟[16]、人訴32条による財産分与[17]などについては不利益変更禁止の原則は適用されない。以下では、特に議論がなされている問題を採りあげる。

(2) 予備的相殺の抗弁

予備的相殺が認められたことを理由とする請求棄却判決に対する控訴につ

---

[11] 当事者は第一審における弁論の結果を陳述しなければならない（民訴296条2項）。「弁論の更新（手続結果の陳述）」である。最判昭和33年11月4日民集12巻15号3247頁＝百選（第3版）50事件は、弁論の更新がなされなかった場合には上告理由となるとするが、批判が多い。高橋下・512頁以下参照。
[12] その他に、控訴審の審理構造としては、「覆審制」や「事後審制」がある。いずれの制度を採用するかによって、控訴審における新たな攻撃防御方法の提出の可否や証拠調べの対象について違いが生じることになる。伊藤・686頁以下参照。
[13] 大判昭和8年2月7日民集12巻159頁参照。
[14] 上訴審における処分権主義の現れという理解が有力である。宇野聡「不利益変更禁止原則の機能と限界（1）（2・完）」民商103巻3号397頁、4号581頁の分析が参考となる。
[15] 両原則の根拠については、山本克己「相殺の抗弁と不利益変更禁止」法教297号79頁、特に82頁以下を参照。
[16] 最判昭和38年10月15日民集17巻9号1220頁参照。
[17] 最判平成2年7月20日民集44巻5号975頁参照。

いては、相殺に供した反対債権（自動債権）について既判力が生じるため（民訴114条2項）、特別の考慮が必要となる。被告が訴求債権不存在を理由に控訴したところ[18]、控訴審が反対債権は不存在であるとの心証を得たとしても、原告からの控訴ないし附帯控訴がない限り、請求認容判決をすることができず、控訴審は控訴棄却をするにとどめなければならない[19]。

他方、原告が請求認容判決を求めて控訴したところ、控訴審が、訴求債権は弁済により消滅したとの心証を得たとしても、それを理由として第一審判決を取り消して新たに請求棄却判決をすることは、主文については変更がないが、被告の自動債権の不存在についての既判力を得られなくなるという点で、控訴した原告に不利益となるため、控訴審は控訴棄却をするにとどめなければならない[20]。なお、不利益変更禁止の原則は控訴審における審判の対象をも限定するという見解がある[21]。

(3) 請求の予備的併合

請求の予備的併合は、法律上両立しえない複数の請求に順序（主位的請求・予備的請求）をつけてする併合形態である。控訴との関係では、控訴審に移審する請求の範囲はどこまでか、控訴ないし附帯控訴がされていない部分は控訴審の審判の対象となるか、第一審で認容されなかった請求を控訴審が認容する場合には、当事者からの控訴ないし附帯控訴が必要となるかなどという問題が議論されている。以下では、局面を分けて議論状況を整理する。

①主位的請求を認容する第一審判決に対して、被告が控訴した場合（原告は

---

18 先述したように、この場合には例外的に被告に控訴の利益が肯定される。
19 なお、控訴審が訴求債権は不存在であるとの心証を得た場合には、原判決を取り消したうえで、請求棄却判決を改めてすることになる。
20 公序良俗違反（民90条）が絡む若干特殊な事例ではあるが、最判昭和61年9月4日判時1215号47頁＝百選112事件を参照。一部請求と相殺の抗弁が問題となる事例として、最判平成6年11月22日民集48巻7号1355頁＝百選113事件を参照。
21 賀集唱「相殺の抗弁と控訴審判の範囲」兼子一編『実例法学全集・民事訴訟法（上巻）』（1963、青林書院）、石田暁雄『上訴制度の実務と理論』（1998、信山社）85頁）。先述の原告のみが控訴した局面では、訴求債権の存否は審理の対象とはならないというものである。予備的相殺の抗弁に関する審判順序の拘束性（裁判所は、「訴求債権の存否→両債権の存在以外の相殺の諸要件→反対債権の存否」という審判順序に拘束される。山本・前掲81頁参照）とも絡む問題であるが、不利益変更禁止の原則は審判の対象に枠をはめるものではないとする見解が有力である（高橋下・520頁以下、松本＝上野・761頁以下等参照）。

控訴の利益を有しない場合）には、被告の控訴により、第一審では判断されていない予備的請求も含む全ての請求が控訴審に移審し、控訴審が主位的請求を棄却すべきであると判断したときは、予備的請求について審判する[22]。両請求が密接に関連するため、被告の審級の利益は害されないと解されている。

② 主位的請求を棄却し、予備的請求を認容する第一審判決に対して、原告・被告の双方または原告のみが控訴した場合に、控訴審が第一審判決を取り消して、主位的請求を認容する判決ができる点については争いがない。問題となるは、被告のみが控訴し、原告が控訴も附帯控訴もしなかった場合に、第一審判決の主位的請求に関する部分が控訴審の審判の対象となるかである。最判昭和58年3月22日判時1074号55頁（＝百選111事件）および学説の多数は、主位的請求棄却については不服申立てがないのであるから、控訴審の審判対象ではなく、控訴審は、主位的請求を認容する判決をすることはできず、控訴棄却にとどめなければならないとするが、予備的併合という併合形態の特殊性を重視し、請求認容判決ができるとする見解も有力である[23]。

(4) 請求の選択的併合

最判昭和58年4月14日判時1131号81頁は、A請求とB請求とが選択的に併合されている場合に、A請求を認容する判決について被告のみが控訴し、原告が控訴も附帯控訴もしなかったとしても、控訴審はA請求を理由がないとして、B請求について認容判決をすることができるとした。予備的併合に関する最判昭58年とは異なる判断を示した判例である。選択的併合と予備的併合という併合形態の違いに留意しつつ、控訴も附帯控訴もしなかった原告の利益状況に着目して、原告からの控訴が必要となるか否かを検討する必要がある[24]。

---

[22] 最判昭和33年10月14日民集12巻14号3091頁参照。
[23] 高橋下・528頁以下。学説の議論状況については、上野泰男「請求の予備的併合と上訴」名城法学33巻4号1頁以下が詳細である。
[24] 予備的併合も含めて、上訴必要説と上訴不要説との優劣については、高橋下・530頁以下を参照。

6 控訴審の終局判決

　控訴審がなしうる終局判決としては、①控訴却下判決（民訴290条）、②控訴棄却判決（民訴302条、293条3項）、③控訴認容判決（民訴305条、306条）である。③は、(a) 自判、(b-1) 必要的差戻し（民訴307条本文）、(b-2) 任意的差戻し（民訴308条1項）、(c) 移送（民訴309条。専属管轄違背を理由として第一審判決を取り消す場合である）に区別される（伊藤・689頁以下）。

第 14 章　演習問題

【演習問題 1】　以下の【設問】を検討しなさい

【設問 1】

> Xは、Yに対して 2000 万円の貸金債務を負っていた。その元本と利息を担保するために、X所有の土地Aと、その子Zの所有名義である土地Bにつき抵当権を設定し、登記を経た。その後、土地Aにつき抵当権設定登記の抹消登記がなされ、改めて売買を原因とするY名義の所有権移転登記がなされた。これに対して、Xは、①請求において、土地Aは上記元利金担保のため売渡担保に付されたものであるが、すでに元利金を完済したとして、Yに対して所有権移転登記手続を求めて、②請求において、土地Bについての抵当権設定契約は土地Aについての売渡担保契約締結と同時に合意解除されたとして、Yに対して抵当権設定登記の抹消登記手続を求めて、訴えを提起した。当該訴訟において、Yは、①請求につき、イ) 真に売買契約がなされたとして、売渡担保契約の成立を否定し、ロ) 仮に売渡担保契約が成立したとしても、Xは被担保債務を完済していない旨を主張し、②請求を含めて請求棄却の申立てをした。裁判所は、①請求について、所有権移転登記は売渡担保としてなされたものであるが、その被担保債務はまだ完済されていないとして、Xの請求を棄却し、併せて②請求も棄却した。これに対して、Yが、①請求について、裁判所が認定したような所有権移転登記は売渡担保としてなされたものではなく、真実売買された結果である旨を主張して、控訴を提起した。Yの控訴は許容されるか。

【設問 2】

> Xは、AからP土地を買い受けた。その後、Aが死亡したので、相続人であるY1、Y2を被告としてP土地の所有権確認と所有権移転登記手続を求める訴えを提起した。第一審では、X勝訴の判決がなされた。同判決書の送達は、Y1に対しては、平成 23 年 5 月 24 日に送達され、控訴期間は、同年 6 月 7 日まであった。他方、Y2に対しては、同年 5 月 23 日に送達され、同年 6 月 6 日までが控訴期間であった。Y2のみが控訴を提起したが、Y2が控訴状を原裁判所に提出したのは、同年 6 月 7 日であった。Y2の控訴は、適法であるか。

【演習問題2】 以下の【事例】を読んで、【設問】を検討しなさい。

【事例】
　Xは、Yに対して貸金債権の残金及び遅延損害金の支払を求めて訴えを提起した。これに対して、Yは、本件貸金はYが賭博開帳資金として借り受けたものであり、Xもそのことを承知していたのであるから、不法原因給付であって返還義務はないと主張し、予備的に、別件の売買代金返還請求権を自働債権とする訴訟上の相殺の抗弁を提出した。
1)　第一審は、Xの本件貸金返還請求につき本件金銭消費貸借契約は公序良俗に違反しないなどとして貸金債権が有効に成立したことを認めたが、右貸金債権は、Yの主張する売買代金返還請求権と対当額で相殺されたことによりその全額につき消滅したとして、Xの本件貸金返還請求を棄却する旨の判決をした。
2)　第一審判決に対しては、Xのみが控訴し、Yは控訴も附帯控訴もしなかった。
3)　第二審は、Xの貸金債権については、第一審判決と同じく公序良俗違反の抗弁を排斥してその有効な成立を認めたうえ、Yの主張する相殺の抗弁については、売買代金返還請求権は認められないとして、これを排斥し、Xの本件貸金返還請求を認容する判決をした。

【設　問】
　第二審裁判所の判断について、上訴審における申立拘束原則との関係に留意して、検討しなさい。

【演習問題3】
　Xは、Yを被告として、(イ) 不法行為に基づく損害賠償請求と (ロ) 会社法429条1項の責任に基づく損害賠償請求を訴訟物とする訴えを提起しようと考えている。
①　Xは、(イ) を主位的請求とし、(ロ) を予備的請求とする訴えを提起した。本件訴訟の第一審において、裁判所は、(イ) を棄却し、(ロ) を認容する判決をした。Yのみが控訴し、Xは控訴も附帯控訴もしなかった。控訴審において、裁判所は、逆に、(イ) は理由があるが、(ロ) は理由がないとの心証を形成するに至った。控訴審裁判所は、どのような判決をすべきであるか。
②　Xは、(イ) 請求と (ロ) 請求を選択的に併合する訴えを提起した。①同様、第一審裁判所は、(ロ) を認容する判決をした。Yのみが控訴し、Xは控訴も附帯控訴もしなかった。控訴審において、裁判所は、逆に、(イ) は理由があ

るが、(ロ)は理由がないとの心証を形成するに至った。控訴審裁判所は、どのような判決をすべきであるか。

第15章 訴訟アクセス論
―審判権の限界と訴権の濫用―

第15章の趣旨

　本章では、民事裁判制度の利用範囲について検討する。憲法32条は、国民の**「裁判を受ける権利」**について定めているが、いかなる紛争についてもそれが保障されているわけではないし、また、権利である以上、その不適切ないし不当な行使が権利の濫用として許されない場合もある。裁判所から見れば、どのような事件であれば自らの裁判権を行使し具体的な事件について審理判断することが許されるのかという問題である。

　裁判所は、社会のあらゆる紛争について審理し判断を下すことはできない。例えば、A・Bどちらの絵画が美しいかといった芸術作品の主観的評価をめぐる争いなどは、裁判所の司法審査になじまない。つまり、このような紛争は「裁判権」の対象外となる。そこで、いかなる紛争であれば、裁判権、とくに**「民事裁判権」**の対象となるかが問われることになる。裁判権の範囲を画する基準を巡っては、大きく二つの場合が議論の対象となっている。一つは、事件に国際的な要素が含まれる場合に、わが国の裁判所でその紛争を処理できるかという裁判制度の外在的制約の問題である[1]。もう一つは、上述の例に挙げた裁判制度の内在的制約ともいえる裁判対象の適格性の問題である。本章では、後者の問題について検討する。

　裁判所が扱うことのできる紛争は、裁判所法3条1項にいう**「法律上の争訟」**に限定されている。そして、当該紛争が①当事者間の具体的権利義務に関する紛争であること、②法律の適用によって終局的に解決しうるものであること、という二つの要件を満たす場合にのみ裁判対象となるという点で、今日の判例[2]・学説は概ね一致している。問題は、かかる要件が抽象的かつ形式的であることである。そのため、これらの要件を軸にどのようにして裁判権を限界づけるかが議論対象となる。本章の演習では、この論点について最も判例・学説を賑わせている「宗教団体の内部紛争」を取り上げ、民事訴訟法の出発点での議論である「民事裁判権の限界」について基本的な理解を得ることを目的とする。この問題については、多くの最高裁判例があり、判例理論の変遷とポイントを精確に押さえることが重要である。

　そのほか、本章では、訴権の濫用が問題となった判例を通して、民事訴訟にお

1　具体的には、当事者の一方（とくに被告）が外国国家、元首、政府高官等である場合に主権免除の対象となるのではないかという問題と訴訟物が外国に所在する不動産の登記請求権等である場合にわが国の裁判の対象とすることができるかという問題に分かれる。
2　最判昭和41年2月8日民集20巻2号196頁など

ける信義則の適用問題について考察する。信義則は一般条項であるため、原則として、その適用は例外的、補充的なものとされる。そこで、信義則による解決はいかなる場合に認められるかが問題となる。さらに、送達の瑕疵と再審の関係について検討する。訴状等の送達に瑕疵のあるまま手続が進められると、被告の裁判を受ける権利は保障されないこととなる。そのまま被告にとって不利な判決が下された場合の救済方法について検討する。

参考教科書での関連部分

①伊藤眞『民事訴訟法（第4版）』169、236〜245、324〜327頁
②中野貞一郎ほか『新民事訴訟法講義（第2版補訂2版）』13〜16、26〜28、55〜57、456〜458頁
③高橋宏志『重点講義民事訴訟法上〔第2版〕』325〜337頁（第10講）、708〜715頁、下〔補訂第2版〕21〜24頁、549〜589頁
④新堂幸司『新民事訴訟法（第五版）』247〜257、441、442、939〜954頁
⑤松本博之＝上野泰男『民事訴訟法（第6版）』77〜80、132〜136、362〜366、639〜640頁

基本事項の解説

1 裁判権の内在的制約——宗教団体の内部紛争と民事審判権の限界

「**裁判権**」は、ある法域[3]の裁判所が特定の事件または人に対して行使しうる権限をさす[4]。裁判権は、当該事件に国家主権の一部である司法権の作用が及ぶかという問題であり、公益的視点から設けられた訴訟要件の一つである。したがって、裁判権の存在は職権調査事項とされていて、裁判所は当事者からの申立がなくとも職権でその存否を調査判断しなければならない（抗弁事項や本案要件のように当事者からの申立があってはじめて裁判所がその存否を判

---

3 同じ法が適用される地域単位をさす概念。日本においては「一国＝一法域」であるが、国によっては、複数の法域が存在するところもある。たとえば、連邦法と州法の二元制を採用するアメリカ合衆国のように、その国全体を対象とする法域とその国を構成する州のような地域単位ごとの法域が併存し、それぞれについて別個の裁判制度が置かれている国もある。このような国においては、法域によって裁判権の範囲も異なることになる。

4 裁判権については一国内の各裁判所を一体と捉え（他の官庁や外国の司法権との関係で）どこまでその権限を行使することができるかが問題となる点で、各裁判所に配分された裁判権行使の権限である管轄権と区別される。

断すればよいというものではない)。裁判所が、特定の事件について裁判権が欠缺していると判断した場合、裁判所はその事件について訴え却下判決〔訴訟判決〕を行わなければならない。

　裁判権の欠缺は、その態様から裁判権の外在的制約（対人的制約・対物的制約）による場合と内在的制約による場合に大別される。本章で検討する後者の問題は、審理対象の内容ないし性質のゆえに裁判所の裁判権が及ばない場合をいい、具体的には、その訴えが「法律上の争訟」（裁3条）に当たるか否かの問題として構成される。民事訴訟において、**「法律上の争訟」**とは、法令の解釈適用により権利義務ないし法律関係の存否の問題として判断できる事件のことをいう。ある訴えが法律上の争訟に該らなければ、権利保護の資格（請求適格）を欠くと判断される。これは広い意味で**訴えの利益**の問題であり、訴訟物たる権利ないし法律関係と密接な関係を有するものであって、事件ごとに個別にその有無が判断されるものである。したがって、裁判権の有無の問題は事件の内容についてある程度審理してみなければその有無の判断が容易でないことも少なくない。裁判権が及ぶか否かはその性質上、訴訟の早い段階で判断されることが望ましいが、裁判権が及ばなければ本案判決がなされないことになり、被告から見れば原告に請求認容判決がもたらされることを阻止する結果となる。それゆえ、裁判権の有無が当事者間での主要な争点として扱われ、本案の審理と一体になって審理され、その有無の判断に一定の時間を要することも少なくない。

　この民事裁判権の限界が問題となった事案としては、政党における内部処分の有効性が争われた事件、地方議会における議員に対する内部処分の有効性が争われた事件、大学における単位認定の当否が争われた事件ほか多様なものがある。これらは、いずれも団体が自律的に行った判断の有効性が争われ、これに対して裁判所がどこまでその審判権を行使できるかが問題となっている点で共通している。とりわけ、判例上、昭和後期から平成10年代にかけて頻発したのが宗教団体の内部紛争をめぐる事案である。学説上も、憲法における信教の自由の保障（憲20条1項）と裁判を受ける権利（憲32条）との相克ないし調和の問題が含まれることから大いに議論となった。

　具体的には、宗教団体における内部処分の有効性をめぐる争いが民事訴訟の形で裁判所に持ち込まれた場合に、裁判所がこれを審理し判決を下すことが可能か否かが問題となる。この問題につきまず紛争の実体に着目して場合

分けすると、宗教団体における内部処分が紛争当事者の宗教上の地位に不利益を及ぼすにすぎない場合と、これが当該宗教団体を擁する宗教法人の役員たる地位の得喪ないし変動にも繋がる場合や、当該宗教団体における施設の利用権限の有無に結びつき処分を受けた紛争当事者の生活権にも影響を及ぼす場合に分けて考えることができる。併せて、訴訟において宗教上の問題がどのレベルで出てくるのかで分けることも考えられる。すなわち、訴訟物自体に宗教上の問題が含まれる場合と訴訟物自体に宗教上の問題は含まれないがその前提問題として宗教上の問題の判断を求められる場合に分けられる。訴訟物が宗教法人役員の地位確認請求、宗教法人施設の建物明渡請求、金銭支払請求等の形をとっている場合等において、その元となった内部処分があらかじめ定められた内部規範にそって適正に行われているか否か（内部手続違背の有無）の判断自体については、裁判所がこれを行うことができよう。しかし、これらの内部処分がその当否を判断する前提問題として宗教上の教義について解釈することが不可避であるならば、そのような問題は裁判所として介入することが困難となる。他方、宗教上の問題についての判断を介在させられれば、被処分者となった紛争当事者の名誉、職業上の地位、生活に係る財産権の保護等について裁判所の権限が一切及ばないとしてしまうことの不都合さは明らかである。学説の多くは、裁判所が宗教問題への介入を避けようとするあまり、訴え却下の処理によって実質的な紛争解決がなされず放置される結果となってしまうことを問題視しており、宗教問題が絡む紛争事案においても権利義務ないし法律関係の有無について判断すべき場合にどのようにして正面から向き合っていくのかを模索している。

2 訴権の濫用

訴え提起の申立を行うこと自体が当事者の訴訟上の権能の濫用として許されない場合があるか、ある場合、その要件と効果をどのように解するべきであろうか。これは、民事訴訟における訴権の濫用として論じられてきた[5]。

---

[5] 私人が裁判所に訴えを提起し訴訟上の請求について本案判決を求めることをその者の権利としてみたときその権利を訴権という。訴権そのものの内容や要件をどう考えるかについては、憲法32条の「裁判を受ける権利」や民事訴訟の目的論との関係もあってさまざまな議論がある。訴権をめぐる議論について、本章冒頭に掲げた文献のほか、吉村德重ほか・講義民事訴訟法〔青林書院、2001〕19頁〔紺谷浩司〕、小林秀之・プロブレムメソッド新民事訴訟法〔判例タイムズ社、1997〕179頁参照。

現行民訴法は、平成 8 年改正で第 2 条を新設し裁判所および当事者の訴訟上の一般的な責務を規定した。同条は、当事者の責務に関し「当事者は、信義に従い誠実に民事訴訟を追行しなければならない。」と定め、訴訟法上も**信義則**（民法 1 条 2 項参照）の適用があることを明らかにした。同条について立法担当者は、「当事者に、他の当事者や裁判所に対する関係で**信義誠実義務**があることは、旧法の下においても、当然のこことされ［…］第 2 条の規定は、旧法下におけるこのような解釈を条文上も明確にしたもの」であるとしている[6]。学説上、明文規定がなかった旧法においても信義則は訴訟上妥当するものと考えられており、信義則適用の一態様として訴権の濫用は許されずこれに反する訴えは却下すべきものと解されてきた。しかし、訴え提起の行為が訴権の濫用にあたるとされる場合の要件は必ずしも明らかでなく、また民訴法 2 条にいう信義則と訴権の濫用に対する処理との関係も明確でなかった。多数説は、訴権の濫用にあたる訴えは訴訟法上の信義則に反し、不適法な訴えとして却下すべきものとしている。実体法上、**権利の濫用**（民法 1 条 3 項）は、ある人の行為（作為又は不作為）が外形上権利の行使のように見えるが、当該行為が行われた具体的な状況と結果に照らして見ると、権利の社会性に反しているために、権利の行使として法律上認めることが妥当ではないと判断されることをいい、信義則（民法 1 条 2 項）とは区別されている。しかし、訴訟法上は、訴訟上の権能の濫用禁止も民事訴訟における信義則の一発現態様または信義則の下位概念として概ね理解されている[7]。訴訟法上の信義則と権利濫用を峻別しない立場からは、ある訴えが訴権の濫用とされる理由も広範に捉えられ、訴訟法上の信義則の発現態様を、a. **訴訟状態の不当形成の排除**、b. **訴訟上の禁反言**（矛盾挙動の禁止）、c. **訴訟上の権能の失効**、d. **訴訟上の権能の濫用の禁止**、の四つに分類する理解が支配的である。実際に濫用的な訴えが起こされた場合の処理としては、1）訴えの利益を欠くことを理由に不適法却下とする構成、2）訴訟法上の信義則に反することを理由に不適法却下とする構成、3）実体法上の権利濫用または信義則違反を理由に本案について請求棄却判決をする構成が解かれている。

---

[6] 一問一答 29 頁
[7] これに対し、訴訟法上も信義則と権利濫用の適用領域を分ける見解もある。松浦馨「当事者行為の規制原理としての信義則」竹下守夫＝石川明編・講座民事訴訟 4〔弘文堂、1985 年〕251 頁など。

判例では、旧法下でも、**訴権の濫用**を理由に訴えを排斥した多くの下級審裁判例をみることができる[8]。最高裁判例としては、訴権の濫用を明示的に認め訴えを却下した最初のものとして最判昭和53年7月10日民集32巻5号888頁＝百選31事件がある[9]。同判決は、原告の提訴行為が訴権濫用にあたるとした理由として、原告の提訴行為が本件会社の代表取締役及び取締役である訴外第三者に対する信義則違反となることと請求認容判決の対世効がこの訴外第三者に及ぶことを挙げている[10]。この最高裁判決に対する評価として、訴権濫用による訴え却下を支持する見解もあるが、訴権濫用による訴え却下を基本的に支持しつつ訴外の第三者に対する対世効の存在は訴権濫用の判断要素とならないとする見解、本件は確認の利益を欠くものであり訴え

---

[8] いずれも旧法下での裁判例であり以下は例示に過ぎないが、次のようなものがある。いわゆるレッドパージによって免職処分を受けた者が、退職金を受け取った後数年～十数年の間その効力を争っていなかったのに突如その無効を主張し右処分の無効確認の訴えを提起することは信義則に反する訴権の行使に当たるものであるから不適法として訴えを却下した事例（東京地判昭和45年6月30日判時609号92頁）、家督相続回復を求める再審請求の訴えが却下された後、再び同一の再審請求を求める訴えは、訴権の濫用であって許されないとして訴えを却下した事例（東京高判昭和55年12月24日判タ436号133頁）、移送決定に不服があれば、即時抗告の方法によるべきであるのに、移送決定をした担当裁判官等に損害賠償請求をするのは、嫌がらせを意図してなされたもので、訴権の濫用というべきであるから不適法であるとして訴えを却下した事例（横浜地判昭和62年2月12日判タ645号251頁）、名目上の取締役で、その任期も満了し、株主総会決議の仮装に荷担した者が、後に、同決議の不存在確認の訴えを提起することは、訴権の濫用であるから不適法であるとして訴えを却下した事例（鹿児島地判昭和62年7月29日判時1259号122頁）、実用新案権の侵害を理由とする損害賠償ないし不当利得の返還を求める訴えについて、一部請求の名の下にいたずらに同一の訴訟を蒸し返すもので、訴権の濫用にあたるから不適法であるとして訴えを却下した事例（東京地判平成7年7月14日判時1541号123頁）、既に請求棄却の確定判決があるにもかかわらず、実質的に同一内容の慰謝料請求を繰り返す訴えについて、専ら相手方を困惑させる目的でいたずらに同一訴訟を蒸し返すもので、訴権の濫用にあたるから不適法であるとして訴えを却下した事例（東京地判平成8年1月29日判タ915号256頁）。林屋禮二「民事訴訟における権利濫用と信義則(1)」民商71巻1号60頁以下参照。

[9] 最高裁は、原告が提起した有限会社の社員総会決議不存在確認の訴えに対し、「有限会社の経営の実権を握っていた者が、第三者に対し、自己の社員持分全部を相当の代価を受けて譲渡し、会社の経営を事実上右第三者に委ね、その後相当期間を経過しており、しかも右譲渡の当時、社員総会を開いて承認を受けることがきわめて容易であったなどの事実関係のもとにおいては、右譲渡人が右社員持分譲渡を承認する社員総会決議及びこれを前提とする役員選任等に関する社員総会決議の不存在確認を求める訴を提起するのは、訴権の濫用として許されない。」と判示した。

[10] この訴訟の相手方当事者（被告）に対する信義則違反が直接挙げられているわけではないが、被告は法人であり、ここでいう訴外第三者は代表取締役及び取締役として被告会社の経営にあたっている者であるから、実質的な紛争の相手方に対する信義則違反を理由に原告の訴えを排斥したとみることもできる。

の利益なしとして却下すべきであったとする見解、本案の請求が実体法上権利濫用にあたるため請求棄却判決をすべきであるとする見解、請求認容判決をなすべきとする見解など、学説上の評価は多岐にわたっている。この判例自体注目されるものではあったが事例判例であったため、訴権濫用に関する判例理論が確立するまでには至らなかった。

下級審裁判例では東京地判平成12年5月30日判タ1038号154頁があるが、現行法下で訴権濫用による訴え却下の要件を一般的にかつ詳細に判示した最初の公刊裁判例として注目される。まず、訴権濫用の要件について、

「訴えの提起において、提訴者が実体的権利の実現ないし紛争の解決を真摯に目的とするものではなく、相手方当事者を被告の立場に立たせることにより、訴訟上又は訴訟外において、有形、無形の不利益・負担を与えるなど不当な目的を有し［訴権濫用の主観的要件］、提訴者の主張する権利又は法律関係が事実的、法律的根拠を欠き、権利保護の必要性が乏しいなど［訴権濫用の客観的要件］、民事訴訟制度の趣旨・目的に照らして著しく相当性を欠き、信義に反すると認められる場合には、訴権を濫用するものとして、その訴えは、不適法として却下すべきものと解される。」

と判示している（［ ］内は著者による）。さらにこの要件を充たすか否か判断するため、

「訴権濫用に当たるか否かは、提訴者の意図・目的、提訴に至るまでの経過、提訴者の主張する権利又は法律関係の事実的根拠・法律的根拠の有無ないしその蓋然性、それらの法的性質・事実的背景、提訴者の訴訟追行態度、訴訟提起・追行による相手方当事者の応訴の負担、相手方当事者及び訴訟関係者が訴訟上又は訴訟外において被ることがある不利益・負担等その評価にかかわる事実（評価根拠事実）を総合的に考慮して判断すべきである。」

と考慮要素を列挙する。そして、「民事訴訟の提起は、本来であれば、原則として正当であるのであるから、訴権濫用というためには、そうした制度の利用を許容すべきではないとするほどの不当性が認められることが必要である」として、訴権濫用の判断について一定の要件と具体的な考慮要素を示しつつも、原則として慎重な態度をとっている。同事件では、このような基準によって吟味した結果、以下のように判示して、その訴えを却下した。

「（訴えが）民事訴訟制度の趣旨目的に照らして著しく相当性を欠き、信義に反するものと認めざるを得ないのである。したがって、本件訴えは、訴権を濫用するものとして不適法なものというべきであり、このまま本件の審理を続けることは被告にとって酷であるば

かりでなく、かえって原告の不当な企てに裁判所が加担する結果になりかねないから、この時点で本件訴訟審理を終了することが相当である。」

他方、訴え提起自体が不法行為を構成する**不当提訴**は、不当提訴が公序良俗違反として不法行為を構成するとした大連判昭和18年11月2日民集22巻1179頁のように早くから認められている。最高裁も最判昭和63年1月26日民集42巻1号1頁＝百選36事件において、訴え自体が不法行為を構成する場合の要件を詳細に示していた。上述の平成12年東京地判は、この最高裁判決を参考に訴権濫用の場合についても要件の定式化を図ったものと見られ、以後の同種の事件に影響を及ぼしていると思われる。

上記の各構成と訴権の濫用との関係についてはなお理解づらいところが残るが、「訴権の濫用が現実に用いられている場面の多くは、理論上その他の制度や要件（提訴期間、実体権の濫用、不法行為の違法性、判決の効力等）の問題に還元しうるものであり、制度の不備の補正や説明の落着きの良さのために、あえて訴権の濫用が使われているように見受けられる。」という山本和彦教授の指摘（百選I17頁）が正鵠を射ているように思われる。すなわち、ある訴えを単に訴権の濫用にあたるとして排斥することには慎重でなければならず、一見不当提訴と思われるような訴えであっても、まずはその訴えが不法行為を構成するか、前訴がある場合にはその判決効に抵触しないか、また実体権の濫用や信義則違反にあたらないかといった諸点から吟味し、訴訟法上の信義則の発現態様に照らして検討したがこれらに該当しない場合、あるいはこれらに一部あてはまるものの、なおその訴えを排斥するには追加的な理由を必要とする場合にはじめて訴権の濫用が訴え排斥の理由として挙げられるべきである。民訴法2条で訴訟当事者の**信義誠実訴訟遂行義務**が明示されたとはいえ、訴権の濫用を理由に訴えを排斥する場合には、その一般条項性を考慮して慎重な態度で処理されなければならない。

3 送達の瑕疵と再審

訴状や第一回口頭弁論期日呼出状（以下、訴状等という）の送達に瑕疵があり、被告が訴訟手続に関与する機会のないまま敗訴判決を受けることとなってしまった場合、この被告にはいかなる救済が与えられるべきであろうか。被告に訴状等の送達がなければ、被告は自分が当事者となっている訴訟手続の存在を知らないので、訴訟物に関する主張立証はもちろん、その他訴訟法

上当事者に認められた権利を行使することもできない。つまり、被告は、被告も有しているはずの「裁判を受ける権利」(憲32条) が何ら保障されない状態に置かれたうえ、自己に不利益な判決がなされ、その確定判決を債務名義として強制執行を受けるというさらに深刻な事態に陥るおそれがある。

　送達は、裁判所が職権で送達事務取扱者である裁判所書記官を通じ、送達実施機関である郵便業務従事者または執行官が、送達を受けるべき者の住所等において送達すべき書類を交付してすることによってこれを行う(職権送達主義、民訴98条、99条。交付送達の原則、民訴101条、103条)。訴訟当事者の住所等が不明である場合や住所等において送達を行うことに支障がある場合、裁判所は当事者の就業場所(勤務先等)で送達をすることができ、またその申述により就業場所で送達をすることもできる(民訴103条)。また、訴訟代理人である弁護士等を送達受取人としてその法律事務所等を送達受取場所とすることも可能である(民訴104条1項。通常、被告の訴訟代理人は、被告本人が訴状等の送達を受けた後に選任されることになる)。

　送達で問題となるのは、送達を受けるべき者が不在であった場合の取り扱いである。民訴法106条以下はこのような場合を対処している。すなわち、おもな方法として①補充送達(民訴106条1項・2項)および②差置送達(同3項)、③書留郵便に付する送達(民訴107条以下、付郵便送達という)、ならびに④公示送達(民訴110条以下)がある。後順位のものほど例外的送達方法としての性質が強く、とりわけ③や④の方法は送達書類の到達を前提とすることなく送達の効力を認める方法であるので(発信主義。民訴107条3項、112条1項)、裁判所がこれらの方法によって送達を行うことには慎重でなければならない。送達の名宛人(送達を受けるべき者)が不在であっても、「使用人その他の従業者又は同居人であって、書類の受領について相当のわきまえのあるもの」(民訴106条1項参照)に送達書類を交付することができるから、本人の不在を理由に③や④の方法によることはできない。送達の結果は、送達をした者が送達報告書を作成して裁判所に報告することになっており(民訴109条)、また、①の方法のうち就業場所における補充送達がなされた場合や、②の方法により送達がなされた場合には、裁判所書記官はその旨を送達を受けた者に通知しなければならない(民訴規43条)。しかし、送達を受けるべき者の住所等に本人が不在であり、その配偶者や子供に対して①や②の方法で送達がなされた場合、その後、送達書類が現実に本人の手に渡ったか否かは

確認できないことから、被告本人が訴訟係属の事実を知らないまま訴訟手続が進行して敗訴判決が出され、判決書の送達についても訴状送達と同様の事情で判決の名宛人に届かず上訴がなされなかった結果、被告の敗訴判決が確定してしまうということも起こりうる。

　被告が自分に対する訴状送達があったことを知らないで口頭弁論に欠席すると、原告の主張について**擬制自白**が成立し（民訴159条3項。ただし、公示送達の場合は例外（同但書））、原告の請求を認容する判決が下される。被告の欠席が訴状等の送達の瑕疵に起因しており、裁判所が原告の主張のみに基づいて判決を出した場合であっても、外見上その判決には判決としての効力が生じている。すなわち、判決書の送達後、上訴期間が過ぎれば既判力が生じ、併せて、訴えの種類に応じて執行力や形成力も生じうる。しかし、被告が自分に対する訴状等の送達があった事実を知らない以上、被告は当該訴訟手続に関与しようがなかったわけである。ここには被告の**「裁判を受ける権利」**（憲32条）の保障という見地からはきわめて重大な問題があり、そのような状況下で出された判決にも、原告と被告が主張立証をつくした結果得られた通常の判決と同様の効力があるものと解してよいかという疑問がある。場合によっては、この種の判決の効力を**無効**と解すべきではないかという主張も有力になされているところである[11]。しかし、仮に無効であるとしても、裁判所や原告からみれば、外観上送達が有効になされたにもかかわらず被告が欠席して判決に至った場合と同視するしかなく、この種の判決の効力は通常の判決のそれと同様に解するしかない。ただ、訴訟手続に関与する機会が全くないまま敗訴判決を受けその効力に拘束されるのは、被告としては耐え難いことであり、「裁判を受ける権利」の保障という憲法レベルの議論としてだけではなく、当事者に付与される訴訟手続に関与する権利の保障（手続保障）という訴訟法上の観点や当該敗訴判決によって侵害されることになる被告の実体法上の権利の保護という観点からも、相応する何らかの救済が必要である。

　上述の通り、被告に対する訴状・期日呼出状および判決書の送達において問題があって被告本人にこれらの書類が一度も届かなかった場合、被告は自分に対する訴訟の存在自体を知らないわけであるから、被告は訴状に対する

---

[11] 中山幸二「訴訟係属と判決無効」中村（英）古稀321頁

答弁書を提出することもなく弁論も行わないままに原告の請求を認容する判決が言い渡され、形式上この判決は確定する。被告本人が仕事に出かけている等の事情で、同居人である家族等が送達書類を受領して送達がなされること（補充送達）も少なくない。同居人が送達書類を受領したにもかかわらず、送達を受けるべき被告本人に送達書類が到達しない場合とはいかなる場合であろうか。そのような場合としては、①送達場所が誤っている場合（例：被告本人が居住していない場所に送達されそこでの居住者が受領したが自分には関係ないものとして放置ないし廃棄してしまった場合）、②送達場所は合っているが補充送達における送達書類の受領者に問題がある場合が考えられる。後者については、a）送達書類受領者が事理弁識能力を欠いている場合（例：送達書類の重要性を理解できない子供や認知能力上の疾患を有する者が送達書類を受領し、その書類を放置または廃棄してしまった場合）と、b）送達書類受領者と送達書類を受けるべき者（被告本人）が利害相反関係にある場合（例：妻が夫に無断で夫所有の土地を売却し、この土地の買主が夫を被告に提訴したが、その送達書類の一切を妻が受領して隠匿し敗訴判決が確定した場合。クレジットカードに係る立替金支払請求訴訟において妻が無断で被告である夫名義のカードを使用した事実を知られまいとして被告本人に代わって受領した送達書類を放置または廃棄した場合など）に分けられる。まず、a）についてであるが、事理弁識能力については送達の趣旨を理解して送達書類をその名宛人に渡すことが期待できる程度の能力があればよいが[12]、同居者が成人であって一見して認知能力に問題があるとは必ずしも判別できないし、つぎに、b）についても、送達実施機関が現場で利害相反関係があることを覚知できる場合は稀と思われるので、その意味で行われた送達に瑕疵があると判断することは非常に困難な場合が多いと考えられ[13]、事後的な救済方法の検討が重要となる。

---

[12] 子供の場合は、9歳の女子にこの能力がないとした裁判例（東京高判昭和34年6月20日東高民時報10巻6号133頁）があるが、10歳の女子についてはこの能力を認めた裁判例（大阪高判昭和56年6月10日判時1030号44頁）もあり、この辺りの年齢を目安に能力の実質を判断するのが適当と考えられる。

[13] 「事理を弁識しうる者に送達書類が交付されても、その者が受送達者と利害対立の関係にあり、その当時の状況から見て、送達書類を受送達者に遅滞なく手交することを通常期待できる事情にないときは、補充送達としての効力を生じない」（大阪高判平成4年2月27日判タ793号268頁）とした裁判例があるが、たとえば同居の配偶者と送達書類の名宛人との間に利害関係の対立があっても、裁判所や送達実施機関からみてそのような状況が明らかでない場合には補充送達そのものを無効とまでは解せない場合もあることになり、実際、そのような理由から事実上の利害対立関係にあった配偶者への補充送達を有効とした裁判例もある。

では、裁判所が送達手続の瑕疵を看過して被告欠席のまま被告敗訴の判決を出してしまった場合、いかなる救済方法が考えられるであろうか。まず、被告が訴状および期日呼出状は受領しなかったが判決書の送達は受けた場合について、判決書の受送達後、上訴期間である2週間が経過していないときは、判決に対する通常の不服申立方法である上訴をすることによって、原審の手続に違法があったことを理由に原判決の取消し・差戻しを求めることができる（民訴306条、民訴308条）。これに対し、被告が判決書の送達の事実を知らず上訴期間の経過後に判決書の存在を知った場合はどうか。一つは、判決書の送達に瑕疵があったか否かに関わりなく、**訴訟行為の追完**（民訴97条）として上訴を認める見解がある[14]。いま一つは、判決書の送達に瑕疵があった場合、上訴期間も進行していないのでいつでも上訴を提起できるという見解である[15]。しかし、後者の考え方を前提とすると、判決書の送達が公示送達、付郵便送達、補充送達などの方法で有効になされている場合、手続上は有効に上訴期間が進行し判決は確定するから、実質的に訴状等の有効な送達がないまま確定に至った判決を覆す方法について検討しなければならない。

考えられる救済方法の第一は、被告が訴状送達の瑕疵に基づく**再審の訴え**を提起することである[16]。再審事由は制限列挙であるから、大審院および最高裁は否定的に解してきたが（大判昭和10年12月26日民集14巻2129頁）、最高裁は近時、「有効に訴状の送達がされず、その故に被告とされた者が訴訟に関与する機会が与えられないまま判決がされた場合には、当事者の代理人として訴訟行為をした者に代理権の欠缺があった場合と別異に扱う理由はない」として「法定代理権、訴訟代理権又は代理人が訴訟行為をするのに必要な授権を欠いたこと」（民訴338条1項3号）を理由とする再審を認めた[17]。その後、最高裁平成19年判決は補充送達の効力が問題となった事案において、「受送達者あての訴訟関係書類の交付を受けた同居者等が、その訴訟において受送達者

---

[14] 名古屋地決昭和62年11月16日判時1273号87頁ほか
[15] 判決書の補充送達の瑕疵による当該判決未確定を理由に8年後の控訴を認めた事例として大阪高判平成4年2月27日判タ793号268頁、同様に1年後の控訴を認めた事例として仙台高判平成5年12月27日判タ864号261頁判時1496号100頁がある。
[16] 多数説。兼子一ほか『条解民事訴訟法〔第2版〕』482頁〔竹下守夫＝上原敏夫〕、1728、1731頁〔松浦馨〕頁〔竹下守夫〕
[17] 最判平成4年9月10日民集46巻6号553頁＝百選116事件。

の相手方当事者又はこれと同視し得る者に当たる場合は別として（民108条参照）、その訴訟に関して受送達者との間に事実上の利害関係の対立があるにすぎない場合には、当該同居者等に対して上記書類を交付することによって、受送達者に対する送達の効力が生ずるというべきである。」

として、その効力を肯定しつつ、

「しかし、本件訴状等の送達が補充送達として有効であるからといって、直ちに民訴法338条1項3号の再審事由の存在が否定されることにはならない。同事由の存否は、当事者に保障されるべき手続関与の機会が与えられていたか否かの観点から改めて判断されなければならない。すなわち、受送達者あての訴訟関係書類の交付を受けた同居者等と受送達者との間に、その訴訟に関して事実上の利害関係の対立があるため、同居者等から受送達者に対して訴訟関係書類が速やかに交付されることを期待することができない場合において、実際にもその交付がされなかったときは、受送達者は、その訴訟手続に関与する機会を与えられたことにならないというべきである。そうすると、上記の場合において、当該同居者等から受送達者に対して訴訟関係書類が実際に交付されず、そのため、受送達者が訴訟が提起されていることを知らないまま判決がされたときには、当事者の代理人として訴訟行為をした者が代理権を欠いた場合と別異に扱う理由はないから、民訴法338条1項3号の再審事由があると解するのが相当である。」

とした[18]。すなわち、補充送達の効力は肯定しながら、民訴法338条1項3号の再審事由該当性を認めることで、具体的妥当性の確保を図ったのである。最高裁平成4年判決（注17）では、a）前訴の被告に対する有効な送達がないこと、およびb）これを理由として被告に前訴に関与する機会が与えられなかったこと、という事実を認定したうえ、両事実の存在により同号が定める代理権欠缺と同視できるとして再審事由の存在を認めていた。しかし、a）を認めるべき事実が認定できない場合は同様の処理ができない。これに対し、最高裁平成19年判決は、訴状送達が有効であっても、利害相反により本来の受送達者に手続関与の機会が与えられていない場合には同号の再審事由を認めた。すなわち、補充送達が成立してもその送達に関連して再審事由の存在が認められる場合があることを示したことになる。送達の成否は手続保障の有無を判断するための重要ではあるが必須の要素ではないことになり、実質的な手続保障が与えられたか否かをより重視する判断が示され

---

[18] 最判平成19年3月20日民集61巻2号586頁＝百選40事件。

たものといえる[19]。

　再審の訴えは、民訴法342条1項により、当事者が判決の確定した後再審の事由を知った日から30日以内にしなければならないが、民訴法338条1項3号の代理権欠缺を理由とする再審の訴えには適用がない（民訴342条3項。再審期間が問題となった他の裁判例として、東京地判平成10年9月2日判タ1067号264頁）。上記のほか、補充送達で送達書類を受領した者が故意にその書類を隠匿または毀滅したような場合は、民訴法338条1項5号の適用も考えられよう。第2の方法は、訴状等の送達に瑕疵のある判決を無効とする考え方である。判決が無効であるとはいっても外形上は通常の様式による判決が存在しその判決書が有効な債務名義として機能するおそれがあるから、被告としては、強制執行の不許を求める請求異議の訴え（民執35条）のほか、状況に応じて、不当利得返還請求や損害賠償請求訴訟等の訴えを提起することとなる。

---

[19] すでに平成4年判決後、東京地決平成11年12月2日判タ1029号295頁のように下級審裁判例で再審開始決定をしたものが現れていた。なお、公示送達による場合は単に上訴の追完によればよいとする、最判昭和42年2月24日民集21巻1号209頁＝百選A13事件参照。

第 15 章　演習問題

【演習問題 1】　以下の事例①、②を読んで、下記の設問に答えなさい。

【事例①】

1) A 寺は、昭和 41 年 4 月、N 宗の寺院として設立され、X が当時の N 宗管長 H から住職に任命された。
2) A 寺は、昭和 51 年 7 月法人格を取得して宗教法人 N 宗に包括される宗教法人 Y となり、同時に住職である X が Y の代表役員となった。
3) N 宗においては、代表役員は管長の職にある者をもって充て、管長は法主の職にある者をもって充てるものとされ、法主は宗祖の唯授一人の血脈を相承する者とされているところ、H が昭和 54 年 7 月 22 日死亡した後、Z が H から血脈相承を受けたとして N 宗の法主に就任したことを祝う儀式が執り行われ、N 宗の代表役員に就任した旨の登記がされた。
4) 平成 2 年 12 月ころから、N 宗とその信徒団体である S 学会とが激しく対立するようになり、N 宗は、平成 3 年 11 月 28 日、S 学会に対して破門通告をした。
5) X は、S 学会は N 宗の教義を広めるに当って多大の貢献があったし、今後も N 宗の教義を広めるために S 学会が不可欠の存在であると考えていたところ、上記 N 宗と S 学会との一連の確執の中で、N 宗の法主である Z の在り方に次第に疑問を抱き、同人が血脈相承を受けていないと考えるに至り、宗祖 N 大聖人の教えを守るとともに信徒の意思にこたえるために、Y と N 宗との被包括関係を廃止しようと考えるようになった。

　　そこで、X は、N 宗との被包括関係の廃止に係る Y の規則変更を行うために、平成 4 年 10 月 17 日、Z の承認を受けることなく、S 学会の会員でない信徒の中から選定されていた責任役人 3 名を解任するとともに、新たに S 学会の会員である信徒の中から責任役員 3 名を選定した。そして、同日、X 及び新責任役員により開催された責任役員会において N 宗との被包括関係の廃止に係る規則変更について議決がされ、N 宗に対してその旨が通知された。
6) N 宗は、N 宗の代表役員の承認を得ることなくなされた上記解任行為は違法無効であるとして、これをただすために X を召還しようとしたが、X はこれに応じなかったので、X に対し、上記解任行為を撤回し、非違を改めるように訓戒した。しかし、X は、同訓戒にも従わなかったため、Z は、平成 5 年 10 月 15 日付け宣告書をもって、X に対し本件罷免処分をした。
7) X は、K 県知事に対し、同知事は、平成 5 年 2 月 5 日、これを認証したが、N

宗等が審査請求をしたところ、文部大臣は、同年8月4日、同認証を取り消す旨の裁決をしたので、Yは依然として、N宗の被包括宗教法人にとどまっている。
8) Xは、本件罷免処分はN宗の管長たる地位を有しない者によってされた無効な処分であると主張して、Yを相手取ってYの代表役員の地位確認の訴えを提起した。

【事例②】

1) Yは、J宗H派の寺であり、Xらは、Yにおいて、法中と呼ばれる衆徒（僧侶）の地位にあった者である。
2) Yは、a地区において、他のJ宗の寺と比較して、大勢の門徒を有する寺であり、1人の住職が行う法務活動だけでは多数の門徒の需要に十分に応えることができず、また組織的にみてもその門徒全体を維持管理することも困難であった。そのため、かなり以前から住職以外の法中をもって各地域を担当させ、法中は、住職とともに、あるいは単独で、Yの門徒に対して様々な法務活動を行うという体制をとってきた。
3) Xらは、それぞれ得度するなどしてYから法中と呼ばれる地位を取得してから、葬儀、法事（中陰、年忌参り、初盆など）、布教活動、月忌参り、法要、報恩講（S聖人の遺徳を偲ぶJ宗門徒の行事）などの法務活動（以下「本件法務活動」という。）を行ってきた。
4) Yは、平成8年7月頃、Xらに対し、YがXらのためにしていた社会保険料の半額負担を打ち切る旨を連絡した。これに反発したXらは、Yに対して、当初は上記措置の撤回を求めたが、その後、これを受け入れることとし、これとは別に、主として経済的な基盤を確保しておくために法中の権利を主張して、それを書面化することを求めるようになった。しかし、Yがこれを拒否したことなどから、YとXらとは次第に対立を深めていった。
5) Yは、平成8年11月21日、Xらの僧籍の削除を申請する旨の書面を本山であるW寺に送付し、また遅くとも平成9年8月頃には、Xらに対し、法中の地位を解任する旨の意思表示をした。そして、Yは、XらがYにおいて法中の地位にあることを認めない旨を門徒に知らせ、住職はXらから要請があってもXらとともに葬儀などの法務活動をすることを拒絶するようになった。その結果、Xらは、それぞれの担当地区において従前どおりの法務活動ができなくなり、門徒から受け取っていたお布施による収入がかなり減少した。
6) そこで、Xらは、本件訴訟に先立って平成9年12月に、Yを相手方として、K簡易裁判所に民事調停を申し立てたが、同調停は、平成10年8月21日、不調に終わった。
7) その結果、Xらが、法中の地位を無名契約上の地位であるとして、(1) 主位的に、明治25年に、その当時のYの住職とXらの被承継人らとの間において、

被承継人らに法中の地位を認め、かつYが続く限り、その地位を承継した者に永代法中たる地位を認める旨の契約が締結され、Xらがその地位を承継しているとし、(2) 予備的に、仮に上記明治25年の契約の締結が認められないとしても、Xらが長年法中としてYの法務活動を行ってきたものであるから、XらとYとの間で黙示の契約が成立しているか、もしくは契約上の地位を時効取得している（これらは選択的主張と解される）として、上記 (1)、(2) のいずれの場合も、正当な理由がないのにYから解任され、Xらの法務活動が妨害されているなどと主張し、無名契約上の地位確認請求と法務活動妨害禁止請求を申し立てて訴えを提起した。

【設問1】

> 事例①と②は、事実関係上どの点で異なるか。

【設問2】

> 事例①、②において、後掲判例資料の最高裁判例理論（資料①〜⑤参照）に従った場合、Xの確認の訴えは認められるか。また、その場合の判例理論とは、どのようなものか。下記の小問を検討したうえで、答えよ。

(小問)
1) 判例資料①から⑤の最高裁の考え方に変化があったか。あったとすれば、その要点は何か。
2) 判例資料①、②では、住職の地位が訴訟物の前提問題であるときは、審理を認めるがその理由は何か。また、それは判例資料③と矛盾してこないか。判例資料②では、住職の選任手続については判断できる旨が判示されているが、そのような判断は宗教上の教義に係ることはないか、また、そうした手続が慣習上もない場合にも、選任適否の判断は正当化できるか。

【設問3】

1) 宗教法人をめぐる審判権の限界につき、学説においては、宗教団体の自律権を認める点では一致しており、その中でも（イ）自律結果受容論やまた（ロ）主張立証責任に従って宗教団体の内部紛争を処理すべきとの見解が有力に主張されている。教材事例①、②において（イ）（ロ）の見解に従った場合には、訴えの適否はどのような結論に至るか。
2) 問題（2）で検討した判例の見解とこれらの学説を考慮したうえで、教材事例①、②において提起された訴えを、裁判所はどう処理すればよいか考えよ。

【設問4】

X1～X5は、国立大学法人O大学の法学部の学生であった。平成18年度M教授の民事訴訟法4単位等の履修登録を行い、授業に出席し、M教授実施の試験を受けてM教授から合格の判定を得て、M教授は、Y1学部長に成績表を提出した。しかし、Y1は、X1らが単位を取得したことを認定しないと主張した。そこで、X1らは、Y1とO大学学長Y2を被告として、単位授与・不授与の決定をしないことの違法確認及びY1、Y2が単位取得を認定する義務のあることの確認を求めて訴えを提起した。他方、国立大学法人O大学の法務研究科の学生であったZは、同様にM教授の演習（必須科目）4単位でM教授から合格の判定を得ていたが、研究科長Y3はZの修了認定をしないとした。そこで、Zも、Y2、Y3を相手方として、単位授与・不授与の認定をしないことの違法確認及び研究科修了・未修了の認定をしないことの違法確認を求めて訴えを提起した。Y1らは、当該訴訟は裁判所の審判対象にならないと本案前の抗弁を提出した。裁判所はいかに判断すべきか。

判例資料
資料①：最判平成元年9月8日民集43巻8号889頁（蓮華寺事件）
資料②：最判昭和55年1月11日民集34巻1号1頁（種徳寺事件）
資料③：最判昭和55年4月10日判時973号85頁（本門寺事件）
資料④：最判昭和56年4月7日民集35巻3号443頁（板まんだら事件）
資料⑤：名古屋高判昭和55年12月18日判タ430号62頁

【演習問題2】 以下の事例①〜③を読んで、下記の設問に答えなさい。

【事例①】

　本件は、原告及びその妻である分離前の相原告甲野花子（以下「花子」という。）が（宗教法人S元幹部）、被告（宗教法人S会長）に対して提起した損害賠償請求事件から、花子の被告に対する損害賠償請求事件及び原告の被告に対する昭和48年6月ころ被告によって花子が強姦されたと主張して損害賠償を求めた事件の弁論が分離されたその余の事件である。弁論分離の結果、本件は、「花子が被告によって昭和58年8月ころ及び平成3年8月ころの2回強姦された」ことを、原告が平成8年2月に花子から聞かされ、平穏に夫婦生活を営む権利が侵害されたと主張し、被告に対して、不法行為に基づき慰謝料2500万円及び弁護士費用402万円の合計2902万円並びにこれに対する訴状送達の日の翌日である平成8年7月3日から支払済みまで民法所定の年5分の割合による遅延損害金の支払を請求した事案となった。

（提訴に至る経緯と訴訟の経過）
1)　原告は、昭和61年から平成4年にかけて、S会員から、貸金返還請求訴訟を提起され、いずれも敗訴し、上告審まで争ったものの、いずれも請求を認容する内容の判決が確定した。
2)　原告らは、S会員規程によって禁止されている会員間の金銭貸借を幹部の立場を利用して繰り返し行い、他の会員に迷惑を及ぼしているものとみられ、丁川副会長らからS人事委員会に対し、役職解任申請がされていたものであるところ、平成4年5月14日、戊田平和会館において、丙山副会長、丁川副会長らから、右の行状を理由に幹部役職の辞任を促されたが、原告は、辞職する意思がなく、「きさま」などと反発し、「命にかけたって、てめえらやってけるから。」等と脅迫的な言葉で丙山副会長らを罵った。丙山副会長が、原告らが辞表を書く意思がないのであれば、Sとしては解任手続をとらなければならない旨を説明すると、原告は、「おめえ達な、副会長なんていってな。生意気言うんじゃないよ、このやろう。」などと興奮して声を張り上げるなどした。
3)　花子は、平成4年5月14日、帰宅後、S本部の戊原会長宛に電話して、応対に出た訴外Sに、原告及び花子に対する役職の辞職勧告等について苦情を訴えた。その中で、花子は、金銭貸借の仲介の事実は認めたものの、丁川副会長らの「策謀」であり、「（乙山）先生のお心でない。」などと述べた。また、途中で花子と電話を替わった原告も金銭貸借の事実は認めつつも、金をSのために費やしたものであるとの弁解をし、丁川副会長が自分たちを嫌っていることが背景にあるなど、辞職勧告等に対する強い不満を述べた。
4)　Sは、平成4年5月15日、丁川副会長に対し、原告を丁原副本部長、花子を甲原副綜合婦人部長の職からそれぞれ解任する旨の通知をし、丁川副会長は、原

告らに対し、同日、電話でこれを伝え、原告らは、結局、平成5年12月15日Sを脱会した。
5) 原告は、役職解任は右の理由によるものではなく、花子が平成4年5月8日及び18日の2回にわたって被告に対して抗議の手紙を送付したことが、役職解任の真の理由である旨主張し、右抗議の手紙を送付したことを裏付ける証拠として、提出するが、役職解任は、平成4年5月15日であるから、5月18日の手紙が役職解任の理由になることは論理的にあり得ない。5月14日の役職辞任勧告の際のやりとり及び同日のS本部に対する電話のやりとりの中には、右抗議の手紙の話は一切出ていないのみならず、かえって、花子は、被告に対し、役職解任が不当であることを訴える内容の手紙を出したと述べている。これは、花子が「金銭貸借はしていない」旨弁解する内容のものであり、3つの事件には一切触れていない。また、平成8年5月18日付の書留速達郵便の下書きであるという甲48は、末尾に平成8年5月17日と記載されてはいるが、いつ作成されたものか全く明らかではないから、平成4年5月18日付の被告に対する抗議の手紙の存在を裏付ける証拠とは到底なり得ない
6) 原告は、「乙谷墓苑代金を返還できない理由を明らかにしない限り、被告を告訴する」という内容の手紙を送付した上、平成7年1月6日、H簡易裁判所に被告に対する墓地代金45万円の返還請求訴訟を提起したが、平成7年4月25日、請求は棄却された。その後、原告は、平成7年9月から12月にかけて、S本部に対し、繰り返し、Sを批判する勢力との連携をほのめかしつつ、墓地代金等を返還しなければ、被告を詐欺・強姦罪で告訴する旨の電話をかけている。その中での原告の話しぶりは、有無を言わせない強硬なものであり、その個性、人柄をうかがわせるに足りるものであるばかりか、まさに恐喝まがいと評されてもやむを得ないものであった。
7) 花子は、『週刊A』平成8年2月22日特大号において、本件事件にかかる手記を掲載するなどした。
8) 第4回口頭弁論期日においてされた原告の主張は、原告は、平成8年2月、花子から3つの事件の告白を受けてから、夫婦間で葛藤があり、原告らは離婚まで考えたものの、話し合いの結果、事件を公表することを決意し、『週刊A』等に手記を発表したというものである。

ところで、花子が手記を発表した『週刊A』平成8年2月22日号は、同月15日発売であり、それ以前に花子に対する取材がなされていたことは明らかであるから、花子が原告に対し、事件を告白し、夫婦間の葛藤を乗り越え、マスコミを通じて事件を社会に公表することを決意し、『週刊A』らとの接触を図り、取材を受けて、記事が掲載されるという一連の出来事が、ほんの数日の間にすべて生じたことになる。『週刊A』『Bの砦』に、花子の手記が掲載されており、しかも、『C』に右『週刊A』の花子の手記の予告記事が掲載されている。このこと

から、『C』の編集担当者は、『週刊A』の花子の手記掲載をあらかじめ認識していたことをうかがうことができる。そして、『Bの砦』は、S脱会者等で構成されるSを批判する団体であることが認められ、『C』の発行主体であるN宗がSと対立関係にあることは顕著な事実である。

9) 昭和58年事件及び平成3年事件についての事実的根拠が極めて乏しい。かつ、原告らの訴訟追行態度は、昭和58年事件の日時、場所に関する原告側の言い分及び主張並に平成3年事件の日時に関する原告側の言い分及び主張について変遷を重ねている。主張・証明責任の観点からすると、本件のような損害賠償請求訴訟においては、原告がまず請求原因である加害行為の日時、場所等を特定した後に、被告の認否・反論を求めるべきであるところ、原告は、本件において、自らの主張の特定が不十分なまま、被告による認否・反論を求めた形となっている。

10) 原告らは、右のように請求原因に関する主張を変更した上に、原告本人尋問の申出をする前に、まず、被告による認否を求め、被告本人尋問の申出をした。被告本人尋問の申出は、もとより訴訟手続上の権利であるが、その申出の時期、立証趣旨に加えて、本件訴訟に至る経緯、原告らの訴訟追行態度等からすると、被告を公開の法廷において尋問を受ける立場に立たせることに主たる意図があったものと推認される。

11) また、原告は、昭和58年事件及び平成3年事件の日時及び場所について、被告の反証が功を奏する度に主張を変更させているのである。特に、原告は、第13回口頭弁論期日において、昭和58年事件について、昭和57年事件と混同していたとの主張まで追加しているが、これらは、請求原因事実である加害行為の事実的根拠が極めて乏しいものであることを推認させ、ひいては、本訴が被告に応訴の負担を負わせることを目的とするものであることを推認させる。

【事例②】

1) 本件土地は、もとG工業株式会社の所有であつたが、同社が破産したため破産管財人の管理に属していたところ、Xは、平成20年8月ころ破産管財人から右土地の処分を委ねられていたAを通じてこれを1億500万円で買い受けた。

2) Aは、Xの承諾のもとに、同年9月29日K株式会社との間で、代金を1億500万円とするが、坪当りの価格を5713円とし、後日実測のうえ精算するとの約定で本件土地につき売買契約を締結し、Kは同日手付金として金額9000万円の小切手をAに交付し、AはこれをXに交付した。

3) Aが自己の名で右売買契約をしたのは、本件土地にAを権利者とする所有権移転仮登記がされており、Aにおいて破産管財人との関係を慮つて、そのようにすることを主張したためである。

4) Xは、翌30日AがKに働きかけて本件土地の実測面積を実際よりも少なく

し、その分の代金相当額を両者で折半しようとしているとの情報を得たので、Aとの間で本件土地の所有者がXである旨の覚書を取り交わすとともに、AをしてKからの残代金受領のための委任状を差し入れさせたうえ、同年10月26日Kに対し、本件土地の所有者はXであるから残代金をXに支払って欲しい旨並びに所有者がXであることの証拠として右の覚書及び委任状の写を別便で送る旨を通知した。
5) Kは、売買の際Aから、測量士を知らないのでKが知っていれば頼んで欲しい旨の申出を受け、Aの承諾のもとに、自らの名義で土地家屋調査士であるYに対して本件土地の測量を依頼した。
6) 現地での測量は同年10月中旬に行われたが、現地に行ったのはA及びKの代表者であるBだけであったので、Yは、隣接地所有者の立会を求めて境界を確認してからでなければ測量できないと言って断ったが、Aから「測量図は取引の資料にするにすぎないので、取りあえず指示する測点に従つて測量し、その中に食い込む形になる守屋某所有の土地についてはその公簿面積を差し引くという方法で本件土地の面積を算出して欲しい。隣接地との境界は後日確定する。」といわれたので、Aの指示どおりに測量して、本件土地の面積を1万5191坪と算出し、同月25日ころKに測量図及び面積計算書を交付した。
7) Xは、Kを通じて右測量図を入手したが、いくつかの疑問点があり、改めて独自に専門業者に依頼して測量してもらつたところ、Yの測量結果よりも約720坪多かつたため、平成21年3、4月ころKの事務所にX、Y、Bら関係者が参集した席上、右測量を担当した業者をしてYの採った測量方法が当を得ていないことを説明させ、Yもその測量が前記の方法によったものであることを認めたので、Kに対しXの依頼した専門業者の測量結果に基づいて残代金の精算をするよう要求したが、KはYの測量結果を盾にとってこれに応じようとしなかった。
8) そこで、Xは、平成22年4月21日付内容証明郵便で、Yに測量を依頼したのはXであることを前提として、その測量結果に誤りがあつたため損害を被ったことを理由に500万円の支払を請求したが、Yは、測量はKの依頼に基づきAの指示に従って実施したもので、Xとの間には直接のかかわりがないことを理由に右請求を拒絶した。
9) なお、AとKとの間では、同年6月10日ころ両者が改めて依頼した別の業者による測量結果に基づき、Xには内密にして残代金を精算した。
10) Xは、YがXの依頼に基づき本件土地の測量図を作成した際過小に測量したため、実際の面積より不足する分の土地代金544万5000円をもらえず同額の損害を被つたとして、Yに対して損害賠償を求める前訴を提起した。
11) Yは、前訴の追行を弁護士に委任し、その報酬等として80万円を支払った。

【事例③】

1) 平成18年5月ごろ、Yの娘AはX会社の代表取締役、Yは同会社の取締役であったものであり、また、X会社の株式合計220株のうち100株はYの、93株はAの、10株はYの娘Bの、10株は右Aの夫のCの各出資にかかり、残余の7口もYの親族の者が出資していて、X会社はY及びAを中心とする同族によって経営されていた。

2) X会社は、平成18年3月ごろから経営に行詰りを来したため、Y、A、C、Bの夫Dらが協議した結果、Y、Aらはその株式を訴外Z1、Z2夫婦に譲渡してX会社の経営から手を引くことになり、同年5月28日Yの持分100株のうち40株をZ2に、60株をZ1に、Aの持分93株のうち90株及びCの持分10株全部をZ1に譲渡することがそれぞれの当事者間で合意され、右Z1夫婦は右各持分譲渡を受けたことの代償としてX会社が当時負担していた債務の弁済等のため金500万円を出捐し、Y及びAはX会社に対し取締役の辞任届を提出した。

3) ここにおいて、平成18年5月28日X会社の株主総会において、（イ）前記各持株譲渡の承認、（ロ）Z1夫婦を取締役に、更にZ2を代表取締役にそれぞれ選任すること、（ハ）右（イ）、（ロ）に伴う、定款中の株式の氏名、住所、株式数、取締役、代表取締役に関する記載の変更を内容とする決議がなされたとして、Z1夫婦が取締役に、更にZ2が代表取締役に就任した旨の登記がそのころなされ、以後右両名が事実上X会社の経営にあたつて今日に至っている。

また、平成18年6月11日X会社の株主総会においてその商号をA薬局からK薬品に変更する旨の決議がなされたとして、そのころ右商号変更の登記がなされている。

4) Yが前記各株式総会決議の不存在の確認を求める本件訴を提起したのは、前記株式譲渡の合意がされてから約3年を経たのちのことである。

5) Z2は、Yから営業権を譲受け、直ちにYに代ってZ2が店舗に入り、ずっと3年間も経営し続けている。譲渡により経営者が代わってからはZ2の種々の創意工夫により、経営方法も改善し、その結果経営も順調に行き、現在まで経営し続けている。

【設問1】

> 事例①～③において、被告側は、訴権の濫用を理由に訴え却下を求めている。裁判所は、いかに判断すべきか。以下の小問を検討したうえで、答えよ。

（小問）
問題 (1)
1) 現在の民事訴訟法学（通説）において、訴権の濫用とは、どのような意味で用

いられているか。その考えに従う場合に、事例①〜③の事実関係において訴権の濫用と評価される可能性のある事実を抽出せよ。
2) 訴権の濫用の法理は、裁判を受ける権利を保障した憲法32条に抵触しないか。

【設問 2】

1) 以下の A、B 裁判所は、訴権の濫用を理由に訴えを却下している。それらの判断を比較して、その異なるポイントを指摘せよ。
2) A 裁判所が挙げる訴権濫用の要件に従う場合に、事例①〜③はどのように評価されるか。また、上記 A、B 裁判所の判断では、訴権の濫用により訴えを却下しているが、信義則違反・権利濫用を理由として請求を棄却することと、どういう違いが生じるのか（とくに、事例①は、訴権濫用で処理する事件であったか——請求棄却はできなかったか。できないとすれば、その理由は何か——）。

（A 裁判所の判断）

「1) 訴権は、国民が自ら原告として訴えを提起し、その請求について国家機関である裁判所に対して本案判決による紛争解決を求める権利である。すなわち、何らかの権利侵害を受けた国民は、裁判所に対し、被害の救済を求めて提訴することができるのであり、これが、訴権として保障されている。裁判所は、これに応えて、その訴えについて審理を進め、判決において提訴者の主張する実体権の有無及び事実の存否等について判断を示すことになるのである。

ところで、憲法32条は「何人も、裁判所において裁判を受ける権利を奪はれない」と規定し、国民の裁判を受ける権利を保障しているが、この裁判を受ける権利と訴権との関係を同一のものとみるか、別個のものとみるかについては、学説上対立がある。しかし、裁判を受ける権利が民事訴訟の場において具体化された権利が訴権であると解しても、両者は別個の起源に由来する別物であると解しても、ここでの立論に影響はない。

2) 信義誠実の原則（信義則）は、権利の行使及び義務の履行は信義に従い誠実になすことを要するという原則（民法1条2項）であるが、権利者といえども、自己の権利を信義誠実に行使すべきであることはいうまでもないから、信義則に反する権利の行使は、権利を濫用するものであるというべきである。そして、信義則は、当事者間の訴訟外の実体的権利関係においてのみならず、民事訴訟の場においても支配する原則である。このことは、民事訴訟法2条が、「当事者は信義に従い誠実に民事訴訟を追行しなければならない」と規定しているところからも明らかである。

したがって、一方当事者が、相手方当事者に対し、信義則に反するような形で訴訟上の権能の一つである訴権を行使している場合は、訴権を濫用するものというべきである。そして、「訴権の行使が濫用に当たらないこと」は、訴訟要件の一つというべきであり、訴訟要件が欠ける場合には、裁判所は訴え却下の訴訟判決をすることを義務づけられている。すなわち、訴権の濫用は、不当な制度利用として、許容されるべきではないものであり、訴えが訴権を濫用して提起された場合に、当該訴訟の審理を継続させることは、右訴訟において被告の地位に置かれた当事者にとって酷であるばかりでなく、他方当事者の不当な企てに裁判所が加担する結果になりかねないから、裁判所としては、訴権を濫用する訴訟であることが明らかとなった段階で、以後の手続を進行させるべきではなく、訴え自体が不適法であるとして却下する旨の判決を下すべきことが要請されているものである。

しかし、一方で、訴権は、国民の実体権実現のために重要な権利であるから、安易に訴権濫用の抗弁を認めて、訴えが不適法であるとして却下することは、国民の被害救済の途を閉ざし、結果として、国民の裁判を受ける権利の保障を損なうことになる。したがって、訴権が濫用に当たるか否かについては、慎重に判断しなければならないことはいうまでもないところである。

3) 訴えの提起において、提訴者が実体的権利の実現ないし紛争の解決を真摯に目的とするのではなく、相手方当事者を被告の立場に立たせることにより訴訟上又は訴訟外において有形、無形の不利益・負担を与えるなど不当な目的を有し、提訴者の主張する権利又は法律関係が事実的、法律的根拠を欠き権利保護の必要性が乏しいなど、民事訴訟制度の趣旨・目的に照らして著しく相当性を欠き、信義に反すると認められる場合には、訴権を濫用するものとして、その訴えは不適法として却下すべきものと解される。

訴権濫用に当たるか否かは、提訴者の意図・目的、提訴に至るまでの経過、提訴者の主張する権利又は法律関係の事実的根拠・法律的根拠の有無ないしその蓋然性、それらの法的性質・事実的背景、提訴者の訴訟追行態度、訴訟提起・追行による相手方当事者の応訴の負担、相手方当事者及び訴訟関係者が訴訟上又は訴訟外において被ることがある不利益・負担等その評価にかかわる事実（評価根拠事実）を総合的に考慮して判断すべきである。そして、民事訴訟の提起は、本来であれば、原則として正当であるのであるから、訴権濫用というためには、そうした制度利用を許容すべきではないとするほどの不当性が認められることが必要であると解される。

4) 3) で述べたとおり、訴権の行使が濫用に当たるか否かを判断するに当たっては、原告の主張事実について、その事実的根拠の有無を検討すべき場合に、ある程度の実体審理を行うことが必要な場合がある。したがって、そのような場合において、訴訟要件の審査の過程で、実体審理にも及んだ結果、原告

の主張事実が認められないという結論に至れば、請求棄却の本案判決をするという選択肢も考えられないわけではない。

しかし、2)で述べたとおり、「訴権の行使が濫用に当たらないこと」を訴訟要件とする趣旨にかんがみると、3)で示した評価根拠事実について判断した結果、訴権濫用の要件があると認められる場合には、当該訴え自体を不適法として排斥することが、民事訴訟手続上裁判所に要請されているものと解すべきである。このことは、本件のように、当初提訴された事件の一部につき、弁論が分離され、請求棄却の一部判決がされている場合であっても同様に解するのが相当である。」

(B裁判所の判断)
「被上告人は、相当の代償を受けて自らその株式を譲渡する旨の意思表示をし、上告人会社の取締役たる地位を失うことを承諾した者であり、右譲渡に対する株式総会の承認を受けるよう努めることは、被上告人として当然果たすべき義務というべきところ、当時A子と共に一族の中心となつて上告人会社を支配していた被上告人にとつて、株式総会を開いて前記被上告人らの株式譲渡について承認を受けることはきわめて容易であつたと考えられる。このような事情のもとで、被上告人が、株式総会の株式譲渡承認決議の不存在を主張し、上告人会社の経営が事実上丙夫婦の手に委ねられてから相当長年月を経たのちに右決議及びこれを前提とする一連の株式総会の決議の不存在確認を求める本訴を提起したことは、特段の事情のない限り、被上告人において何ら正当な事由なく上告人会社に対する支配の回復を図る意図に出たものというべく、被上告人のこのような行為は丙夫婦に対し甚しく信義を欠き、道義上是認しえないものというべきである。ところで、株式会社における株主総会決議不存在確認の訴は、株主総会決議無効確認の訴の一態様として適法であり、これを認容する判決は対世効を有するものと解されるところ、前記のように被上告人の本訴の提起が丙夫婦に対する著しい信義違反の行為であること及び請求認容の判決が第三者である丙夫婦に対してもその効力を有することに鑑み、被上告人の本件訴提起は訴権の濫用にあたるものというべく、右訴は不適法たるを免れない。」

【設問3】

> 事例①〜③において、その後、被告側が原告側に対して、訴えの提起が不法行為を形成しているとして、損害賠償請求訴訟を提起した。事例①〜③における訴えの提起は不法行為を形成するかを論ぜよ。

【演習問題3】

1) AとXは夫婦であったが、離婚した。Aは、その所有する土地と家屋をYに

売り渡し、所有権移転登記がなされた。しかし、それはXを当該物件から立ち退かせるためのものであった。そこで、Xは慰謝料請求権等を被保全債権としてAに代位してYに対して所有権移転登記手続請求の訴えを提起した。ところが、X＝Y訴訟の係属中に、YはAに対して所有権確認請求訴訟を提起し、Aが請求原因事実を認める答弁書を提出しかつ期日に欠席したため、Y勝訴判決が先に確定した。かかる場合に、X＝Y訴訟において、Xは、Aに本件物件の所有権があると主張することができるか。

2) XがYを被告として、保証債務の履行（100万円の支払い）を求める訴え（以下、前訴とする）を提起したとする。前訴の当時、Yは長期出張中で、Yへの訴状等の送達がYの不在により実施できなかったので、担当書記官がXにYの就業場所を照会した。XはYから事前に出張先の住所に関する情報を得ていたが、それが就業場所を意味するものではないという理解の下、照会に対しては、単に就業場所不明と回答した。そこで、担当書記官は、Yの住所宛に訴状等の郵便に付する送達を実施した（なお、この書留郵便は留置期間満了により裁判所に還付された）。前訴の第一回口頭弁論は、Y欠席のまま、Yの擬制自白により、100万円の支払を命じる判決が言い渡された。この判決書は、Yの住所において、その当時同居していたKに補充送達されたが、KはこれをYに渡さなかったので、控訴期間が経過し、前訴判決は確定した。Xが、前訴判決を債務名義として、Yの給与債権を差し押さえるとの連絡をしてきたので、Yはやむなく100万円を任意弁済した。

その後、Yが、前訴における訴状等の送達はXの重過失に基づく誤回答によるものであり、これにより開始した前訴で成立した確定判決による強制執行を避けるために支払いを余儀なくされた100万円は、誤回答と相当因果関係にある損害であると主張して、その賠償を求める訴え（以下、本訴とする）を提起した。

(1) この事例における送達は有効か。また、その場合のYの救済方法としてどのような方法が適切か。

(2) 本訴におけるYの請求は認容されうるか、根拠を挙げて検討せよ。

事項索引

あ行

移審効 …………………………………… 233
依存関係 ………………………………… 91
一時金賠償方式 ………………………… 143
一事不再理の要請 ……………………… 68
一部請求論 ……………………………… 117
一部認容 ………………………………… 139
一部認容判決 …………………………… 140
違法収集証拠 …………………………… 42
インカメラ手続 ………………………… 47
訴えの主観的追加的併合 ……………… 228
訴えの主観的予備的併合 ………… 201, 228
訴えの利益 ………………………… 155, 245

か行

解除権 …………………………………… 78
確定遮断効 ……………………………… 233
確認対象 …………………………… 157, 158
確認の利益 ……………………………… 157
貸出稟議書 ……………………………… 47
過失相殺 ………………………………… 19
「過失」の証明責任 ……………………… 40
間接事実 ………………………………… 5
間接事実の自白 ………………………… 28
管理権説 ………………………………… 226
管理処分権説 …………………………… 185
基準時後の形成権行使 ………………… 77
規範的評価事実 ………………………… 40
既判力 …………………………………… 67
既判力説 ………………………………… 122
既判力の基準時（標準時） ……………… 77
既判力の根拠 …………………………… 68
既判力の作用 …………………………… 69
既判力の時的範囲 ……………………… 76
既判力の主観的範囲 …………………… 89
既判力の双面性 ………………………… 89
既判力の物的範囲（客観的範囲） …… 70
境界確定訴訟 …………………………… 145
境界確定の訴えの当事者適格 ………… 145
狭義の一般条項 ………………………… 5

共同訴訟 ………………………………… 217
共同訴訟人独立の原則 ………………… 221
共同の利益 ……………………………… 189
共同訴訟的補助参加 …………………… 198
クラス・アクション …………………… 219
形式説 …………………………………… 91
形式的形成訴訟 ………………………… 145
形式的不服説 …………………………… 234
形成の利益 ……………………………… 160
決定証拠法則 …………………………… 41
現在の給付の訴え ……………………… 156
現代型訴訟 ………………………… 38, 219
権利義務帰属主体のための法定訴訟担当 … 184, 186
権利抗弁 ………………………………… 8
権利自白 ………………………………… 28
権利主張参加 …………………………… 210
合一確定 ………………………………… 224
控訴審の構造 …………………………… 235
控訴の意義 ……………………………… 233
控訴の利益 ……………………………… 234
口頭弁論終結後の承継人 ……………… 90
抗弁先行型 ……………………………… 112
固有の抗弁 ……………………………… 91
固有必要的共同訴訟 …………………… 224

さ行

再審 ……………………………………… 250
再審の訴え ……………………………… 254
裁判権 …………………………………… 244
裁判を受ける権利 ……………………… 252
債務不存在確認請求訴訟 ………… 128, 141
詐害防止参加 …………………………… 210
参加承継 ………………………………… 211
参加的効力 ……………………………… 200
残部請求全面肯定説 …………………… 121
残部請求全面否定説 …………………… 121
残部請求の可否 ………………………… 117
三面訴訟 ………………………………… 210
時機に後れた攻撃防御方法の却下 …… 29
事件対象の同一性 ……………………… 110

事件の同一性	110
事実抗弁	7
死者名義訴訟	170
実質関係説	188
実質説	91
実体法説（旧訴訟物理論）	106
自白	25
自白の効果	27
自白の成立要件	26
自白の撤回	27
氏名冒用訴訟	170
釈明義務	10
釈明権	9
社内通達文書	47
宗教団体の内部紛争	244
自由心証主義	6, 42
授権	186
主張共通の原則	7, 8, 222
主張責任	7
主張と証拠の分離原則	7
主要事実	5, 38
準必要的共同訴訟論	223
消極的作用	69
消極的釈明	10
証言拒絶権	42
条件付一部認容判決	141
証拠共通の原則	222
証拠能力	42
証拠評価	42
証書真否確認の訴え	158
上訴不可分の原則	234
消費者団体訴訟制度	190
証明責任	39
証明責任の転換	39
将来の給付の訴え	156
書証	40
職権（処分）主義	138
職権探知主義	2
処分権主義	137
信義誠実訴訟遂行義務	250
信義則	122, 247
信義則による後訴遮断	75
真偽不明＝ノンリケット（non liquet）	38
新実体法説	108
審判排除効	27
請求の選択的併合	238
請求の目的物の所持者	92
請求の予備的併合	237
正当業務説	187
正当な当事者	183
積極的作用	69
積極的釈明	10
折衷説	114
先行自白	26
専自己利用文書	45, 46
選定当事者	189
相殺権	79
相殺の抗弁	72
相殺の抗弁と二重起訴禁止	111
送達の瑕疵	250
争点効理論	73, 74
即時確定の現実的必要性	159
続審制	236
訴権の濫用	246, 248
訴訟共同の必要	224
訴訟結果利益説	185
訴訟行為の追完	254
訴訟告知	200
訴訟参加	217
訴訟遂行権（訴訟追行権）	183
訴訟政策説（利益考量説）	226
訴訟代理権	173
訴訟脱退	211
訴訟担当の場合の利益帰属主体	92
訴訟物理論	105
訴訟物論争	106
訴訟法説（新訴訟物理論）	106

た行

第三者の訴訟担当	184
対世効	92
多数当事者訴訟	217
建物買取請求権	80
団体訴訟	219
担当者のための法定訴訟担当	184, 186
調査報告書	47
通常共同訴訟	220
定期金賠償方式	143
提訴拒絶者がいる場合の措置	226
手形の白地補充権	79
適時提出主義	29
撤回制限効	27

事項索引 *273*

手続保障理念 …………………………… 218
等価値主張の理論（主張等価値原則）……… 8
登記請求訴訟 …………………………… 173
当事者適格 ……………………… 171, 183
当事者能力 ……………………………… 169
当事者の確定 …………………………… 170
当事者の同一性 ………………………… 110
同時審判申出共同訴訟 …………… 201, 228
「当然の補助参加」の理論 ……………… 222
独立当事者参加 ………………………… 209
独立当事者参加と上訴 ………………… 211
独立当事者参加の要件 ………………… 210
取消権 …………………………………… 78

な行

二重起訴禁止の原則 …………………… 108
二段の推定 …………………………… 40, 41
任意的訴訟担当 ………………… 184, 186
任意的訴訟担当の許容要件 …………… 187

は行

判決理由中の判断 ……………………… 72
反射効 …………………………………… 93
引換給付判決 …………………………… 141
必要的共同訴訟 ………………………… 224
必要的共同訴訟の審理の特色 ………… 227
表見法理 ………………………………… 174
不意打ち判決 …………………………… 139
不告不理の原則 ………………………… 138
附帯控訴 ………………………………… 235
不当提訴 ………………………………… 250
不特定概念 ……………………………… 6
不法行為訴訟と一部請求論 …………… 123
不要証効 ………………………………… 27
不利益変更禁止の原則 ………………… 236
文書提出義務免除事由 ………………… 45
文書提出命令 …………………………… 44
文書の真正 ……………………………… 40
紛争解決理念 …………………………… 218
紛争管理権 ……………………… 185, 219
紛争の主体たる地位 …………………… 91
紛争の成熟性 …………………………… 157

別訴先行型 ……………………………… 112
変更の訴え ……………………………… 144
弁護士代理の原則 ……………………… 173
片面的参加 ……………………………… 210
弁論主義 ………………………………… 2
弁論主義の機能 ………………………… 4
弁論主義の根拠 ………………………… 3
弁論主義の適用範囲 …………………… 4
法人格のない団体（権利能力なき社団）…… 171
法人格否認の法理 ……………………… 94
法定訴訟担当 …………………… 184, 186
法的観点指摘義務 ……………………… 11
法的討論義務（Rechtsgespräch）……… 12
法律上の推定 …………………………… 41
法律上の争訟 …………………… 243, 245
法律要件分類説 ……………………… 7, 39
補助参加 ………………………………… 197
補助参加人の地位 ……………………… 198
補助参加の利益 ………………………… 199
補助事実 ……………………………… 5, 28
本人訴訟主義 …………………………… 173

ま行

民事審判権の限界 ……………………… 244
申立事項と判決事項 …………………… 139

や行

唯一の証拠方法 ………………………… 42
要件事実 ………………………………… 38
予備的相殺の抗弁 ……………………… 236

ら行

利益衡量説 ……………………………… 39
利益変更禁止の原則 …………………… 236
留保付判決 ……………………………… 141
類似必要的共同訴訟 …………………… 227
類推適用肯定説 ………………………… 114
類推適用否定説 ………………………… 113

わ行

和解における訴訟代理権の範囲 ……… 173

判例索引

大判明治 31 年 2 月 24 日民録 4 輯 2 号 48 頁 ………………………………… 42
大判明治 44 年 12 月 11 日民録 17 輯 772 頁 ………………………………… 141
大判大正 4 年 9 月 29 日民録 21 輯 1520 頁 = 百選 56 事件 ………………… 27
大判民連大正 12 年 6 月 2 日民集 2 巻 345 頁 ………………………………… 145
大判昭和 5 年 3 月 15 日民集 9 巻 281 頁 ……………………………………… 11
大判昭和 6 年 11 月 24 日民集 10 巻 1096 頁 ………………………………… 156
大決昭和 7 年 2 月 12 日民集 11 巻 119 頁 …………………………………… 200
大決昭和 7 年 4 月 19 日民集 11 巻 681 頁 …………………………………… 92
大判昭和 7 年 6 月 2 日民集 11 号 1099 頁 …………………………………… 141
大判昭和 8 年 2 月 7 日民集 12 巻 159 頁 ……………………………………… 236
大決昭和 8 年 9 月 9 日民集 12 巻 2294 頁 …………………………………… 200
大判昭和 8 年 11 月 7 日民集 12 巻 2691 頁 …………………………………… 159
大判昭和 10 年 12 月 26 日民集 14 巻 2129 頁 ……………………………… 254
大連判昭和 15 年 3 月 13 日民集 19 巻 530 頁 ……………………………… 157
大判昭和 17 年 5 月 26 日民集 21 巻 592 頁 ………………………………… 90
大連判昭和 18 年 11 月 2 日民集 22 巻 1179 頁 ……………………………… 250
大判昭和 19 年 3 月 14 日民集 23 巻 155 頁 ………………………………… 90
最判昭和 25 年 7 月 11 日民集 4 巻 7 号 316 頁 ……………………………… 27
最判昭和 27 年 8 月 6 日刑集 6 巻 8 号 974 頁 ………………………………… 43
最判昭和 27 年 12 月 25 日民集 6 巻 12 号 1240 頁 …………………………… 5
最判昭和 27 年 12 月 25 日民集 6 巻 12 号 1282 頁 ………………………… 141
最大判昭和 28 年 12 月 23 日民集 7 巻 13 号 1561 頁 = 百選（第 3 版）37 事件 …… 160
最判昭和 30 年 1 月 21 日民集 9 巻 1 号 22 頁 ……………………………… 157
最判昭和 30 年 4 月 5 日民集 9 巻 4 号 439 頁 ……………………………… 35
最判昭和 30 年 5 月 20 日民集 9 巻 6 号 718 頁 = 百選（第 3 版）35 事件 …… 158
最判昭和 30 年 5 月 24 日民集 9 巻 6 号 744 頁 ……………………………… 140
最判昭和 30 年 7 月 5 日民集 9 巻 9 号 985 頁 = 百選 55 事件 ……………… 29
最判昭和 31 年 10 月 4 日民集 10 巻 10 号 1229 頁 ………………………… 159, 162
最判昭和 31 年 12 月 28 日民集 10 巻 12 号 1639 頁 ………………………… 145
最判昭和 32 年 6 月 7 日民集 11 巻 6 号 948 頁 = 百選 A27 事件 …………… 118, 124
最大判昭和 32 年 7 月 20 日民集 11 巻 7 号 1314 頁 ………………………… 158
最判昭和 32 年 12 月 13 日民集 11 巻 13 号 2143 頁 ………………………… 235
最判昭和 33 年 4 月 17 日民集 12 巻 6 号 873 頁 = 百選（第 3 版）16 事件 …… 190
最判昭和 33 年 6 月 6 日民集 12 巻 9 号 1384 頁 ……………………………… 141
最判昭和 33 年 10 月 14 日民集 12 巻 14 号 3091 頁 ………………………… 238
最判昭和 33 年 11 月 4 日民集 12 巻 15 号 3247 頁 = 百選（第 3 版）50 事件 …… 236
最判昭和 34 年 2 月 20 日民集 13 巻 2 号 209 頁 ……………………………… 118
東京高判昭和 34 年 6 月 20 日東高民時報 10 巻 6 号 133 頁 ………………… 253
最判昭和 34 年 9 月 17 日民集 13 巻 11 号 1372 頁 …………………………… 27
最判昭和 35 年 6 月 28 日民集 14 巻 8 号 1558 頁 …………………………… 187
東京地判昭和 35 年 12 月 24 日下民集 11 巻 12 号 2765 頁 ………………… 138

判例索引

最判昭和 36 年 4 月 27 日民集 15 巻 4 号 901 頁 = 百選 48 事件 ·················· 5
最判昭和 36 年 10 月 5 日民集 15 巻 9 号 2271 頁 ·································· 27
最判昭和 37 年 7 月 13 日民集 16 巻 8 号 1516 頁 ································ 187
最判昭和 37 年 8 月 10 日民集 16 巻 8 号 1720 頁 = 百選 81—①事件 ······ 118, 124
最判昭和 37 年 12 月 18 日民集 16 巻 12 号 2422 頁 = 百選 10 事件 ······ 172, 180
最判昭和 38 年 2 月 21 日民集 17 巻 1 号 182 頁 = 百選 19 事件 ················ 173
最判昭和 38 年 10 月 15 日民集 17 巻 9 号 1220 頁 ···························· 145, 236
最判昭和 39 年 1 月 23 日裁集民 71 号 271 頁 ·· 204
最判昭和 39 年 5 月 12 日民集 18 巻 4 号 597 頁 = 百選 71 事件 ················ 41
最判昭和 39 年 6 月 26 日民集 18 巻 5 号 954 頁 = 百選 53 事件 ················ 11
最判昭和 39 年 10 月 15 日民集 18 巻 8 号 1671 頁 ···························· 172, 180
最判昭和 39 年 11 月 26 日民集 18 巻 9 号 1992 頁 ································ 159
最判昭和 40 年 3 月 19 日民集 19 巻 2 号 484 頁 ···································· 235
最判昭和 40 年 4 月 2 日民集 19 巻 3 号 539 頁 ······································ 79
最判昭和 40 年 9 月 17 日民集 19 巻 6 号 1533 頁 = 百選 77 事件 ············ 143
最大判昭和 41 年 3 月 2 日民集 20 巻 3 号 360 頁 ·································· 159
最判昭和 41 年 3 月 18 日民集 20 巻 3 号 464 頁 = 百選 21 事件 ·············· 156
最判昭和 41 年 7 月 15 日民集 20 巻 6 号 1197 頁 ································ 138
最判昭和 41 年 9 月 8 日民集 20 巻 7 号 1314 頁 = 百選 I 108 事件 ············ 9
最判昭和 41 年 9 月 22 日民集 20 巻 7 号 1392 頁 = 百選 54 事件 ············ 28
最判昭和 41 年 12 月 6 日判時 468 号 40 頁 ·· 27
最判昭和 42 年 2 月 24 日民集 21 巻 1 号 209 頁 = 百選 A13 事件 ·········· 256
最判昭和 42 年 7 月 18 日民集 21 巻 6 号 1559 頁 = 百選 82 事件 ········ 123, 124
最判昭和 42 年 9 月 27 日民集 21 巻 7 号 1925 頁 = 百選 II 147 事件 ······ 210
最判昭和 43 年 2 月 22 日民集 22 巻 2 号 270 頁 = 百選 35 頁 ················ 145
最判昭和 43 年 3 月 8 日民集 22 巻 3 号 551 頁 = 百選 A31 事件 ·········· 228, 202
最判昭和 43 年 3 月 15 日民集 22 巻 3 号 607 頁 = 百選 100 事件 ············ 225
最判昭和 43 年 6 月 27 日裁判集民事 91 号 461 頁 ································ 118
最判昭和 43 年 8 月 27 日判時 534 号 48 頁 = 百選 A5 事件 ·················· 190
最判昭和 43 年 9 月 12 日民集 22 巻 9 号 1896 頁 = 百選 96 事件 ·········· 222
名古屋高決昭和 43 年 9 月 30 日高民集 21 巻 4 号 460 頁 ······················ 199
最判昭和 44 年 2 月 27 日民集 23 巻 2 号 511 頁 ·································· 100
最判昭和 44 年 6 月 24 日判時 569 号 48 頁 = 百選 84 事件 ···················· 74
最判昭和 44 年 7 月 15 日民集 23 巻 8 号 1532 頁 = 百選 II 176 事件 ······ 211
最判昭和 45 年 1 月 23 日判時 589 号 50 頁 ·· 222
最判昭和 45 年 4 月 2 日民集 24 巻 4 号 223 頁 = 百選 30 事件 ·············· 160
最判昭和 45 年 6 月 11 日民集 24 巻 6 号 516 頁 = 百選 52 事件 ·············· 10
東京地昭和 45 年 6 月 30 日判時 609 号 92 頁 ······································ 248
最大判昭和 45 年 7 月 15 日民集 24 巻 7 号 861 頁 = 百選（第 3 版）A11 事件 ······ 158
最判昭和 45 年 10 月 22 日民集 24 巻 11 号 1583 頁 = 百選 104 事件 ······ 200
最判昭和 45 年 11 月 11 日民集 24 巻 12 号 1854 頁 = 百選 19 事件 ···· 187, 193
最判昭和 45 年 12 月 15 日民集 24 巻 13 号 2072 頁 = 百選 18 事件 ········ 175
仙台高判昭和 46 年 3 月 24 日判時 629 号 51 頁 = 百選 I 43 事件 ············ 180
大阪高判昭和 46 年 4 月 8 日判時 633 号 73 頁 = 百選 A29 事件 ············ 92
最判昭和 46 年 4 月 23 日判時 631 号 55 頁 ·· 33
最判昭和 46 年 10 月 7 日民集 25 巻 7 号 885 頁 = 百選 A32 事件 ·········· 225

判例索引

最判昭和 46 年 11 月 25 日民集 25 巻 8 号 1343 頁 = 百選 76 事件 ······················· 140
最判昭和 47 年 2 月 15 日民集 26 巻 1 号 30 頁 = 百選 23 事件 ························· 158
最判昭和 47 年 6 月 2 日民集 26 巻 5 号 957 頁 = 百選 9 事件 ···················· 173, 180
最判昭和 47 年 11 月 9 日民集 26 巻 9 号 1513 頁 = 百選 A11 事件 ····················· 158
最判昭和 47 年 11 月 16 日民集 26 巻 9 号 1619 頁 ··· 141
最判昭和 48 年 4 月 5 日民集 27 巻 3 号 419 頁 = 百選 75 事件 ··························· 119
最判昭和 48 年 4 月 24 日民集 27 巻 3 号 596 頁 = 百選 A34 事件 ······················ 110
最判昭和 48 年 6 月 21 日民集 27 巻 6 号 712 頁 = 百選 87 事件 ·························· 91
最判昭和 48 年 7 月 20 日民集 27 巻 7 号 890 頁 ·· 74
最判昭和 48 年 7 月 20 日民集 27 巻 7 号 863 頁 = 百選 107 事件 ······················· 212
最判昭和 48 年 10 月 26 日民集 27 巻 9 号 1240 頁 = 百選 7 事件 ······················· 94
大阪高判昭和 48 年 11 月 16 日高民集 26 巻 5 号 475 頁 ··································· 180
東京高決昭和 49 年 4 月 17 日下民集 25 巻 1～4 号 309 頁 ································ 200
最判昭和 51 年 3 月 30 日判時 814 号 112 頁 = 百選 A33 事件 ··························· 200
最判昭和 51 年 6 月 17 日民集 30 巻 6 号 592 頁 ··· 12
最判昭和 51 年 9 月 30 日民集 30 巻 8 号 799 頁 = 百選 80 事件 ·························· 74
最判昭和 51 年 10 月 21 日民集 30 巻 903 頁 = 百選 91 事件 ······························· 94
名古屋高判昭和 52 年 3 月 28 日下民集 28 巻 1～4 号 318 頁 ······························· 5
最判昭和 52 年 4 月 15 日民集 31 巻 3 号 371 頁 = 百選 I 105 事件 ················ 28, 41
最判昭和 52 年 5 月 27 日裁判集民事 120 号 697 頁 ··· 7
東京高判昭和 52 年 7 月 15 日判時 867 号 60 頁 = 百選（第 3 版）71 事件 ········· 42
最判昭和 53 年 3 月 23 日判時 886 号 35 頁 = 百選 90 事件 ································ 94
最判昭和 53 年 7 月 10 日民集 32 巻 5 号 888 頁 = 百選 31 事件 ······················· 248
最判昭和 53 年 9 月 14 日判時 906 号 88 頁 = 百選 89 事件 ································ 95
最判昭和 55 年 1 月 11 日民集 34 巻 1 号 1 頁 ·· 260
仙台高判昭和 55 年 1 月 28 日高民集 33 巻 1 号 1 頁 ·· 201
最判昭和 55 年 4 月 10 日判時 973 号 85 頁 ··· 260
最判昭和 55 年 10 月 23 日民集 34 巻 5 号 747 頁 = 百選 78 事件 ······················· 78
名古屋高判昭和 55 年 12 月 18 日判タ 430 号 62 頁 ·· 260
東京高判昭和 55 年 12 月 24 日判タ 436 号 133 頁 ·· 248
最判昭和 56 年 4 月 7 日民集 35 巻 3 号 443 頁 ··· 260
東京地昭和 56 年 5 月 29 日判時 1007 号 23 頁 ··· 180
大阪高判昭和 56 年 6 月 10 日判時 1030 号 44 頁 ·· 253
最判昭和 56 年 9 月 11 日民集 35 巻 6 号 1013 頁 ·· 231
最大判昭和 56 年 12 月 16 日民集 35 巻 10 号 1369 頁 = 百選 22 事件 ·············· 156
最判昭和 57 年 3 月 30 日民集 36 巻 3 号 501 頁 = 百選 A26 事件 ······················ 79
最判昭和 57 年 7 月 15 日訟務月報 29 巻 2 号 192 頁 = 金融・商事判例 668 号 45 頁 ············ 145
最判昭和 57 年 9 月 28 日民集 36 巻 8 号 1652 頁 ·· 157, 160
最判昭和 58 年 3 月 22 日判時 1074 号 55 頁 = 百選 111 事件 ·························· 238
最判昭和 58 年 4 月 14 日判時 1131 号 81 頁 ··· 238
最判昭和 58 年 6 月 7 日判時 1084 号 73 頁 ·· 11
最判昭和 58 年 6 月 7 日民集 37 巻 5 号 517 頁 ··· 160
最判昭和 58 年 10 月 25 日判時 1104 号 67 頁 ··· 141
最判昭和 59 年 1 月 19 日判時 1105 号 48 頁 ··· 75, 78
東京高判昭和 60 年 6 月 25 日判時 1160 号 93 頁 ·· 201
最判昭和 60 年 12 月 20 日判時 586 号 64 頁 = 百選（第 3 版）18 事件 ············· 185

判例索引　277

最判昭和 61 年 3 月 13 日民集 40 巻 2 号 389 頁 = 百選 24 事件 ·· 159, 196, 230
最判昭和 61 年 4 月 3 日判時 1198 号 110 頁 ··· 11
最判昭和 61 年 5 月 30 日民集 40 巻 4 号 725 頁 ··· 141
最判昭和 61 年 7 月 17 日民集 40 巻 5 号 941 頁 = 百選 83 事件 ·· 123, 124, 157
最判昭和 61 年 9 月 4 日判時 1215 号 47 頁 = 百選 112 事件 ·· 237
最判昭和 62 年 2 月 6 日判時 1232 号 100 頁 ··· 144
横浜地判昭和 62 年 2 月 12 日判タ 645 号 251 頁 ·· 248
鹿児島地判昭和 62 年 7 月 29 日判時 1259 号 122 頁 ··· 248
名古屋高決昭和 62 年 11 月 16 日判時 1273 号 87 頁 ·· 254
最判昭和 63 年 1 月 26 日民集 42 巻 1 号 1 頁 = 百選 36 事件 ·· 250
最判昭和 63 年 2 月 25 日民集 42 巻 2 号 120 頁 = 百選（第 3 版）A41 事件 ···································· 199
最判昭和 63 年 3 月 15 日民集 42 巻 3 号 170 頁 ·· 112, 117
名古屋高金沢支判平成元年 1 月 30 日判時 1308 号 125 頁 = 百選 A39 事件 ······································ 234
最判平成元年 3 月 28 日民集 43 巻 3 号 167 頁 ··· 196
最判平成元年 9 月 8 日民集 43 巻 8 号 889 頁 ··· 260
東京高決平成 2 年 1 月 16 日判タ 754 号 220 頁 = 百選（第 3 版）106 事件 ·· 200
最判平成 2 年 7 月 20 日民集 44 巻 5 号 975 頁 ··· 236
最判平成 3 年 12 月 17 日民集 45 巻 9 号 1435 頁 = 百選 38─①事件 ······································· 112, 117
大阪高判平成 4 年 2 月 27 日判タ 793 号 268 頁 ·· 253, 254
東京高判平成 4 年 7 月 29 日判時 1433 号 56 頁 = 百選（第 3 版）A13 事件 ······································ 160
最判平成 4 年 9 月 10 日民集 46 巻 6 号 553 頁 = 百選 116 事件 ·· 254
最判平成 4 年 10 月 29 日民集 46 巻 7 号 2580 頁 ··· 160
仙台高判平成 5 年 12 月 27 日判タ 864 号 261 頁，判時 1496 号 100 頁 ·· 254
最判平成 6 年 1 月 25 日民集 48 巻 1 号 41 頁 ··· 228
最判平成 6 年 5 月 31 日民集 48 巻 4 号 1065 頁 = 百選 11 事件 ·· 227
最判平成 6 年 11 月 22 日民集 48 巻 7 号 1355 頁 = 百選 113 事件 ·································· 118, 124, 237
最判平成 7 年 3 月 7 日民集 49 巻 3 号 893 頁 ··· 196
東京地判平成 7 年 7 月 14 日判時 1541 号 123 頁 ··· 248
最判平成 7 年 12 月 15 日民集 49 巻 10 号 3051 頁 = 百選 79 事件 ·· 80
大阪地判平成 8 年 1 月 26 日判時 1570 号 85 頁 ··· 113
東京地判平成 8 年 1 月 29 日判タ 915 号 256 頁 ··· 248
最判平成 8 年 2 月 22 日判タ 903 号 108 頁 = 百選（第 3 版）61 事件 ··· 11
東京高判平成 8 年 4 月 8 日判タ 937 号 262 頁 ··· 113
最判平成 8 年 4 月 25 日民集 50 巻 5 号 1221 頁 ··· 144
東京地判平成 8 年 12 月 10 日判時 1589 号 81 頁 ··· 143
最判平成 9 年 2 月 25 日民集 51 巻 2 号 448 頁 ··· 141
最判平成 9 年 7 月 17 日裁判集民事 183 号 1031 頁（判時 1614 号 72 頁）= 百選 50 事件 ········ 9, 26
最判平成 10 年 6 月 12 日民集 52 巻 4 号 1147 頁 = 百選 89 事件 ··· 75
最判平成 10 年 6 月 12 日民集 52 巻 4 号 1147 頁 = 百選 81─②事件 ························· 119, 124, 142
最判平成 10 年 6 月 30 日民集 52 巻 4 号 1225 頁 = 百選 46 事件 ································· 115, 117
東京地判平成 10 年 9 月 2 日判タ 1067 号 264 頁 ··· 256
最判平成 11 年 1 月 21 日民集 53 巻 1 号 1 頁 = 百選 27 事件 ·· 158
最判平成 11 年 6 月 11 日家月 52 巻 1 号 81 頁（判時 1685 号 36 頁）= 百選 26 事件 ···················· 159
最判平成 11 年 11 月 9 日民集 53 巻 8 号 1421 頁 ··· 227
最判平成 11 年 11 月 12 日民集 53 巻 8 号 1787 頁 ··· 62
東京地決平成 11 年 12 月 2 日判タ 1029 号 295 頁 ··· 256

最判平成 11 年 12 月 20 日民集 53 巻 9 号 2038 頁 ……………………………………………………… 144
最判平成 12 年 2 月 24 日民集 54 巻 2 号 523 頁＝百選 25 事件 ……………………………… 159, 196
最判平成 12 年 3 月 24 日民集 54 巻 3 号 1226 頁 ……………………………………………… 173
最判平成 12 年 4 月 7 日判時 1713 号 50 頁 ………………………………………………………… 9
東京地判平成 12 年 5 月 30 日判タ 1038 号 154 頁 ……………………………………………… 249
最決平成 12 年 12 月 14 日民集 54 巻 9 号 2709 頁 ……………………………………………… 47
最決平成 13 年 1 月 30 日民集 55 巻 1 号 30 頁＝百選（第 3 版）A40 事件 ………………… 200
最決平成 13 年 1 月 30 日民集 55 巻 1 号 30 頁 ………………………………………………… 205
最決平成 13 年 2 月 22 日判時 1745 号 144 頁 …………………………………………………… 203
最決平成 13 年 12 月 7 日民集 55 巻 7 号 1411 頁 ……………………………………………… 47
最判平成 14 年 1 月 22 日判時 1776 号 67 頁＝百選 105 事件 ………………………………… 200, 201
最判平成 14 年 6 月 7 日民集 56 巻 5 号 899 頁＝百選（第 3 版）13 事件 …………………… 172
東京高判平成 15 年 7 月 29 日判時 1838 号 69 頁 ……………………………………………… 143
最判平成 16 年 7 月 6 日民集 58 巻 5 号 1319 頁 ……………………………………………… 159, 225
最決平成 16 年 11 月 26 日民集 58 巻 8 号 2393 頁 ……………………………………………… 47
最判平成 17 年 7 月 15 日民集 59 巻 6 号 1742 頁 ……………………………………………… 95
最決平成 18 年 2 月 17 日民集 60 巻 2 号 496 頁 ………………………………………………… 47
最判平成 18 年 4 月 14 日民集 60 巻 4 号 1497 頁＝百選 A12 事件 …………………………… 116, 117
大阪地判平成 18 年 7 月 7 日判タ 1248 号 314 頁 ……………………………………………… 116
最判平成 18 年 10 月 3 日民集 60 巻 8 号 2647 頁＝百選 68 事件 ……………………………… 43
最判平成 19 年 3 月 20 日民集 61 巻 2 号 586 頁＝百選 40 事件 ……………………………… 255
最判平成 19 年 5 月 29 日判時 1938 号 61 頁 …………………………………………………… 157
東京高決平成 20 年 4 月 30 日判時 2005 号 16 頁＝百選 103 事件 …………………………… 200
最判平成 20 年 7 月 10 日判時 2020 号 71 頁、裁判集民 228 号 463 頁 ……………………… 123, 124
最判平成 20 年 7 月 17 日民集 62 巻 7 号 1994 頁＝百選 98 事件 ……………………………… 227
最判平成 22 年 10 月 14 日判タ 1337 号 105 頁 …………………………………………………… 5
最判平成 22 年 10 月 24 日判タ 1337 号 105 頁 ………………………………………………… 12

著者紹介

松村和德（まつむら　かずのり）
　　　（早稲田大学教授）

小田敬美（おだ　たかよし）
　　　（愛媛大学教授）

伊東俊明（いとう　としあき）
　　　（岡山大学教授）

民事訴訟法演習教材

2012年6月1日　初　版第1刷発行

編著者	松　村　和　德
発行者	阿　部　耕　一

〒162-0041　東京都新宿区早稲田鶴巻町514番地
発行所　株式会社　成　文　堂
電話 03(3203)9201　FAX 03(3203)9206
http://www.seibundoh.co.jp

製版・印刷・製本　㈱シナノ

Ⓒ 2012 K. Matsumura　　Printed in Japan
☆落丁本・乱丁本はおとりかえいたします☆
ISBN978-4-7923-2625-8　C3032　　　検印省略

定価（本体2700円＋税）